普通高等教育"十一五"国家级规划教材 修订版

高职高专规划教材

企业形象策划实务

第 3 版

主　编　周朝霞

副主编　黄巨龙　周晓敏

参　编　董　明

机 械 工 业 出 版 社

本书的主要内容包括概述、企业形象的调研、企业形象的定位与设计、企业形象策划的工作程序、企业形象的 CIS 战略、CS 战略、企业形象的传播、巩固、更新与矫正、企业形象 CI 导入效果的评估。本书以企业形象为核心，以企业形象建立的全过程为主线，采集大量国内外企业形象策划的成功案例，使学习者全面掌握企业形象策划的原理、方法和技巧。在体例上，本书章前有学习目标，章后附有本章小结和各种形式的复习思考题，以便于学习者学习和自我检查。

本书的编写以培养应用型专业人才为目标，内容充实、逻辑性强，注重企业形象管理的创新性和操作性，适合大专院校市场营销、工商企业管理等专业学生的课程学习，也适合作为企事业单位员工、企业形象策划工作者的学习参考书。

图书在版编目（CIP）数据

企业形象策划实务/周朝霞主编． —3 版． —北京：机械工业出版社，2019.9
高职高专规划教材
ISBN 978-7-111-63839-1

Ⅰ．①企⋯　Ⅱ．①周⋯　Ⅲ．①企业形象—设计—高等职业教育—教材　Ⅳ．①F272-05

中国版本图书馆 CIP 数据核字（2019）第 212989 号

机械工业出版社（北京市百万庄大街 22 号　邮政编码 100037）
策划编辑：孔文梅　　责任编辑：孔文梅　张美杰
责任校对：朱继文　　封面设计：鞠　杨
责任印制：张　博
三河市国英印务有限公司印刷
2019 年 11 月第 3 版第 1 次印刷
184mm×260mm・15.75 印张・371 千字
0 001—3 000 册
标准书号：ISBN 978-7-111-63839-1
定价：39.80 元

电话服务　　　　　　网络服务
客服电话：010-88361066　　机 工 官 网：www.cmpbook.com
　　　　　010-88379833　　机 工 官 博：weibo.com/cmp1952
　　　　　010-68326294　　金 书 网：www.golden-book.com
封底无防伪标均为盗版　　机工教育服务网：www.cmpedu.com

前言 / Preface

自从 20 世纪 50 年代"企业形象"（Corporate Identity）一词产生后，这个名词就被广泛使用，但当时只是使用了它最肤浅的含义：企业名称、商标类型和广告标语。直到近几年，企业形象的概念开始有了更深的含义。企业形象是指社会公众心目中对企业综合认识后形成的全部认知、看法和综合评价。

企业作为社会生产力的最终承担者，一方面在社会中享有很高的声誉和评价，另一方面也面临着巨大的压力，因为企业的一切活动都受到"优胜劣汰"这一市场竞争规律的支配。企业必须具有强大的竞争力才能在竞争中立于不败之地。企业竞争的综合实力是由商品力、销售力、形象力、文化力等组成的。企业的商品力、销售力要通过形象力来优化提升，企业的形象力也需要通过商品力、销售力来体现。企业形象渗透、凝结为商品形象，从而为销售力的持续增长提供动力。形象力作为企业内在素质和外在表现的集中体现，构成了现代企业生产力高低的综合指标，它是隐藏在企业生产经营活动背后的一种巨大的潜在力量，是企业新的生产力的资源。企业形象导入的作用在于它为企业带来的实际效用，在于它是企业文化力的重要构成。而企业的文化力是现代企业制胜的重要因素。兰德公司和麦肯锡国际管理咨询公司对全球增长最快的 30 家公司进行了跟踪调查，它们在《关于企业增长的研究报告》中揭示：世界 500 强胜出其他公司的根本原因，就在于这些公司善于给它们的企业文化注入活力。企业理念可以说是这些公司得以成功的基石，而企业理念是需要通过企业形象的导入来实现的。企业形象、企业文化作为一种企业管理理论和方法，对于企业发展和整个社会的发展，都具有重要的理论意义和现实意义。因此对于学习现代企业管理、市场营销等专业的同学来说，掌握企业形象策划这一学科是很重要的。

企业形象始于商标设计，在 20 世纪的 50 年代完善于企业识别系统（Corporate Identity System, CIS），但笔者特别需要指出的是，企业形象并不就是 CIS，CIS 只是企业形象策划的一个专业方法。现代企业管理的发展已使企业形象策划有了更为完整、立体的内涵，包括企业形象的调研、企业形象的定位与设计、企业形象策划的工作程序、企业形象策划的两大专业方法（CIS 与 CS）、企业形象的传播、巩固、更新与矫正、企业形象 CI 导入效果的评估。这才是企业形象策划的完整体系。本书就是以这样全新的体系编写的，据笔者了解，目前还没有教科书采用该体系。这是本书的创新之处，是笔者在长期的教学、科研中总结得出的，相信会使广大读者更好地掌握企业形象策划这一重要的企业管理理论和方法。

本书由浙江传媒学院周朝霞教授担任主编，广东轻工职业技术学院黄巨龙副教授、温州职业技术学院周晓敏副教授担任副主编，湖州职业技术学院董明教授参加了编写。编写的具体分工是周朝霞编写第一章、第三章、第九章；黄巨龙编写第五章、第六章、第七章；周晓敏编写第二章、第八章、第十章；董明与周朝霞合作编写第四章。本书的编写者都是高校的一线教师，具有丰富的教学和科研经验，本书内容是这些资深教师在长期的教学生涯中知识、经验与研究成果的再现,读者学习起来也容易领会和理解。本书为增强读者的策划实战经验,选用了大量中外企业形象策划案例。我们如此用心是为使本书具有科学性、实用性、新颖性。每一章后都附有复习思考题,使每一位读者能及时进行复习和总结,提高学习效果。本书第1版被评为"普通高等教育'十一五'国家级规划教材"。

　　为使本书能反映前人和现代专家、学者关于企业形象策划的成果,我们参考和借鉴了大量的观点和案例,并在书中一一指出。对于这些专家、学者为学科的发展、知识的传授做出的贡献,在此深表谢意。如有遗漏的专家、学者,我们同样深表感谢。

　　本书的编写和出版得到机械工业出版社的大力支持,在此深表谢意!由于时间和编者水平所限,书中难免存在疏漏,欢迎广大专家、读者批评指正!

编　者

目录 / Contents

前言
第一章 概述 // 1
    第一节 企业形象的含义与特征 // 1
    第二节 企业形象的价值 // 6
    第三节 企业形象策划的历史演变 // 9
    第四节 企业形象策划的含义与特征 // 15
    综合案例 // 19
    本章小结 // 21
    复习思考题 // 21

第二章 企业形象的调研 // 22
    第一节 企业形象调查的内容 // 22
    第二节 企业形象调查的方法 // 42
    第三节 企业形象调查资料的处理与分析 // 48
    综合案例 // 50
    本章小结// 54
    复习思考题 // 55

第三章 企业形象的定位与设计 // 56
    第一节 企业形象定位的含义 // 56
    第二节 企业形象定位的策略和方法 // 58
    第三节 企业形象设计 // 63
    综合案例 // 70
    本章小结 // 73
    复习思考题 // 73

第四章 企业形象策划的工作程序 // 74
    第一节 企业形象方案的制订 // 74
    第二节 企业形象活动模式 // 80
    第三节 企业形象活动方案的实施与评估 // 92
    综合案例 // 99
    本章小结 // 103
    复习思考题 // 103

第五章 企业形象的CIS战略（上） // 104
    第一节 CI 与 CIS 的概述 // 104
    第二节 CIS 战略功能 // 113

第三节 企业导入 CIS 战略的基本程序与推进主体 // 116
本章小结 // 123
复习思考题 // 124

第六章 企业形象的 CIS 战略（中）// 125

第一节 企业理念识别系统（MIS）的确立 // 125
第二节 企业行为识别系统（BIS）的构建 // 134
第三节 企业视觉识别系统（VIS）的设计 // 139
第四节 企业听觉识别系统（AIS）的开发 // 152
本章小结 // 155
复习思考题 // 156

第七章 企业形象的 CIS 战略（下）// 157

第一节 广域 CIS 战略 // 157
第二节 中国 CIS 战略典型案例 // 174
第三节 美国 CIS 战略典型案例 // 186
第四节 日本 CIS 战略典型案例 // 187
本章小结 // 190
复习思考题 // 190

第八章 CS 战略 // 191

第一节 CS 战略的含义 // 191
第二节 顾客满意的构成 // 197
第三节 CS 战略的实施 // 202
综合案例 // 209
本章小结 // 211
复习思考题 // 211

第九章 企业形象的传播、巩固、更新与矫正 // 212

第一节 企业形象的传播和巩固 // 212
第二节 企业形象的更新 // 216
第三节 企业形象的矫正 // 219
综合案例 // 226
本章小结 // 228
复习思考题 // 229

第十章 企业形象 CI 导入效果的评估 // 230

第一节 企业形象策划效果的评估 // 230
第二节 企业 CI 导入效果的量化评估 // 235
第三节 影响企业形象策划效果的因素 // 241
综合案例 // 242
本章小结 // 244
复习思考题 // 244

参考文献 // 245

第一章 概　述

> **学习目标**
>
> 通过本章的学习，理解企业形象的含义，了解企业形象的特征，了解企业形象产生的历史渊源和演变过程；明确企业形象的功能和价值。

21世纪，信息技术将新时代的帷幕徐徐拉开。信息技术正在把技术驱动的大规模生产转变为市场驱动的灵活生产，促使企业面向市场，在策略上重新设计，以更开放的姿态进行公众传播与客户沟通。企业只有重新塑造企业形象，才能更有助于企业走向成功。企业在市场中的竞争正从局部的数量竞争、产品竞争、价格竞争、质量竞争、资源竞争、资金竞争、人才竞争、技术竞争、信息竞争发展到企业形象竞争，企业形象是企业经营资源中最为重要的无形财富。我国加入WTO以后，市场竞争变得更加激烈与残酷。

在这一大背景下，企业形象思想在我国广泛传播，引发具有挑战精神的企业汲取先进管理经验，变革旧机制与观念，在市场竞争中塑造全新形象。树立优秀的企业形象、实施企业形象策划不仅是现代市场经济发展的必然趋势，也是企业在日趋激烈的市场竞争中取得成功的一大法宝。

第一节　企业形象的含义与特征

"形象"一词源远流长，用多面广，其内涵与外延不断丰富和发展。在第二次世界大战前，英国设计协会会长佛兰尼·皮克领导了一批杰出的设计家为伦敦地铁系统进行规划设计。詹士顿负责字体标准化设计，格罗皮斯负责项目设计，雕塑家摩尔负责纪念碑设计，斯文威克负责海报设计。这一整套规划设计就是企业形象的萌芽。第二次世界大战后，世界经济复苏和各国经济纷纷重建，企业如雨后春笋般出现，产品被大量地开发出来，新种类和新功能如潮水般涌入市场。企业为了增强自身产品的竞争力，也为了提升自身企业的形象，开始研究企业识别系统。对于企业形象的具体名称，美国设计界先后提出Corporate Design（企业设计）、Industrial Design（产业设计）、Corporate Look（企业视觉）、Corporate Image（企业形象）等概念，后来逐渐演变成Corporate Identity（企业形象）。

一、企业形象的历史渊源

沿着历史的长河回溯，企业形象的源泉可以追溯到原始社会时期兴起的图腾崇拜。原始人把某种动物或大自然的某种事物作为崇拜对象，并以此作为部落的标志、吉祥物或象征。图腾可以说是最早的企业视觉识别（VI）的雏形。一般认为，从母系氏族公社开始，每个氏族都用自然界中的某种动物、植物或微生物作为本氏族的名称，并认为它们与本族有血亲关系，称自己为它们的系统，这种动物、植物或微生物即为图腾。从社会演化的角度看，图腾的出现可能要更早。当原始人在一个地方定居下来，该地一种与他们的生活发生密切关系的事物，或因有益，或因有害，就成为被崇拜的对象，这就是原始图腾。这时的自然图腾崇拜物，就成为区别不同人类群体的标志。久而久之，原始人把这类崇拜物当成了保护神。当出现氏族公社时，又把它们看作是该氏族的始祖神。当人类社会发展到氏族—胞族—部落—部落联盟—民族时，自然图腾的形象就成为一个集团区别于其他集团的根本标志，成为集团的象征。

这种图腾一经抽象，被描绘成一种徽识时，一种最初的象形文字就产生了。这种原始的图腾艺术，是该族全体成员共同创造的艺术，是严格的族艺术。到了这个时候，图腾崇拜物被作为民族的始祖和保护神，严禁杀害和食用。我国远古时代的部落群体有着不同的图腾徽识。比如，水族——鲵、鲤、蛙、蛇等；鸟族——燕、鸡、鹜、鹳等；兽族——虎、豹、熊、鹿、马等；有些还以太阳、月亮、火、土、山等作为图腾徽识。随着氏族部落的繁衍与分化、联盟与战争等，在斗争与融合中，逐渐形成两大文化系列，即龙族文化与凤族文化。

原始社会末期的部落酋长和奴隶社会的贵族，他们利用图腾神在民众中的崇高地位，把自己说成是祖先神在世间的代表，于是出现了族象征和祖先象征，祭祖与"尊王"融为一体的现象。这在商、周、秦、巴、蜀等族徽中表现得很充分。当一个民族或一个民族中强有力的部落统一了其他部落，建立起一个新的中央政权时，龙凤的原始图腾意义便逐渐转化为新的政权的象征以及掌握新政权的族的象征。这时的龙凤，就是祖先神、族徽、"国徽"——掌握中央政权的"朝廷"的象征与标志（或标识）。实质上这是扩大了的族徽。这种徽识往往是以本部落的徽识为主，融合了其他部族徽识并复合而成。为此，龙身上有湾鳄、蛇、鱼、鼋等动物的影子；凤身上有燕、鸦、鹰、鹃、鹜、鹏、鸡、孔雀的部分，其实这正是华夏民族发展历程中兼容并蓄、融合创造的象征。龙与凤成为中华民族的形象，流淌着中华民族的气质和审美意识，奠定了中华民族的心理结构，不断滋润着中华民族的长青之树，并对世界产生深远持久的影响。

系统导入和使用企业形象的古代组织，首推军队。"兵，杀人之人也；战，杀人之事也。聚杀人之人，而习夫杀人之事。"军队要完成"杀人"的职能，便要具备强大的战斗力，这种战斗力一方面靠军队的凝聚力和向心力，"上下同欲者胜"（《孙子·攻谋篇》）；另一方面也要求军队有着统一严格的法令条律。成书于战国初期的我国著名兵书《尉缭子》就指出："凡兵，制必先定。制先定则士不乱，士不乱则刑乃明。金鼓所向，则百人斗。陷行乱阵，则千人尽斗。覆军杀敌，则万人齐刃。天下难能当其战矣。"（《尉缭子·制谈篇三》）意思是说：凡是军队，制度必须得先定好。这样士兵才不至于散乱。士兵不散乱，刑罚就分明。号令所指，百人都能勇猛战斗。这样就天下无敌了。在这里，作者强调军队制度对战争胜负的保证作用，指出只有"号令明，法制审"，士兵才能英勇作战。另外，作战需要己方与敌方形成视觉上的差别，这样在激烈的会战中，己方才能辨别自己人，齐心协力，相互支持，消灭对方。因而军队对军旗、军服、军号、军歌等易于识别的外在系统一般也做严格的规定，并与敌方区分开来。

二、企业形象的含义

（一）企业形象的定义

企业形象是指社会公众心目中对一个企业综合认识后形成的全部认知、看法和综合评价。在现代社会中，一个企业的形象如何，会直接影响到企业的生存和发展。因此，树立良好的企业形象，是企业至关重要的任务。

（二）企业形象的构成要素

企业总体形象的建立受众多具体要素的影响，具体包括以下几个方面：

（1）实力形象。它是企业形象存在的物质性基础。企业富有强大的经济实力，使形象的其他因素均有了落脚点。实力形象主要包括企业固定资产、总资产、流动资金、产品销售-生产发展规模、员工人数、装备先进性等。

（2）产品形象。它是企业形象最基本的形象构成，是公众对企业形象最基本的认识来源。产品包括企业生产制造并提供给市场及消费者的物质产品和精神产品。物质产品要求实用、耐用、新颖、规格齐全、价格合理；精神产品要求健康、生动、富有活力。产品的概念有三层含义。①核心产品，指产品提供给消费者的基本效用和利益，即产品的使用价值，这是顾客购买商品的根本目的。②形式产品，是企业向市场提供的产品实体和劳务的外观，如产品的质量、特征、形态、包装和商标等。③延伸产品，指产品的质量保证、产品售后服务等。

（3）服务形象。它是公众对企业形象的感受性体验，包括服务的时间、方式、方法、体验、安装、维修质量以及零配件可用性。从企业管理的角度出发，可将服务总结为三大类。

首先是单纯服务，指人与人之间在日常生活中的单纯劳务交易，如顾客与理发师之间的买卖发型服务，旅客与航空公司之间的买卖客运服务。

其次是附属服务，指依附产品买卖的劳务转让，比如，厂商用特制的方法满足顾客的需求，就在物质产品的生产和销售过程中加入了特殊服务；再如，产品安装、调试、保修等"附属性"服务。

最后是事务性服务，如开发票、处理顾客索赔要求等，多是被动的、事务性的帮助。西方也称之为隐性服务。

（4）外观形象。它是指企业形象的物质外壳。如地理位置、建筑风格、内部装饰、外部环境等。

（5）人才形象。它是指企业现有人才的状况。一个人才济济、阵容整齐的企业，会使企业的形象倍增光彩。人才形象主要包括人才阵容、科技水平、管理水平等。

（6）营销形象。企业的销售力包括销售数量、销售能力、销售渠道；营业推广包括广告、公共关系、促销等。

（7）社会形象。企业在社会中发挥的作用包括企业社会行为和企业捐献行为。企业社会行为指对社区的居民、环境及生活质量的责任和关注；企业捐献行为指对社会公益事业的支持行为等。

（8）文化形象。文化形象是企业形象的精髓所在。它以企业的价值观为基础，以企业系统和物质系统为依托，以企业员工的群体意识和行为为表现，形成具有特色的生产经营管理的思想作风和风格。文化形象主要包括企业使命、企业精神、企业价值观和企业目标。

（9）品牌形象。它是指企业的产品质量和服务、企业的标志等留给公众的总体印象。品牌形象是企业形象的生命线。如果在其他要素上存在缺陷仅仅会影响其他形象的话，品牌形象的低劣则会使企业形象毁坏殆尽，从而直接威胁到企业的生存。

（10）企业公关形象。企业公关形象是指企业在开展公关活动过程中给社会公众及员工所留下的整体印象与综合评价。公关形象包括三个方面：公关人员形象、公关手段形象及公关文化形象。所谓公关人员形象是指企业中从事公关活动的员工队伍的素质、结构、能力等因素给社会公众留下的整体印象，它是构成企业公关形象的主体；公关手段形象是指企业在从事公关活动过程中所采用的方法、方式、技术、技巧等给公众留下的整体印象；公关文化形象是指企业在长期从事公关活动过程中所形成的一种独特的公关文化氛围，积极的公关文化氛围有利于企业积极开展公关活动，树立良好的公关形象，反之则会影响企业树立良好的公关形象。

（11）企业网络形象。企业网络形象是指企业在网络中树立的形象，包括企业网站形象、企业的网络行为形象和企业网络评价形象。企业网站形象是企业通过网站树立的形象，包括企业网站的设计、色彩、风格等。企业的网络行为形象是企业在网络世界中的表现，以及公众对此的评价和看法。网络是企业展现形象的另一个舞台。企业网络评价形象是网络公众对企业网络形象的看法和评价。

总之，企业形象的状况不是由一两个因素所决定的。企业形象是一个有机体，它的每一个要素都会对企业形象产生效应。因此，要树立一个良好的企业形象，必须使这个形象系统中的每一个要素都发挥作用。如果忽视了其中一个或几个要素，则有可能使整个企业形象毁于一旦。

三、企业形象的种类

企业形象的分类从不同的角度可有不同的划分。

（一）单项形象和整体形象

单项形象是企业形象的某一个方面留给公众的印象。如某企业的产品或良好的服务态度或优雅的购物环境等，都属此类。企业的单项形象是企业改善自我形象的突破口，充分利用单项形象，可以为构建企业整体形象打下基础。

整体形象是企业整体呈现在公众面前的全面的形象，它是由各个单项形象构成的。良好的企业整体形象是现代企业的一种无形资产，它与企业的资金、技术和人才并列，是当代管理的核心内容之一。

（二）实际形象和期望形象

实际形象是指企业真实展现出来的为社会大众普遍认同的企业形象。企业的实际形象一般可以通过形象调查的方法测得。了解企业的实际形象就是了解社会公众对企业的普遍看法，以便于企业有的放矢地开展形象策划塑造工作。只有清楚地了解自己的实际形象，企业才能以此为起点，塑造理想中的期望形象。

期望形象是企业期望在公众心目中所树立的形象，即企业的形象目标。期望形象是企业发展的内在动力，是企业自身的形象要求，企业对自我期望形象的要求越高，自觉做出努力的可能性就越大。期望形象是企业奋斗的目标所在，任何一个企业都要为自己设立一个期望形象，以便有的放矢。当然，期望形象的设立要符合发展的规律和企业的实际情况，要有可实施性、可实现性。

（三）真实形象和失真形象

真实形象是指企业本身具有的形象。而失真形象是指公众心目中的印象与企业真实形象产生误差甚至歪曲的形象。造成企业形象失真的因素很多，有传播中的操作因素；有企业本身性质的因素；也有公众认知水平的因素等。在企业形象传播的过程中，要从根本上避免企业形象的失真是不可能的，因此，最大限度地降低企业形象的失真度是企业形象传播的重要任务，企业应力争给公众留下一个真实的企业形象，重视社会公众对企业评价的反馈意见，防止失真形象的产生。

（四）有形形象和无形形象

有形形象是指通过人们的感觉器官直接能够感受到的企业实体的形象。它一般由三个方面组成：品牌形象、人物形象和环境形象。

品牌形象由产品的名称、商标、包装、外表形态、内在质量、售前售后服务以及广告设计等构成；人物形象由管理层人员形象和普通员工形象等构成；环境形象由内外空间设计、装饰、色彩、环境绿化等构成。有形形象构成的诸方面，都具有可以感知的物质性。

无形形象是指通过人们的记忆、思维而抽象升华成的企业深层的形象，一般包括企业的信誉和风貌等。企业无形形象的核心内容是企业信誉。它体现在企业的经营管理或对外服务等整个过程之中。企业信誉的好坏能直接左右公众对该企业所采取的行动，如消费者一般更倾向于接受名牌产品。信誉是企业的一笔重要的资源，是企业的财富来源之一。

无形形象以有形形象为基础，一个完整的企业形象是有形形象和无形形象的综合。对于一个企业来说，要从有形形象和无形形象两方面来塑造自己的形象。

四、企业形象的特征

（一）主观性和客观性

企业形象的定义表明形象源于社会企业的表现，具有客观性，但评价者是公众，因而又具有主观性。由于不同公众的价值观、利益取向、审美取向以及获取的企业信息往往不同，因此同一企业在不同公众心目中会产生有差异的形象。在人际互动中，企业的各种情况会被公众广泛知晓，不同的评价会逐渐收敛，从而使公众能对企业做出较为客观、真实的评价。

（二）整体性与多维性

企业的形象是指企业的整体形象。整体形象由各子形象组成，企业在哪一方面出现失误都可能使企业形象受损。由于众多的子形象构成企业形象，因而企业形象具有多维性。更为重要的是，整体形象与各子形象都有各自的作用，其功能不能相互替代。在诸如企业综合竞争力的评估中，人们就关心企业各方面的情况，强调的是整体形象；不同企业之间部分形象要素一致，其他形象要素的作用就显得重要，从而表现出整体形象的重要性。然而，各类公众都有自己独特的利益和评选方式，他们一般更关注与自身利益有密切关系的子形象或形象要素，优秀的企业形象并不一定对其利润线有多大贡献，如果这家企业表现的是一个贫乏的市场形象，企业捐钱于慈善事业并不有助于购买者忽视产品与市场的缺陷。因此，多维性不仅指影响企业整体形象的因素的多维性，还指企业的各子形象的功能也是多维的、各不相同的。

（三）相对稳定性与可变性

企业形象无论处在何种状态，主观的认识一般落后于实际的变化，从而表现为企业形象的相对稳定性。在塑造、推广企业形象的初期，即使企业的若干形象要素出色，但是被公众广泛认可仍需要长时期的保持。形象的主客观性一旦趋于统一，相对稳定性就更为明显。企业稍有疏漏一般不会危及形象。但当较大的失误持续发生时，公众就会改变对企业的评价。如果企业此时才醒悟并做出多种补救措施，可能效果不能立竿见影，这是形象改善的滞后效应。现代企业时刻处在公众舆论的监督之下，而影响甚至足以毁灭企业形象的危急时刻有可能发生。如果不能很好地处理发生的危机事件，则可导致企业千辛万苦建立起来的形象发生巨变，美好形象将不复存在。美国的安然公司、南京的冠生园等都是前车之鉴。

第二节　企业形象的价值

企业品牌形象有助于顾客认识商品，减少了他们对商品认知的费用，从而降低了交易成本。因此，现代企业高度重视企业形象的整体策划与宣传，乐于从企业经营中安排巨额资金投入企业形象战略，这可以为企业赢得竞争上的优势。因而形成了"企业要发展，市场要扩大，企业形象工程要先行"的观念。对于企业来说，企业形象的良好与否，直接关系到企业未来的生存和发展。企业形象的价值体现在它对于企业的功能和意义上。

一、企业形象的功能

（一）规范与导向功能

企业形象是把企业的价值观念和行为规范加以确立，为企业自身的生存和发展树立了一面旗帜，向全体员工发出了一种号召。这种号召一经广大员工的认可、接受和拥护，就会产生巨大的规范与导向作用。像美国 IBM 公司提出"IBM 意味着最佳服务"，日产公司强调的"品不良在于心不正"，达美航空公司倡导的"亲和一家"等，都是在教育、引导、规范着员工的言行、态度，让他们在尽善尽美的工作中注意把自己的形象与企业的形象联系起来，使本企业成为世界一流的企业。

（二）资产增值功能

企业形象是企业的无形资产，它具有实实在在的资产增值功能，使企业在无限开拓市场的过程中，获得丰厚的利益回报。

有形资产和无形资产共同构成了现代企业的资产。有形资产就是企业所具有的实体形态和资产，包括固定资产（如机器设备、房屋、建筑物等）、对外投资和自然资源等。无形资产是指企业经过多年经营取得的没有物质实体而以某种特殊权利、技术知识、公众评价等信息形态存在的资产，如专利权、商誉形象等。良好的企业形象有助于扩大企业的销售量，使企业在与竞争者相同的条件下，获得超额利润，从而形成直接的实益性价值，企业形象因此也就具有了价值。企业形象的良好与否可以从商标中看出，它具体体现为商标的价值。

（三）关系构建功能

从企业内部来说，企业因不同的人从事不同的工作，人的性格、爱好、追求又不一样，如果没有一种精神力量把他们"黏合"起来，企业就会成为一盘散沙。企业形象确立的共同价值观和信念，就像一种高强度的理性黏合剂，将企业全体员工紧紧地凝聚在一起，形成"命运共同体"，产生"集体安全感"，使企业内部上下左右各方面"心往一处想，劲往一处使"，成为一个协调和谐、配合默契的高效率集体。

从企业外部来说，只有塑造好企业的形象，才能为企业构建良好的公众关系打下基础，才可以从根本上留住顾客，构建起自己的公众关系网。美国 PIMS 战略设计院做过一项调查，研究报告显示：开发新客户比维护旧客户要多花 5 倍的成本；96%的顾客遇到不好的服务，当场不会做出反应，多半自认倒霉而不再光顾，然后平均告诉周围 10 位好友；有 20%的人传播力更强，一般会告诉 20 余人；一次不好的服务造成的损失，需要 12 次好的服务才能弥补。企业形象塑造是一个持续不断的过程，一次短期的行为可能会为企业的长期利益带来难以补救的损失。为了避免此类事件发生，企业应将优质产品和优质服务作为企业未来发展的关键，这一方面能稳住老客户，另一方面又能开发新客户。

（四）激励功能

在企业内部，企业形象可以有效地强化员工的归属意识，充分调动员工的积极性与创造性，从而增强企业的向心力和凝聚力。一般而言，企业具有良好的形象，会使企业员工产生荣誉感、成功感和前途感，觉得能够在企业里工作，是一件值得骄傲的事情，由此就会形成强烈的归宿意识和奉献意识。在这个意义上，好的企业形象可以作为激励员工的一个重要因素。

（五）辐射功能

企业形象的建立，不仅对内有着极大的凝聚、规范、号召、激励作用，而且能对外辐射、扩散，在一定范围内对其他企业乃至整个社会产生重大影响。像我国 20 世纪 60 年代的"铁人精神"以及在日本企业界经常听到的"松下人""丰田人"等说法，都是企业形象对外辐射的典型范例。

（六）促销功能

企业形象的最终确立是以达到公众信赖为目的。只有在公众信赖的基础上，公众才有可能进一步购买企业的商品或服务。这一机制是企业形象能够产生市场促销的根源。企业形象具有特殊的促销功能。在相同的质量水平下，好的企业形象，可以使企业的产品成为公众购买的首选商品。企业形象的促销功能，是通过商标得以实现的。形象是公众对于某种商品的一种心理印象，看不见，摸不着。公众对于商标的认同，就是对企业形象的认同。

（七）扩张功能

良好的企业形象可以为企业赢得良好的市场信誉，使企业能够在短时间内实现扩张，赢得大批经营资金，吸引更多的合作者，从而扩大自己的市场影响力。企业形象具有特殊效用，所以现代企业都十分重视形象战略。对于企业来说，塑造企业形象的过程，其实就是名牌成长曲线的修正与调控过程。

二、企业形象价值

（一）企业形象是无形资产的重要组成部分

无形资产是企业资产的重要经济资源。美国可口可乐公司的老板曾说过：如果公司在一夜间被大火烧成灰烬，第二天各大银行就会主动上门来向公司贷款，因为公司还有价值360亿美元的无形资产。可见，无形资产的作用、价值可以远远超过有形资产。自然灾害可以损毁有形资产，但对无形资产却无可奈何。

无形资产具有如此大的魅力是因为它代表企业在公众心目中的良好形象，企业形象的好坏决定了无形资产价值的高低。无形资产主要是靠企业形象来作为表现形式的。企业形象的认知度越高，美誉度越好，和谐度越佳，定位越准，无形资产的价值就越大，增值率就越高。日本丰田汽车公司就是依靠其企业形象的不断完善来维系、保护它的无形资产的。一般的汽车公司厂家维修中心都是顾客把车开到维修中心进行维修，而丰田汽车维修中心接到电话后，会派人开辆好车到用户家中，开走需要维修的汽车，留下一辆好车供用户日常使用。汽车维修好后，维修中心会给汽车加满汽油再将车开回用户家中，然后开走上次留下的汽车。这种处处为用户着想的服务思想，为丰田汽车树立了良好的企业形象。这种深入用户心目中的企业形象使丰田汽车公司的无形资产倍增。

（二）企业形象是外在扩张的市场铺垫

在现代社会中，公众对商品的购买，不仅是对产品功能和价格的选择，同时也是对企业精神、经营管理作风、服务水准的全面选择。企业形象的优良与否，是公众选择的重要依据。良好的企业形象会使公众对产品产生"信得过"的购买心理与勇气，使公众能够在纷乱繁杂、令人眼花缭乱的商品世界中培养起对企业、对产品的忠诚度，从而达到企业争夺更大的市场份额、进行企业扩张的目的。德国大众汽车公司通过在北美和欧洲进行的顾客调查发现，如果顾客的愿望在一家公司没有得到满足，那么他便会疏远该公司的产品。调查报告表明，企业流失的顾客中，有 40%是由于产品质量不好或价格不合理，而有 60%的顾客之所以转向其他产品是由于售前服务或售后服务不好，使他们没有受到礼貌的对待。大多数消费者会对企业的服务进行评价，并且会一传十，十传百。这种口头传播的效力是十分惊人的。因此，树立了良好的企业形象，就等于留住了顾客，就等于达到了企业扩张的目的。

案例 1-1

新加坡东方大酒店本着"顾客至上、以人为本"的服务理念和切实的服务树立了良好的企业形象。有一次，四位客人来东方大酒店咖啡厅，因人多嘈杂，随口抱怨了句"吵死了，听不清"。一位服务小姐听到了，她马上为他们联系了一间免费客房供客人讨论问题。对此，四位客人十分感动。两天后，四位客人送来了感谢信："感谢贵酒店前日所提供的服务，我们受宠若惊，并体会到了什么是世界上最好的服务。我们四人将是贵酒店的常客，从此，我们除了永远成为您的忠实顾客外，我们所属的公司以及海外来宾，也将永远为您广为宣传。"

（资料来源：改写自相关案例）

可见，良好的企业形象可以赢得社会舆论，铺垫潜在市场。社会各界的了解、信任、好感和合作，有利于改善企业的生存、发展环境，便于企业的对外扩张。

（三）良好的企业形象有助于企业取得社会各界公众的支持

企业作为一类社会组织，是生存在社会体系之中的。企业的发展，不可避免地要与环境进行密切的接触，与各种人和企业发生多方面的联系。比如企业要从上游企业采购原材料，要从资金市场和金融机构等筹措资金，要有经销商推销其产品，还要求有一定的自然生态环境、良好的社会治安……也就是说，企业的生存和发展，与社会有着千丝万缕的联系，单靠企业本身是无法做到的，而是需要社会各界公众的支持和帮助以保证企业有稳定的发展空间。良好的企业形象可以为企业获得这些支持和帮助。

第三节　企业形象策划的历史演变

一、萌芽时期

（一）商品标志视觉形象的产生

1851 年，美国宝洁公司创始人威廉·宝特先生发现负责货运的人总是在装蜡烛的箱子上画黑叉，经询问才知是为了那些目不识丁的码头工人能分辨出哪是蜡烛、哪是肥皂。后来，有位聪明的工人把难看的"叉叉"改成"星星"，之后又有人用一群星星与月亮的造型取代了原来孤零零的"星星"，进而成为固定的符号经常出现。由此可见，使用符号的最初用意是在区别货物的种类，后来，当宝洁公司用别的事物来取代这些符号时，新奥尔良的一位经销商却拒绝接收这些没有星星与月亮图案的蜡烛，认为那是冒牌货，宝洁公司由此认识到这些记号的重要性，于是申请了注册商标。

商标品牌作为商品的标记和象征，在商品的市场竞争中发挥着主要作用。随着竞争的加剧，同类商品在价格、功能、材料等方面相差无几，但企业之间的技术水平、生产设备、经营规模、管理水平还存在一定的差异，因而商品的生产厂家的信誉逐渐成为人们判定商品质量好坏的一个重要指标，企业的实力和影响力的作用将越来越大。与此同时，随着新产品的设计与开发，企业的产品种类日渐增多，为了避免企业的多个商标分散、弱化了消费者对企业及其产品的记忆力，便产生了统一传播商标品牌和企业形象的客观需求。

（二）设计师对产品视觉形象进行统一化设计

工业革命的大量制造和营销时代的到来，使人们逐渐认识到视觉识别和商标品牌形象价值的重要性。20 世纪 50 年代出现的视觉形象识别系统逐渐超越了商标或标识，将一个特定企业机构要传达的所有信息进行统一的设计，建立一致的形象，以实现可识别的目标。许多在全国各地有业务的公司和在多国有业务的公司，由于经营范围的扩大，公司一致性的形象很难维持，因此制定一个系统的策略显得非常必要。

奥利威蒂（Olivetti）公司和德国 AEG 通用电器公司最早认识到，企业产品的视觉识别形象是由个性强烈的设计师们通过有效的视觉设计和传达管理系统建立的。1936 年，意大利奥利威蒂打印机公司创始人的儿子阿德里亚诺·奥利威蒂（Adriano Olivetti），聘请了 24 岁的设计师奥瓦尼·宾托里（Ovanni Pintori）主持公司宣传部门的业务，历经 31 年，宾托里为这家公司及其产品设计了统一的视觉标识。宾托里设计的作品具有一种随意和非常舒展的特质，其复杂的设计有一种乘法的感觉，因为设计师可以通过大小和视觉节奏的重复，把小的元素组成统一的结构。在同一时期，德国 AEG 通用电器公司采用了著名设计师彼得·贝伦斯（Peter Behrens）为公司设计的商标，并将视觉标志广泛地应用在公司产生的所有产品上，使原先分散的视觉形象得以统一。

二、创立时期

（一）IBM 率先导入企业形象战略

IBM 的董事长是最早在企业中实施 CI 战略的推动者。当时美国 IBM 公司的产品很多，而销售额只在 1 亿美元左右徘徊。小汤姆斯·华生接替其父担任总裁后，一直在考虑这样一个问题：人有人格，有各自的世界观，并且会因为接受教育和嗜好的不同而形成不同的个人行为模式，也就是个性识别；如果把同样的构思比喻为企业的"人格"，那么一个公司是否可以有统一的"人格"呢？他询问其公司设计顾问，如何才能把本公司的开拓精神和创业特点有效地传达给社会公众。该顾问认为，应该通过一切设计手段来传达企业的特点，并使公司的设计应用统一化。从此，IBM 公司开始了表现特征统一化的形象设计系统开发工作，这就是最早的企业形象识别系统之一，也是以统一视觉形象为起点的企业形象战略。小汤姆斯采纳了公司设计顾问尼尔的建议，于 1955 年正式导入企业形象战略，聘请世界著名设计师保罗·兰德为其设计出一套完整的企业识别系统，以传达统一的 IBM 形象。保罗·兰德为 IBM 公司设计的标志由 I、B、M 三个大写字母并列组合构成，"M"字母的大小是"I""B"两者的大小之和，名称、字样、图形三者合为一体。IBM 是公司全称 International Business Machines Corporation（国际商用机器公司）的缩写。它既象征了计算机产品系列及其联网技术，又使人联想到公司开发计算机的企业发展战略和提供优质服务的企业行为规范。该企业识别系统简洁、明了、流畅、美观，令人一目了然，很好地反映了 IBM 的品质感和时代感。

（二）美国各大公司纷纷效法

IBM 公司的成功实例，激起了许多美国的先进公司进行企业形象策划的热情。初期导入企业形象战略的企业有美孚石油公司、远东航空公司、西屋电气公司、艾克逊公司等。其中最具代表性的视觉形象是可口可乐公司的标志和美国建国 200 周年纪念标志的统一设计。

在 20 世纪二三十年代，以经营饮料、咖啡为主的可口可乐公司每年都会花费巨额资金用于广告宣传，它把可口可乐宣传为一种年轻、向上的产品，喝者都将拥有快乐、充满活力、风度优雅的形象。自 20 世纪六七十年代以来，公司决定重塑企业形象，向消费者传递喝可口可乐将变得自信、受欢迎和年轻的概念，公司还聘请美国 Lippincott&Marmtlies 公司（简称 L&M 公司）为其重新设计遍布世界各地的可口可乐标志。L&M 公司经过调查确定了四个设计要素：①可口可乐的品牌名。②可口可乐的书写字体。③红色标准色。④独特的瓶形轮廓。革新后的可口可乐标志采用红白相间的波纹，如图 1-1 所示，表现出流动感和韵律感，此标志获得了世界各地消费者的认可，可口可乐也因此享有"美国国民共有的财产"之称。

图 1-1　L&M 公司设计的可口可乐公司标识

（三）企业形象战略逐渐成为企业竞争的有力武器

1969 年，美国美孚石油公司正式导入形象战略，其在世界各地的加油站一举旧貌换新颜。美孚石油公司的主要竞争对手英荷壳牌石油公司也不甘落后，随即宣布导入企业形象战略，其在世界各地的加油站一夜之间亮出了以贝壳为标准图形的企业识别标志。1967 年，道格拉斯和麦克唐纳两家飞机公司合并，合并后的公司因优势互补，影响力直逼世界飞机制造业的榜首美国波音飞机公司。波音公司首先导入由白蓝双色组合而成的标准色彩视觉识别系统。麦克唐纳·道格拉斯公司立即反击，正式导入了以白红双色为专用品牌标准色的视觉识别系统。于是，一场激烈的"空战"就在企业色彩识别方面展开了。从这些案例中，我们可以看出欧美各企业对利用企业形象战略统一企业整体设计的重视程度。

补充知识 1-1

Landor Asso：出自灵魂的创作

Landor Asso 策略设计顾问公司是世界知名形象识别与策略设计顾问公司，专门从事企业形象、品牌包装与环境设计等业务，协助公司、团体定位、设计并实行其识别系统，以解决其在商业与形象沟通上可能存在的各种问题。Landor Asso 公司总部位于美国旧金山市，亚太区总部设于中国香港，它拥有优秀的专业人才，精通各国文化背景。因此不管是在纽约、雅加达还是罗马，Landor Asso 都能站在客户的立场，以团队精神提供优良的服务。

公司始创人沃尔特·兰多（Walter Landor）曾经说过："产品制造于工厂，商标是出自心灵的创作。"这就是 Landor Asso 今天仍然做着的工作——创作独具特色的商标，致力为客户树立鲜明的形象。

三、发展时期

日本是一个善于汲取他人优点的国家，它能将外来文化与本国文化进行创造性的结合。在 20 世纪 70 年代，日本紧随美国潮流，创造性地发展出具有本国特色的企业形象策划理念。日本的企业形象策划以企业文化为繁衍生长点，不像美国的专业公司那样局限于标志、标准字及相关设计系统，而是深入企业经营的价值观。

1971 年，日本马自达汽车公司成为日本企业形象策划的范例。接着，大荣百货、伊势丹百货、麒麟啤酒等企业纷纷导入企业形象设计，良好的公司形象已成为企业的重要无形资产。日本电信电话公司（日本规模最大的电信网络运营公司），公司通过企业形象策划，在一年内成功地由国有转为民营，彻底改头换面。银座松屋（Mat Suyaginza）原名"松屋百货店"，其总裁曾悲观地说："松屋这家公司，如果什么都不做，必然会垮；即使做了，也不能保证不会垮，但我还是想试试。"在绝望中，松屋请来企业形象设计专家进行全面"诊治"，最终使之成为银座最著名的购物场所。形象设计专家提出的"集客第一主义"，也成为营销学中一个划时代的观念。

1968 年，日本出现了专门的企业形象策划公司——PAOS 公司，该公司致力企业形象的推广和设计开发，带动了日本企业经营策略和传播导向的转变。其中，松屋百货导入企业形象两年之后，营业额增长了 118%，成效惊人。小岩乳业在导入企业形象 5 年后，营业额增长了 270%。因此，该公司的领导为了感激 PAOS 公司的工作，每年按固定的百分比将其收入的一部分分给 PAOS 公司。PAOS 公司不但承接日本各大公司的企业形象策划工作，还将自己的研究成果编撰成书。PAOS 公司针对世界各大知名企业的企业形象战略进行了研究，产生了深远的影响。

> **补充知识 1-2**
>
> **中西元男：经营战略的王牌**
>
> 中西元男是日本最早倡导企业形象的策划师，他所创办的 PAOS 公司是日本第一家企业形象策划公司。该公司在吸取美国"企业美容"和欧洲"企业风格"设计思想的基础上，开发出"设计综合经营战略"（简称 DCMS）。马自达公司是其第一个客户，PAOS 公司为马自达设定的蓝色标准字与标准色，使之在汽车标识的红"海洋"中脱颖而出。
>
> 中西元男对企业形象的看法是：设计正步入一个名称和概念全面变化的时代，需要跨越现有的不同领域来进行最佳搭配。

四、传播时期

（一）中国台湾企业形象策划的发展概况

中国台湾企业形象策划的过程大致经历了三个时期：

第一个时期（1970 年以前）。中国台湾引入企业形象战略的先驱当属台塑关系企业。台塑董事长王永庆聘请曾留学日本的郭叔雄为台塑关系企业设计 CIS，郭叔雄设计出一种波浪形外框，以此表现台塑关系企业所用塑胶材料的可塑性，同时也象征着企业整体连绵不断的发展趋势。由于当时的市场竞争不甚激烈，所以企业形象策划技术也并不完善。

第二个时期（1971—1980 年）。这是中国台湾企业形象策划发展的初期。由于出口的大幅度增长，中国台湾以加工为主的制造业兴旺起来，为中国台湾赚取了大量外汇。一些公司为了改变多年以来保守的民族工业的企业形象，塑造出"产品行销全球的国际性公司"的企业形象，开始采用企业形象战略系统。但这一时期的台湾企业普遍重视视觉识别系统，偏重于企业表面形象的设计，缺乏企业形象战略的整体投入意识。如味全股份、大同公司等，多是在企业或产品标识上做调整，以便统一各分公司和分支机构的标识形象，为企业的发展做一些最基本的工作。

第三个时期（1981 年之后）。在 1985 年之前，台湾出现了企业集团化倾向，许多企业经过垂直整合和兼并，以及横向扩张和多元化经营的调整，形成了一个个规模庞大的企业集团。这些企业集团为了树立自己的良好形象，纷纷利用各种方式和渠道来塑造企业的形象，以提高企业的竞争力。

1985 年至今，中国台湾企业形象策划得到了快速发展，应用日益广泛化，并向纵深领域开拓。这种变化起因于企业之间竞争的加剧，以及企业走向国际化，同国外企业之间竞争的需要。台湾企业从初期的单项生产的加工型，快速转向创造自己品牌企业，这一战略调整是企业发展战略的巨大进步，由此奠定了企业走向国际市场的基础。在这个基础之上，台湾企业才拥有了开发企业形象战略系统，使之服务于企业与国际市场接轨需求的动因。就此来说，企业形象策划的引进与开发是经济发展的结果，是企业自身发展的要求。

补充知识 1-3

魏正：沟通·价值·创造

　　魏正是台湾艾肯形象策略公司总经理兼策略总监。艾肯的名称音译自英文 ICON，原意是图形、圣像等。在 1990 年成立之初，艾肯有感于图像化的力量是企业导入企业形象的首要条件，今日更成功地被运用在绘图电脑的图形界面。在企业形象导入的工程中，必须采用的四大策略有："Image"（形象）"Communication"（沟通传达）"Open System"（开放的系统）及"NEO"（新的、现代的）。艾肯即以此四大策略首字母得名，显示它是一个思想开放的企业，是一个以沟通传播为根据，不断创造新价值的形象设计团体。

（二）中国大陆企业形象策划的发展概况

1. 工业设计中的运用

　　1949 年，中华人民共和国建立以后，虽没有系统地引进企业形象战略，却在工业设计中有过运用。铁路系统的企业形象设计就是比较成功的。由"人"和"工"组成的"仝"图案的标识，简洁、明了、美观、大方。"人"寓意为人民铁路，为人民服务是铁路的基本宗旨。"工"寓意为工字形铁轨的横断面，表明这是铁路企业，又寓意为工人阶级当家做主的企业。整个"仝"又可抽象地视为火车头的正面形象，寓意充满力量，奋勇向前，势不可当。整个图案用红色表现，不仅鲜明醒目，还寓意为这是中国共产党领导下的企业。总之，以"工""人"二字和火车头、铁轨的象征图形构成的人民铁路的主题，不仅形象精炼、美观，而且寓意深刻、庄重大方，堪称杰作。

2. 企业形象战略理论的引进

　　企业形象战略这一新的学科、新的设计观念和技法在 20 世纪 80 年代中期伴随着改革开放的浪潮传入中国。最早接受该理论的是美术院校。1984 年，浙江美术学院从日本引进一套企业形象资料，觉得有教学价值，便作为教材在校内进行教学使用。进而，各美术大专院校纷纷在原来的平面设计、立体设计等教学中增加了企业形象的视觉设计的教学内容，着重介绍企业形象战略这门新的学科、新的设计概念和技法。所以企业形象策划最初仅是以理论的形式，作为学术教材传入中国的，不过一般也仅局限于视觉识别方面。

　　随着改革开放的深化，伴随着国内市场的发育、社会的进步、经济发展和竞争的需要，特别是国外企业和产品逐渐进入中国，其强烈的视觉形象识别对消费者的冲击和感染力，催生和呼唤着形象设计走出艺术院校的殿堂，促成与企业经营管理的结合，为塑造中国企业新形象服务。

　　企业形象被企业家认识，企业形象设计从单纯的制作上升为整体策划，成为企业市场营销的重要战略。随之而来，许多企业导入企业形象战略，其中成功的企业如健力宝集团公司、李宁运动服装有限公司、浪奇实业有限公司、神州燃气具联合实业公司、白云山制药厂等，他们得益于企业形象策划而崛起，成为我国著名企业和广东省经济发展的排头兵。太阳神集团公司导入企业形象的成功探索，开创了我国企业形象策划的先河，被理论界称赞为"具有中国特色的企业形象经典"。

3. 企业形象策划在全国的推广

　　随着改革开放不断向纵深发展，经济增长方式从粗放型向集约型转变，企业形象策划相应地从广东省悄悄传向全国。伴随着改革开放的浪潮由南向北、由东向西逐步推进，进入 20 世纪 90 年代，企业形象策划已在全国推广，主要表现在以下五方面。

（1）各级政府大力倡导。

（2）形象战略涉及各行各业。在工业企业中，最典型的是浙江省武义县一家乡镇企业——"好东西"服饰公司；在商品流通企业中，最典型的是河南郑州的"亚细亚"商场；在金融企业中，中国银行最早导入企业形象，由香港人设计，在全行驻世界各地机构全面统一实施，树立了中国银行的全新企业形象；在交通企业中，以我国铁路系统为例，并以郑州车站形象设计为先进典型开展了全路塑造良好企业形象的活动。

（3）企业形象策划研究日益活跃。企业形象策划学作为一门新的学科在理论、教学、研究部门得到了极大的发展，并逐渐成为学术研究的热点。1994 年 5 月，由中国科学院著名管理心理学家马谋超教授主持的国家自然科学基金项目"企业发展与形象战略企业形象中国化"研究课题正式立项启动，开创了中国企业形象策划科学研究专题立项的先例。

从 1993 年开始，在北京、广州、珠海等地年年都召开企业形象战略理论研讨会，进行学术交流。1993 年 6 月，首届中国企业形象战略研讨会在北京召开。1996 年 5 月，"1996 年中国企业形象战略高级研讨会"在北京大学召开。

（4）企业形象策划知识的普及。近几年来，中央电视台、各种报纸杂志相继开设了企业形象专栏，介绍了企业形象战略的有关知识和部分企业成功的经验。高等院校的管理类和营销类专业也开设了企业形象课程，以培养企业形象策划人才。自 1993 年 8 月读书·新知·三联书店出版了林阳助编著的《如何建立 CIS（企业识别系统）》以来，国内已陆续出版了 100 多种不同版本的企业形象策划书籍，并且还大量引进了台湾、香港出版的有关企业形象的专业书籍。企业形象策划知识的普及为广大企业经营者了解、学习和运用企业形象战略创造了条件。

（5）企业形象策划队伍扩大。以广州有识之士成功开创企业形象策划和设计的先河为先导，从事企业形象设计的策划机构如雨后春笋般出现。仅广州市一地就有 300 多家设计公司，还有数百家广告公司承担了企业形象策划设计工作。其中比较著名的有"恩波智业""福来得""博采"等设计策划机构；上海、杭州等地也相继成立了许多专业的企业形象设计公司。

在企业形象设计队伍中，还有外商参与的合资公司，如深圳力创企业形象设计公司，在短短的时间内，完成了美国协和中国总代理、安徽劳格欣、深圳天地等十多个企业形象设计项目并产生了较大的社会影响和较好的企业效益。北京始创国际企划有限公司也是一家合资企业，不仅从事企业形象设计，而且还在北京始创企划职业高中培养企业形象策划的初级人才。

进入 21 世纪，企业形象建设已经深入人心，成为企业管理重要且必需的工作，每个企业都会投入人力、物力和财力进行企业形象的塑造和建设。

第四节　企业形象策划的含义与特征

一、企业形象策划的含义

"策划"含有计谋、谋划、筹划、打算之意，也就是通常讲的"出谋划策"。《中国企业形象辞典》对策划的解释是:"人们为了达成某种特定目标,借助一定的科学方法和艺术手法构思、设计、制作、策划方案的过程。"

企业形象既是一门科学,又是一门艺术,是科学性与艺术性的统一,最集中、最明显地体现在企业形象策划中。

企业形象策划是指策划者为树立良好的企业形象,实现企业目标,根据企业形象的现状和目标要求,在充分进行企业形象调查的基础上,对企业总体形象战略、具体塑造企业形象的活动进行谋略、设计和实施的实务运作。

二、企业形象策划的基本特征

从企业形象策划定义的角度来分析,企业形象策划应该表现出以下特征。

(一)目的性

企业形象策划工作有着明确的目的性。企业形象策划设计所确定的目标分为总目标和具体目标。总目标是指任何企业形象活动都希望达到的最终目标。一般来说,这个最终目标就是建设具有理想的知名度和美誉度的企业形象。但任何理想的目标均不能一蹴而就,因为在一定的时间内,受一定量的人力、物力、财力的约束,任何企业只能就某个具体目标进行企业形象策划设计,具体目标逐项实施、实现,才有可能进一步实现总目标。所以,企业形象策划设计的目标性的体现就是总目标与具体目标的统一。

(二)创新性

企业形象策划的思维过程是一种创造性思维。策划设计往往追求独创性,以新颖的策划设计方案提高企业形象活动成功的概率。创新性是企业形象策划的生命力,它集知识、智慧、谋划、新奇于一身,不断放射出耀眼的光芒,成为当今企业谋求发展的一大法宝。只有创新的企业形象行为才能吸引公众的眼球,才能吸引公众参与企业形象活动,在活动中接收企业形象的信息,达到我们的企业形象策划的目的。任何成功的企业形象策划都是具有创新性的策划。

(三)计划性

计划性即按照企业形象目标,根据企业形象活动的特点,有计划、分步骤地实施企业形象策划,使公众的观点与行为朝着对企业有利的方向发展。"凡事预则立,不预则废。"由于现代社会是个瞬息万变、错综复杂的社会,一个企业政策的实施、行动的开始,都会受到各种主客观条件的限制。因此,要想顺利地实现企业目标,就必须有一整套经过周密运筹后制订的系统性计划。

(四)思想性

企业形象策划过程是一种思维过程,它受制于受到思想特质支配的人脑,并通过策划者对社会环境、企业条件和策划目标的分析来完成。思维方式是人类运用思维规律、思维方法进行思维活动的综合表现形式,是人类进行思维的具体模式,随着科学技术和社会生产方式的变革而变革。不同的文化背景会产生不同的思维方式,不同的思维方式会生产不同的策划方案,进而产生不同的效果。我们在策划时要充分考虑我们所处国家的政治、经济、文化、民族心理、价值观等,并且企业形象策划作为一种社会活动我们在思想上要对其进行正确的引导。

案例 1-2

为求出名，飞机撒钱

1996年3月中旬，湖北十堰市主要新闻媒体几乎同时以显著篇幅刊出或在黄金时间播发了内容相同的广告。广告称："1996年4月6日中午12时，十堰市鑫港山庄将雇请民用飞机准时抵达十堰上空，沿人民路撒大礼8万元（面额分别为488元、188元、48元、38元、8元、1元的附有鑫港山庄简介的现金兑换券），敬请十堰市市民届时翘首以待，把握'财'机！"

"飞撒8万元，捡到的就是钱，幸运的你，幸运的他，幸运的我！"

广告遭到市民的强烈反对，很多市民打电话给政府部门谴责企业的做法：别忘了，十堰地区目前尚未脱贫；也有人指责新闻媒体只认钱，却忽视社会效益……

3月21日下午，政府有关部门通知此项活动暂停，且广告要予以更正。4月6日的飞机撒钱活动取消。

（资料来源：改写自相关案例）

案例分析：从上例中可以看到，鑫港山庄一味追求新奇性，忽视了策划活动的思想性和公众的心理接受程度，最后活动因遭到公众的反对而未能实施，知名度虽提高了，美誉度却降低了。

（五）针对性

企业形象策划没有一个统一的、一成不变的模式。它受制于企业所处的外部环境、自身条件和企业形象状态以及策划者本身的创造性思维方式，对不同的企业需要策划不同的企业形象方案；同一企业在不同的外部环境条件下，需要策划不同的企业形象方案；同一企业，同一个外部环境，不同的自身条件，还需要策划不同的企业形象方案。这说明企业形象策划工作一定要有针对性。

（六）调适性

企业形象策划方案应该有一定的弹性，进行策划设计时，应考虑条件的变化，根据企业形象策划方案实施的环境、目标公众的需求动机和心理承受力来适时、适度地调整企业形象策略。调整的内容包括：范围的调整、程序的繁简、手段的变更和目标的调整。调整后的企业形象方案应更有可行性和创新性。

三、企业形象策划应遵循的原则

企业形象策划是制定企业形象战略的关键环节，它需要理性的思考和艺术的提升，同时，它还必须遵循一些基本原则。这些基本原则绝非出自企业形象专家的"概念方程式"，而是源于大量的企业形象实践活动的经验和总结。

（一）价值导向原则

价值导向原则是企业形象策划的基本原则。价值导向原则的具体含义是指企业的企业形象策划必须以企业明确的价值观念为导向,而不能无视或偏离企业的价值观念,否则企业形象策划就会失去其"灵魂",乃至损害企业的形象。企业形象只有同企业的价值追求相吻合,亦即表里如一、内外相称,才能获得企业公众的理解与好感。例如,麦当劳把"最清洁的快餐"作为企业的价值追求或理念要素,企业在策划或设计企业形象时,就时刻以这一追求和要素为基点。从形象战略的高度出发,它要求前柜员工必须穿戴整洁,且必须由20岁上下的青年人担任,借以体现麦当劳快餐的"快"节奏与活泼的个性;企业对顾客的就餐环境也有特殊的规定,对选料、制作工艺的要求也都体现着"最清洁的快餐"这一价值追求。

(二)真实性原则

所谓真实性原则也就是科学性原则或客观性原则,它包括两个方面的含义:其一,在进行企业形象策划时,必须尽可能全面地收集各类信息,客观地整理、分析各种信息;其二,策划程序和步骤必须符合科学的规则与逻辑。

雅戈尔集团于1999年11月向社区公众推出了"质量坦白书",从另类角度非常有新意地向消费者做出承诺,对雅戈尔西服质量做出实实在在的保证,在浓郁的人情味中拉近了消费者与"雅戈尔"的距离。

案例1-3

雅戈尔西服"质量坦白书"

雅戈尔西服从面料、辅料至针线、纽扣均采用国内外名牌产品,每道工序严格把关,确保产品质量。

雅戈尔西服质量明细:

(1)西服领子平服,左右领尖平整。
(2)西服驳头宽窄、领嘴大小左右对称。
(3)西服止口平挺,不搅不豁,两下角圆顺、方正,大小一致。
(4)西服前身胸部挺括,面、里服帖,省道顺直。
(5)西服各部位缝纫、锁眼、钉扣整齐、牢固。
(6)西裤不起亮,无色差。
(7)西裤腰头面、里平服顺直。
(8)西裤调节扣绱线顺直,回针牢固,高低部位准确。
(9)西裤门里襟面、里平服,长短误差不大于2厘米。
(10)西裤侧袋口大小、左右一致,封结牢固整齐。
(11)西裤两脚口大小误差不大于3厘米。
(12)西裤侧缝无松紧、无吊脚、无晃脚。

雅戈尔集团
雅戈尔制衣实业有限公司

(资料来源:张百章,何伟祥.公共关系原理与实务[M].大连:东北财经大学出版社,2002.经改写)

(三)新奇性原则

企业形象策划是一种创造性活动,而不是一种重复性的机械劳动,它与因循守旧、墨守成规、不思进取的行为是格格不入的。它推崇的是标新立异、独辟蹊径、大胆创新、奇中取胜,这也就是所谓的新奇性原则。新奇性原则的关键在于企业形象策划要新颖别致,其创意要独具匠心、奇妙绝伦。新奇性原则要求做到:新颖、奇异、独特。

(四) 灵活性原则

企业形象策划是建立在对现有信息的收集、分析的基础上的。它对信息的分析及情境发展趋势的预测,受策划者的经验、知识和认知方式的影响,因而具有不可避免的局限性。同时,外部环境的变化总是使人们对这种变化的感知处于被动地位,这就要求在进行企业形象策划时,必须遵循灵活性原则,即应使所选定的企业形象方案具有充分的回旋余地,并尽量在方案中考虑到各种未知的或不确定的因素,对各种可能出现的新问题、新情况、新动向,要制定具体的应对措施和应变手段,从而使企业形象策划既周密可行,又灵活主动。

四、企业形象策划的价值

(一) 企业形象策划是企业形象实务的最高层次

一项成功的企业形象策划方案,需要有全面的市场调查资料,并能对各类信息进行科学的分析评估,从中得出合理的结论;需要运用策划人的聪明才智,提出合理、新颖、实用的企业形象设计;还需要有周密的动作和安排将活动的方方面面落到实处,保证整个策划方案能按预期设计充分实施,其难度不亚于一场成功的军事战役。

(二) 企业形象策划是企业形象价值的集中体现

企业形象策划最能体现企业形象传播信息、协调关系、塑造形象的作用。成功的企业形象策划能迅速地提高企业的知名度,在企业处于危难之际能够挽救企业形象。

(三) 企业形象策划是企业形象运作中的飞跃

企业形象运作应该像交响乐,有起有伏有高潮。通过一些典型策划给公众(包括企业内部公众)留下深刻印象,使企业形象运作迈上一个新台阶,产生巨大的飞跃,从而统率企业形象的运作。

(四) 企业形象策划是企业品牌和目标竞争的法宝

现代企业的竞争已经从产品竞争发展到企业竞争,其内涵更深刻,手段更高明,表现为信誉竞争、形象竞争,哪个企业形象策划得好,哪个企业就能树立更好的形象,就能赢得公众、赢得效益、赢得发展。

综合案例

联想更新标识,开启国际化品牌时代

经过多年的快速积累,联想已经成为一家在IT领域多元化发展的大型企业,"联想"品牌在中国消费者中的知名率已达90%,但在面对"你认为联想的品牌代表什么"这样的问题时，不同消费者给出的答案却不尽相同。2001年，联想制定了新的发展目标："高科技的联想，服务的联想，国际化的联想"，开启了联想的国际化时代。国际化的必备条件之一是拥有一个可以在全球畅通无阻、受人喜爱的品牌标识，但联想沿用多年的英文标识"LEGEND"已在多个国家被抢先注册。作为走出国门、拓展海外市场的第一步，品牌障碍亟待排除。为此，联想决定推出新的品牌标识，作为新的品牌战略的起点，并重新对联想品牌的整体架构进行梳理。

2002年5月，联想成立了以杨元庆为组长的品牌切换小组，通过对包括联想老员工、原副总裁在内的数千联想员工的访谈，征询联想人自己对联想品牌精神的感知。同时，联想委托国际知名的品牌管理顾问公司，针对品牌议题进行了长达两年的深入调研，共走访了2 800名消费者，700多位企业客户，并在海外5个国家进行了6场访谈。

1. 标识——启用集团新标识"Lenovo 联想"，以"Lenovo"代替原有的英文标识"LEGEND"。其中，"Lenovo"取自原先的LEGEND，承继"传奇"之意；"novo"代表创新。整个名称的寓意为"创新的联想"。Lenovo作为新的英文标识在全球范围内注册，而中文标识"联想"则没有任何变化。此外，联想在国内将继续使用"英文+中文"的标识，在海外则单独使用英文标识。下图为联想新旧标识。

联想旧标识

联想新标识

2. 内涵——四大顶尖特性

诚信；创新有活力；优质专业服务；容易。

3. 推广——四大阶段

公司将联想换标的发布活动设计成一个联想品牌管理的"系统工程"，分为几个阶段进行，并以"Lenovo 联想"所表现的联想"创新有活力"的企业形象作为主线统领全局。这四个阶段分别是：

（1）4月28日，在北京借助网络媒体发布新标识。平面、网络、影视媒体三管齐下，通过深入传播引起社会各界的广泛关注。同时，安排在同一天发布首批带有Lenovo标识的产品——多款自主研发的联想手机精品。

（2）从7月31日开始，借联想2003年科技巡展之机，在巡展所到之处深入传播和集中展示联想的品牌内涵，诉求联想"创新科技，畅想未来"的理念。本次联想科技巡展覆盖28个城市，所到之处，各省市主要领导均出席活动，当地核心平面和影视媒体进行充分报道，在全方位地展示联想"关联应用"战略最新成果的同时，充分传达出联想注重技术创新的企业精神和Lenovo标识的丰富内涵。

（3）10月15日，利用"神舟五号"火箭成功发射的契机，同步在全国展开以"只要你想"为主题的系列推广活动，诉求"人类用想法改变世界"的创新理念。突出展现联想所诉求的"有想法就能创新，有想象就能创造，只要你想，一切都有可能"的理念。

（4）10月18日，启动品牌沟通日活动，在由联想在京员工及家属6 000余人参加的联想运动会举行的同时，安排联想高层与京城各大媒体进行面对面的互动式沟通，进一步传达"Lenovo联想"的内涵，并宣传联想新的品牌战略。

研究人员针对消费者展开的调查结果显示，有80.3%的消费者了解联想新的品牌标识。其中，91%的消费者认为更换标识不会对联想产品的质量和信誉，以及联想产品的销售造成影响。62%的消费者表示联想的电子产品仍可能是自己未来三年内的首选。从品牌标识的隆重发布和品牌内涵的精心提炼，到作为品牌支撑的科技巡展，再到"只要你想"品牌形象广告的强力推出，一直到记者云集的品牌沟通日，2003年，联想掀起的"品牌旋风"在神州大地上呼啸而过。2003年，已经成为联想的"品牌年"，成为联想品牌管理历史上值得纪念的一笔。分阶段、特色鲜明的传播使联想品牌在公众当中的曝光度较往年同期大幅增加，也使"Lenovo联想"的品牌标识深入人心。

（资料来源：公关网，有改动。）

本章小结

企业形象具有主观性和客观性；整体性与多维性；相对稳定性与可变性的特征。企业形象战略对企业的生存和发展具有重要的意义：首先企业形象是企业无形资产的重要组成部分；企业形象是企业生存发展的精神资源；企业形象是企业外在扩张的市场铺垫；良好的企业形象有助于企业取得社会各界公众的支持。企业形象策划最早产生于美国，在日本得到充分的发展，先传到中国台湾，到20世纪80年代末期才传到大陆。企业形象策划要遵循价值导向原则、真实性原则、新奇性原则和灵活性原则。

复习思考题

概念题

企业形象　　企业形象策划

简答题

1．简述企业形象的功能。

2．简述企业形象的构成要素。

3．从企业形象策划的历史演变中我们能得到哪些启发？

技能实训题

根据可口可乐公司的案例，分析企业形象策划的作用。

第二章
企业形象的调研

> **学习目标**
>
> 通过本章的学习，了解企业形象调研的程序和内容；明确企业形象调研的意义；掌握企业形象调查的方法和技巧；掌握企业形象调查资料分析和处理的方法与技巧。

为了增强导入企业形象行为的目的性，使企业形象的设计开发取得更好的成效，必须对目前企业的形象进行广泛而深入的调研。只有通过企业形象调查，才能把握企业形象的优势与不足，有的放矢地提出优化企业形象的方案。

第一节　企业形象调查的内容

企业形象调查是指运用科学的、系统的方法，有目的、有计划地对企业在公众心目中的总体形象和评价进行的考察。进行企业形象调查的目的，一是为了塑造和完善良好的企业形象；二是为了使企业形象调查科学化。与产品竞争相比，企业形象竞争属于更高层次的竞争，要在竞争中取胜，除了全方位塑造自身形象之外，还要及时、准确地了解自身及对手的公众形象，这就需要进行企业形象调查。企业形象调查作为全面了解企业形象的手段、塑造企业形象未来的必要环节，越来越被现代经营者、企业家所重视。不过，作为一种特殊的社会调查方式，企业形象调查还很不完善，需要在实践中总结经验、充实内容、优化程序，使之条理化、系统化和科学化。

一、企业形象调查的特征

作为一种特殊的社会调查，企业形象调查有其自身的特征。

1. 完整性

企业形象调查是多角度、多侧面、多层次的，并通过对收集到的各类材料的深入分析，达到对企业形象整体性的认识。

2. 层次性

企业形象调查分为三个层次：最低层次，即对企业视觉识别系统进行调查，包括企业场地规划、建筑装饰、制服设计、产品包装及商品在店堂中的陈列方式等；中间层次，即对企业知名度和美誉度进行调查；最高层次，即对企业理念进行调查，包括企业的价值观念、创新精神和企业的社会责任意识。

3．不可量性

企业形象不太容易被量化，但这并不意味着企业形象调查不需要量化分析。在讲求定量分析与定性分析相结合的同时，企业形象调查中定性分析的作用表现得更为突出。

4．描述和评价性

企业形象实际上是一种长期的、经常变化的动态过程。企业形象调查一方面要对这一过程进行全面、客观的反映和记录，另一方面要对企业形象形成过程中的利弊得失加以判断和分析。描述性特征意味着企业形象调查应该不带任何偏见地收集各种有关信息材料，评价性特征则说明了资料收集过程也是一个理性考察的过程。

二、企业形象调查的一般程序

企业形象调查的一般程序可以分为以下五个阶段。

（一）调查准备阶段

调查准备阶段是企业形象调查的基础阶段和首要环节。企业形象调查能否达到满足企业形象工作所需企业形象信息的要求，在很大程度上取决于调查准备阶段的工作内容与工作质量。调查准备阶段的工作内容主要包括三项：

（1）确立调查任务。根据企业形象工作对企业形象信息的实际需要，确立具体、实际的企业形象调查任务，使企业形象调查真正做到有的放矢。

（2）开展调查设计。企业形象调查设计的任务较多，主要包括调查课题设计、调查指标设计、调查样本设计、调查问卷设计、调查过程设计、调查方案设计等。其中，一个完备的调查方案应包括八项内容：第一，调查的目的、意义和研究课题；第二，调查研究范围和分析单位；第三，研究类型和调查方式；第四，调查对象的选择方案或抽样方法；第五，调查内容、调查指标和调查项目；第六，调查的场所、时间和进度；第七，调查所需的经费和物质手段的计划与安排；第八，调查人员的选择和培训。企业调查方案的设计必须全面考虑这些问题。

在设计调查计划时，需要确定的有：数据来源、调查方法、调查工具、抽样计划、接触方法。调查计划表如表2-1所示。

（3）准备调查条件。调查条件主要涉及三个方面：人员条件、经费条件和物质条件。

表2-1 调查计划表

编 号	调查对象	调查的目的和重点	调查方法	区 域	样 本 数	时 间
1						
2						
3						
⋮						

（二）资料搜集阶段

资料搜集阶段也称为具体调查阶段，它是整个企业形象调查过程中最为重要的阶段。资料搜集阶段的主要任务有两项：一是搜集实际资料；二是争取多方支持。

（三）整理分析阶段

整理分析阶段也称为研究阶段。它是运用科学的方法，对资料搜集阶段搜集来的各种调查资料进行分类、整理，并加以分析、研究的信息处理过程。整理分析阶段的主要任务有两项：一是整理调查资料；二是分析调查资料。

（四）报告撰写阶段

在企业形象调查中，当完成了调查资料的整理分析后，一般还要写调查报告。所谓调查报告是指用以反映企业形象调查所获得的主要信息成果或初步认识成果的一种书面报告。撰写调查报告实质上是企业形象调查者对调查所获信息资料的一种高级处理工作过程。这一过程的具体工作内容包括：第一，综合分析经过审核和加工处理的信息资料，确定调查报告的主题；第二，全面汇集有关信息资料，概括出相应事物现状与变化的一般情况；第三，综合研究相关信息资料，提炼出有关观点；第四，选择运用有关信息资料，具体地说明企业形象工作中应当注意的有关问题等。调查报告的形式体例应当完备，一般来讲，应包括题目、目录、概要、正文、结论、建议和附件等要件。

（五）总结评估阶段

总结评估阶段是企业形象调查的最后阶段。通过总结评估，企业形象调查者至少可以有三种新的收获：①可以了解本项企业形象调查的完成情况如何。②可以了解本项企业形象调查所取得的成果怎样。③可以了解本项企业形象调查的经验教训何在。总结评估的内容较多，通常集中于以下两个方面：评估调查成果和总结调查工作。评估调查成果主要是指评估调查成果的价值。评估调查成果的价值一般通过两个指标来进行：①调查成果的学术价值。②调查成果的应用价值。总结调查工作实际上是对整个企业形象调查活动的工作过程和有关情况进行回顾和检验。

三、企业形象调查工作的内容

企业形象调查工作的内容包括：企业外部环境调查、企业内部环境调查和企业形象资产调查。

（一）企业外部环境调查

企业外部环境是一个纷繁复杂的世界，影响企业外部形象的因素是多方面的。我们可以分别从企业外部的宏观环境和微观环境两个方面入手进行调查研究。

1. 企业外部宏观环境的调查研究

对企业外部宏观环境的调查研究已经成为企业寻求持续发展，做大做强的必由之路。企业外部宏观环境的调查研究内容主要包括：政治环境、经济环境和文化环境。

（1）政治环境调查。政治环境指的是一定时期国内外的政治形势以及已出台的相关方针、政策、法规、条例、规章制度等。对这些做调查可以了解企业所处的时代大背景和国际大环境，使企业能顺时而行。对政治环境的调查有以下几个层次：

1）通过媒介或亲身经历，了解企业所属当地政府的各项举措及领导人的政治取向、管理方案。

2）借助大众传媒分析国内外政治形势、国家在国际上所处的地位及未来可能选择的道路、可能出现的政治风云。

3）通过各种信息渠道掌握国际政治局势、国与国之间关系的微妙发展、各种国际惯例和国际通则。

（2）经济环境调查。这里的经济环境指的是宏观经济环境，即经济大环境，包括国民经济现状和发展态势及人民生活水平状况。调查的具体内容有：

1）国家经济运行的战略和战术措施。

2）目前国民经济发展态势。

3）国民收入水平及消费趋势。

4）能源的开采利用情况。

5）经济周期的波浪走势。

6）国际经济发展状况。

7）对外贸易的现状与发展前景。

8）科技对生产力发展的促进力。

9）基建投资规模与方向等。

（3）文化环境调查。文化环境以其独特的存在方式包容着企业，虽然有些捉摸不定，深不可测，但现代企业和现代人一样被各种文化包围着。是顺应主流文化，还是依从亚文化，企业必须做出选择。当然，前提是对文化环境做深入细致的调查。

企业所处的文化环境主要指目标市场的文化环境。目标市场如果是国际市场，企业必须了解不同国家的风俗习惯和不同民族的宗教信仰，尤其是一些民族禁忌。目标市场如果是国内大市场，虽然身处中国，但中国的文化也同样纷繁多样，特别是在改革开放以后，一部分人开始崇尚西方文化，与中国的传统文化发生撞击，使目标市场的文化环境难以捉摸。定夺的时候必须了解主要消费阶层的文化取向或未来可能出现的文化选择。企业在某种程度上也有责任和义务引导消费公众的文化取舍。

文化环境调查的主要内容有：

1）本民族区别于其他民族的主要文化特征。

2）目标市场当前的主流文化。

3）国际上呈现的主流文化。

4）消费公众的宗教信仰、风俗习惯、礼俗禁忌、流行时尚及文化修养。

5）目标市场所在地域的文化习俗。

6）社会消费时尚等。

2．企业外部微观环境的调查研究

如果说企业外部宏观环境对企业导入企业形象战略产生间接影响的话，那么企业外部微观环境对企业导入企业形象战略将产生直接的影响。所以，对企业外部微观环境的调查研究显得更为重要。一般来说，企业外部微观环境的调查研究内容主要包括如下两个方面。

（1）企业外部公众的调查。企业外部公众的调查一般要掌握下列四种资料：

1）背景资料。背景资料包括被调查者的姓名、年龄、性别、籍贯、住址、文化程度、职业、收入情况、家庭情况等。

2）知晓度资料。知晓度资料是指被调查者对某一问题、某一事件、某一形势、某项计划、某段时间的知晓程度。

3）态度资料。态度资料是指被调查者对各种对象的态度。态度分延缓性和即时性两种。延缓性态度指的是一个人在相当长的时期内起作用的价值观念；即时性态度是对某一事物的态度。

4）行为资料。行为资料是指被调查者就某个问题正在或者已经采取的行动的情况。

（2）消费者的调查研究。消费者是企业生存与发展的决定因素，没有消费者，企业就没有消费市场，就会失去生存的土壤，更谈不上做大做强、持续发展。所以说，消费者是企业的上帝。企业对消费者的调查研究的目的是对消费市场做细分，从而使企业在导入企业形象战略、进行企业形象策划时能够科学定位。消费者的调查研究主要包括如下内容：

1）对消费者层次的调查研究。在社会生活中，人们不仅组成各种各样的群体，而且会因其在社会经济活动中所处的位置不同而形成社会阶层。消费者社会阶层的形成主要受经济收入、受教育程度和职业状况三个因素的影响。

首先，要调查研究消费者的经济收入。在现实社会中，经济收入是衡量消费者地位的一个主要因素。不同收入的消费者往往有不同的消费心理或消费行为。例如，高收入阶层的消费者在食品消费方面，考虑的是营养均衡，而较少考虑价格多少；低收入阶层的消费则先考虑价格，再讲营养均衡。这两个阶层消费者的消费心理是迥然不同的。

其次，要调查研究消费者的受教育程度。受教育程度是划分社会阶层的又一重要因素。受到不同程度教育的消费者，他们的个人爱好、价值观念、消费心理是有很大区别的。一般来说，在收入相同的情况下，受教育程度高的消费者在文化方面的消费相对较多，受教育程度较低的消费者则注重物质方面的消费。

最后，要调查研究消费者的职业状况。无论是过去、现在，还是将来，职业常被作为划分社会阶层的一个标准。不同职业的消费者其消费心理也是有很大差别的。一般来说，消费者所选购的商品都与自己的职业相称。因此，对消费者职业的调查研究是十分重要的。

2）对消费者在购买商品中所扮演角色的调查研究。以购买洗衣机为例，首先提出购买倡议的也许是女儿或儿子，也许是母亲，然后父亲或全家人表示赞同，最后由父母共同商量，觉得既需要又能买得起，于是便形成了购买决策。实施这个决策的任务可能由父亲或儿子承担，使用者可能是母亲、女儿或儿子。由于家庭成员在购买中所扮演的角色随着购买商品的不同而变化，有时一个家庭成员要扮演好几个角色，既是提议者，又是决策者，还可能是实施者或使用者，所以，通过对消费者在购买商品中所扮演的角色的调查研究找出家庭购买决策的一般规律，有利于在企业导入企业形象战略时，设计相应的企业形象。

3）对消费者购买习惯的调查研究。对消费者购买习惯的调查研究，主要是指调查分析消费者在何时、何地、何种情况下购买，购买什么，购买多少，喜欢什么牌子，等等。

4）对消费者年龄结构的调查研究。以购买商品房为例，消费者的年龄在购房的选择中往往起着决定性的作用。现在银行鼓励人们按揭购房，对于年轻人来说，只要有稳定的收入，就很容易接受这种购房方式；而对于中老年人来说，他们虽然有更高的收入，但却较难接受这种方式。因为他们不愿承担风险，实际上也没有足够的时间来承担风险。所以，房地产公司在导入企业形象战略时，在考虑消费者收入、职业的同时，还必须认真考虑其年龄因素。

5）对消费者购买动机的调查研究。消费者的购买动机主要包括生理动机和心理动机。尤其是心理动机对产品设计、广告策划、企业标志以及市场营销活动等会产生很大的影响。所以，企业在导入企业形象战略时，也要认真研究消费者的购买动机。

案例

2016年4月18日，胡润研究院发布《2015—2016年中国豪华车品牌特性研究白皮书》。这是胡润研究院第二年发布此报告。这份46页的专业报告是经过系统调查研究产生的豪华车车主和品牌标签报告。胡润研究院选取了在华豪华车品牌中具有代表性、市场覆盖较广的9个品牌：奥迪、宝马、保时捷、奔驰、凯迪拉克、雷克萨斯、路虎、沃尔沃和英菲尼迪进行研究。报告试图展示豪华车车主特征，各大品牌车主形象、品牌形象的区别，以及豪华车车主的消费习惯差异。

一、调查概况

2015年9月至12月，胡润研究院在北京、上海、广州、成都4个城市进行多组定性小组座谈会，深度挖掘描述车主身份、生活态度及价值观的形容词，在2014年的基础上新增9个形容词，共计127个。其中，描述车主身份的形容词18个，描述车主生活态度和价值观的形容词31个，描述车主性格特征的形容词24个，描述豪华车品牌形象特征的形容词45个，描述品牌社会责任的形容词9个。继定性座谈会之后，为了进一步验证、了解全国车主的观点，胡润研究院将这些形容词设计于定量问卷中，并在北京、天津、大连、上海、杭州、广州、深圳、厦门、昆明、成都进行了1 350个样本定量问卷访问。

调查显示，中国豪华车车主更加年轻化，平均年龄33岁（2014年为33.5岁），男性占74%。从事职业以中层职业经理人、私营企业主和公务员为主。平均家庭月收入近9万元。他们自信、热情、坚强、热爱生活。运动取代旅游成为他们最主要的兴趣爱好。中国平均家庭总资产最高的三个品牌车主分别为保时捷、宝马、沃尔沃，欧洲分别为宝马、保时捷、沃尔沃。同时，中国沃尔沃车主受教育程度最高。宝马车主女性比例最高，路虎车主男性比例最高。中国宝马车主平均年龄最小，雷克萨斯车主平均年龄最大。宝马车主负面新闻仍最多，沃尔沃车主负面消息仍最少。在调查的9个豪华车品牌中，宝马在中国最受喜爱。

在车主形象和品牌形象的定量调研中，胡润研究院将127个形容词作为选项。其中，描述车主身份的形容词18个，如政府官员、公务员、企业家、新富人群、富二代等；描述车主生活态度和价值观的形容词31个，如热爱运动、热爱生活、积极进取等；描述车主性格特征的形容词24个，如高调张扬、低调内敛、自我奋斗、乐享其成、稳重、活泼、关爱个人、关爱家庭、注重物质生活、注重精神生活等；描述豪华车品牌形象特征的形容词45个，如值得信赖、时尚、动感等；描述品牌社会责任表现的形容词9个，如不断创新、提升科技含量、打造可持续发展商业计划等。而这些词均来自胡润研究院在北京、上海、广州、成都4个城市开展的多组定性小组座谈会中受访车主自发性的阐述。

二、九大豪华车车主形象标签

1. 奥迪

在国内，奥迪车主成熟、稳重的性格和他们"热爱生活、受人尊重的智者"价值观与2014年一致。但在车主社会身份上，白领在奥迪车主中占据一定比例，与2014年相比，奥迪的"官车"形象略微弱化。

车主自我评价：除了普遍认可的社会身份外，奥迪车主认为白领也是一个主要的社会身份，生活态度上也更乐于接受新鲜事物。

车主标签：成熟、睿智。
基本状况：中性（偏男性）、年龄偏长的高学历人群（已婚人士居多）。
社会身份：政府官员、公务员、国企高层、白领。
性格特征：成熟、稳重、朴素、注重精神生活。
生活态度及价值观：热爱生活、不爱运动，开车不是为了追求速度感和耍酷、不炫耀、较少的个人主义。
定性摘录："开奥迪的人成熟、稳重。""感觉这两年很多白领也都会买奥迪，不像以前，一提到奥迪就联想到官车。"

2．宝马
在生活态度上，宝马车主有较强的个人主义，有点炫耀，但他们同时又乐于接受新鲜事物，希望得到社会的认可，在生活态度和价值观上较为复杂。
车主自我评价：宝马车主自认为是大企业家和新富人群，热爱运动和生活。
车主标签：乐享其成。
基本状况：中性（偏女性）、偏年轻的已婚群体、学历偏高。
社会身份：新富人群。
性格特征：高调张扬、注重物质、讲究排场、乐享其成、缺乏责任感。
生活态度及价值观：乐于接受新鲜事物、善于结交朋友、希望得到社会认可，但个人主义较强、有点炫耀。
定性摘录："宝马适合年轻人开，车主喜欢尝鲜，追求驾驶感、速度感。""它的驾驶感是真的不错，身边有很多企业家和喜欢运动的、自信的朋友开宝马。"

3．奔驰
奔驰车主的形象较为一致。他们属于"成熟、自信、睿智、阅历丰富"的企业家。
车主自我评价：奔驰车主与其他豪华车车主对于身份、生活态度的自我评价较为一致。
车主标签：大企业家、有品位、成功人士。
基本状况：中性（偏男性）、年龄偏长、学历偏高。
社会身份：政府官员、国企高层、大企业家。
性格特征：自我奋斗、稳重、讲究排场、有责任感。
生活态度及价值观：有抱负、不炫耀、性格不冲动。
定性摘录："开奔驰的人给人的感觉就是成功的企业家，自信、成熟、有魅力。""奔驰改款了，设计很漂亮，形象越来越年轻化，感觉更多年轻的新富人群也会选择开奔驰，但同时也会让奔驰显得没以前高端。"

4．雷克萨斯
2015年国内雷克萨斯的车主形象定位增加了积极进取、自我奋斗。与国内相比，欧洲车主则认为更睿智、独立、有责任感、正能量的企业中层是其定位。
车主自我评价：相对于其他豪华车车主，总体而言，雷克萨斯车主身份较为一致，生活态度上关爱家人。
车主标签：外企中高层。
基本状况：中性（偏男性）、年龄偏长、学历偏高。

社会身份：中小企业家、外企中层、外企高层。
性格特征：自我奋斗。
生活态度及价值观：独立、积极进取。
定性摘录："雷克萨斯车主给人的感觉是成熟、自信。""雷克萨斯有种小资、优雅的情调。"

5. 沃尔沃

沃尔沃车主延续2014年的车主形象，在注重生活品质、注重家庭方面表现突出，成熟稳重、关爱家人、注重生活品质而非冲动炫耀的形象较为统一。在职业方面，公务员、专业人士依然是沃尔沃车主主要的职业代表，他们专注于自己擅长的领域。

车主自我评价：相对于其他豪华车车主，总体而言，沃尔沃车主身份较为一致，同时也有一定比例的白领，生活态度上更关爱家人。
车主标签：社会中坚力量、低调、注重品质生活、关爱家庭、自信。
基本状况：中性（偏男性）、年龄偏长、学历偏高。
社会身份：公务员、白领、专业人士（包括医生、律师、科研机构专业研究人员、大学教师等）、国企中层等。
性格特征：低调内敛、成熟、稳重、有责任感、正能量、不讲究排场、关爱家庭、自信。
生活态度及价值观：关爱家人、注重生活品质、关注健康、节制、不炫耀、不冲动。
定性摘录："沃尔沃车主给人的感觉是成熟、稳重又自信。他们可以是科研岗位的专家，可以是国企的高层，可以是各行业的中坚力量。""沃尔沃汽车的定位是安全、可靠。开沃尔沃的人也给人一种注重家庭、关爱家人、提倡绿色环保的感觉。但宣传过于低调，让人有一成不变的感觉。"

6. 路虎

路虎车主鲜明的性格及积极向上、热爱运动、崇尚自由的生活态度在各品牌车主中表现突出。

车主自我评价：相对于其他豪华车车主，总体而言，路虎车主认为他们在生活态度上更为崇尚自由、追求驾驶乐趣。
车主标签：新富人群、爱运动。
基本状况：男性、偏年轻、学历偏高。
社会身份：新富人群、富二代、承包商。
性格特征：高调张扬、粗犷、关爱自己、缺乏责任感。
生活态度及价值观：特征鲜明，热爱运动，追求速度感、酷，而非优雅、小资。
定性摘录："路虎车主总给人一种乐观、积极、自由、探险的感觉。""路虎应该是大老板、新富人群的最爱。"

7. 凯迪拉克

凯迪拉克车主与2014年相比并无明显差异，企业家与外企中高层是其主要的社会身份，有品位、成熟自信，略带炫耀的生活态度是凯迪拉克的车主形象。

车主自我评价：相对于其他豪华车车主，总体而言，凯迪拉克车主认为自己善于结交朋友。
车主标签：企业高层、成熟。
基本状况：中性（偏男性）、年龄偏长、学历偏高。
社会身份：外企高层。

性格特征：成熟、缺乏创新精神。

生活态度及价值观：有格调、跟随潮流、爱炫耀。

定性摘录："凯迪拉克车主应该是有品位、有格调的企业高层，他们会有自己的想法，喜欢别具一格的事物。"

8. 英菲尼迪

2015年，英菲尼迪国内车主职业特征较为模糊。在生活态度上，英菲尼迪车主表现得更为积极，"热爱生活、积极进取"颠覆了2014年"并不希望得到社会认可"的形象。欧洲的调研报告显示，英菲尼迪车主的社会身份是无突出主流人群，其生活态度上追求与众不同，个人主义较强。

车主自我评价：相对于其他豪华车车主，总体而言，英菲尼迪车主认为自己是专业人士，生活态度上则认为自己是小资且睿智的。

车主标签：小资。

基本状况：中性、年轻、学历偏高。

社会身份：职业特征不明显，无突出主流人群。

性格特征：无明显性格特征，相对比较优雅。

生活态度及价值观：热爱生活、积极进取、小资、自我但也希望被人认可。

定性摘录："英菲尼迪有种作秀的感觉，也许是因为它赞助的综艺节目太多了。""英菲尼迪车主给人的感觉是热爱生活的，但同时又是自我的、偏小资的。"

9. 保时捷

国内保时捷车主和欧洲保时捷车主的形象较为一致，"富二代""新富人群"是两地共有的车主身份。在性格方面，保时捷车主高调张扬、自信、讲究排场、注重物质。炫耀、追求速度感、冲动、个人主义浓厚，是豪华车车主眼中保时捷车主的生活态度。

车主自我评价：相对于其他豪华车车主总体而言，保时捷车主认为新富人群、专业人士的社会身份比其他社会身份更为主要。在生活态度上，他们也希望得到社会的认可。

车主标签：富二代、高调张扬、个人主义。

基本状况：中性、年轻、单身人士居多、高学历。

社会身份：富二代、新富人群、影视明星。

性格特征：高调张扬、有品位、有自信、讲究排场。

生活态度及价值观：炫耀、追求速度感、热爱运动、酷、有点冲动、自我、个人主义浓厚。

定性摘录："保时捷给人的感觉是富二代'专车'，他们个性张扬、炫耀、追求速度感，又希望与众不同、个人主义浓厚。""保时捷车主富有、讲究排场，高调且炫耀。他们可能是富二代，也可能是新富人群，应该比较年轻。"

三、购买行为的影响因素和使用行为

1. 购买行为的影响因素

（1）品牌。品牌取代安全性成为中国豪华车车主购车时关注的首要因素，占比51%；安全性退居其次，占比44%；其他受关注的因素依次为车型、乘坐舒适性、外观、操控性、动力、价格、油耗、技术领先性等。

（2）高科技配置。超过80%的中国豪华车车主认为，品牌或车型的技术含量对购车有较大影响。相比而言，欧洲车主认为高科技配置对购车影响较小。欧洲车主更在乎汽车本身的实用性。

（3）车主形象。在购车时，中国豪华车车主比欧洲豪华车车主更在意车主形象。国内近80%的受访豪华车车主表示，被社会认同的车主形象对购车选择有较大或非常大的影响，仅有3%的受访者认为完全没有影响。在欧洲，有60%的受访者表示有较大或非常大的影响，表示完全没有影响的比例为9%。

（4）品牌销量。汽车品牌销量对中国豪华车车主购买决策的影响大于对欧洲豪华车车主购买决策的影响。中国豪华车车主购买销量大的品牌或型号的比例较高，达到65%，认为销量对购车无影响的占20%。欧洲地区则有50%的豪华车车主认为销量对购车无影响。

（5）购车渠道。中国豪华车车主与欧洲豪华车车主在购车渠道的选择上有很大差异。中国豪华车车主选择在汽车品牌4S店购买的比例高达90%，通过汽车交易市场、车展和普通车商购买的比例非常低。而在欧洲，选择普通车商的比例最高，超过60%；选择汽车交易市场的也有20%，在中国受宠的品牌4S店在欧洲遭到冷遇，仅有13%的欧洲豪华车车主会选择此渠道。

2．使用行为

中国70%的豪华车车主表示使用过滴滴或Uber等打车软件，经常使用的车主达到17%，超过50%的豪华车车主表示做过专车司机。而欧洲地区有超过35%的豪华车车主表示使用过打车软件，其中65%的车主做过专车司机。说到开豪华车当司机的原因，中欧两地无明显差异，豪华车车主们均认为"可以结交更多的朋友"是首要原因，其次是"参加社会公益活动"和"节能环保"。

四、负面新闻影响

在负面新闻中，宝马车主所占比例仍然最高，但已经从70%下降到55%；其次是保时捷车主和奔驰车主，分别占27%和26%；沃尔沃车主的负面消息仍然最少。在欧洲则表现得相对平均，宝马、奥迪、奔驰和保时捷均以超过20%的提及率排名前四。

其中，醉驾肇事超过飙车肇事，占据首位，占比80%；其次是飙车肇事占比78%；排在第三位的是无理蛮横打人，但比例从80%下降到43%。

调查显示，开车打电话、不系安全带、发微信或短信是中国豪华车车主开车时的三大不良习惯。欧洲豪华车车主开车时的不良习惯要多于中国豪华车车主。其中，开车打电话在中欧两地都占据不良习惯之首。除此之外，欧洲豪华车车主在驾驶过程中显得更为急躁，并线不打转向灯、随意超车和闯红灯行为均显著高于中国车主。

负面新闻对豪华车车主选择品牌的影响力再度提高，66%的受访者认为这类负面新闻对他们购车时选择品牌有非常大和比较大的影响，相比2014年提高了10个百分点多。其中，表示影响非常大的占37%，比较大的占29%。

（二）企业内部环境调查

在市场经济快速发展的今天，影响企业内部形象的因素有很多，在对企业内部环境的调查研究中，主要应掌握以下内容。

1．企业概况调查

（1）企业的发展历史。对这方面的调查研究通常包括以下几个方面：企业创建的背景、时间、宗旨、经营方针；企业的精神、价值观、道德观；企业前任领导班子的管理方法、工作作风；企业成长过程中的挫折、教训和成功的经验；企业高峰期或低谷期在同行业中的地位；企业的商标、广告、口号；企业的公共关系、员工之间的协作精神；企业员工的福利待遇、工作积极性、技术水平；企业产品质量、花色品种、销售网络、市场占有率、售后服务，等等。通过对上述内容的调查研究，了解企业的过去，掌握企业取得成功的经验，吸取教训，在导入 CIS 战略时少走弯路。

（2）企业的目前状况。对企业目前状况进行调查研究是导入 CIS 战略作业程序中的一个重要环节，要进行深入细致的调查研究，应从以下几个方面入手：

1）企业领导班子、管理人员、一般职工目前的基本素质，包括价值观念、道德水准、年龄结构、文化程度、技术水平，企业领导的魅力和管理模式，企业中高层管理人员的结构等。

2）企业的理念识别系统（MIS），主要包括企业经营哲学，即价值观、经营宗旨、经营方针、企业精神、企业道德、企业作风等。

3）企业的视觉识别系统（VIS），主要包括企业标志和品牌商标的标准字体、标准颜色、标准图案和标准组合规范，企业厂容和工作环境的美化等。

4）企业的行为识别系统（BIS），主要包括企业全体员工的思维方式、行为规范和自觉遵守企业各项规章制度的情况，企业全体员工的精神面貌、服务态度以及公共关系、促销活动、公益活动等。

5）企业的听觉识别系统（AIS），主要包括广告词、标语、口号、主体（标识）音乐、企业歌曲等。

6）企业内部的向心力和凝聚力，企业领导与管理层的关系，部门与部门之间的关系，员工与员工之间的关系，领导与员工之间的关系，企业全体员工的集体荣誉感和团队精神等。

（3）企业的未来规划。在对企业内部环境进行调查研究的过程中，既要了解企业的过去，又要掌握企业的现在，还要分析企业的未来。对企业未来规划的调查研究同样是十分重要的，重点要掌握以下内容：企业未来的发展方向、目标、规模如何，企业领导及高层管理人员应具备什么样的素质和结构，企业期盼什么样的公众形象，企业打算如何进入国际市场，企业产品的发展前景如何，企业的发展方向与所在城市经济发展规划是否一致，等等。

2．企业内部公众的调查

企业形象的宗旨是内求团结，外求发展。因此除了了解外部社会公众心目中本企业的形象、地位，以采取相应的公众关系对策之外，还应掌握企业或企业内部的心理气氛、人际关系及凝聚力的状况。群体凝聚力主要反映企业内部所形成的集体意识、相互合作的气氛、成员对群体产生的向心力。这是衡量一个企业的战斗力强弱的标准。企业形象人员可以通过各种方式收集内部员工的意见，把握员工的思想脉搏，了解员工的思想情绪。其具体调查方法有以下两种。

（1）民意测验法。通过定期向员工分发调查表，可以向员工了解以下问题：

1）您了解公司近来的处境吗？

2）近来公司里什么事情使您最高兴？

3）您工作中最讨厌的是什么？

4）您目前最忧虑的是什么？

5）您最近是否受到过不公平的待遇？

6）您周围有什么不和睦的事件？是谁的责任？
7）您对工作环境有什么不满意的地方？
8）您认为公司应该为职工做哪些最迫切的事情？
9）您听到哪些有关公司的抱怨？
10）您能提供哪些对公司有益的建议？
11）您愿意向别人介绍公司的情况或你自己的工作情况吗？

通过分析调查结果，可把其中有普遍意义的资料分类汇总，供企业形象决策采用。

（2）群体凝聚力量表法。量表是一种测量的工具，在心理学中是指具有一系列测验项目的表格，其中每一个项目都被赋予一定的分值。量表的种类很多，根据测量的不同目标，可分为智力量表、态度量表、群体凝聚力量表等。

通过量表法，可以调查到以下情况：

1）员工对群体目标的理解和认知程度。主要了解群体成员对群体目标的理解是否一致以及是否自愿地为企业目标而工作。

2）员工对群体现状的满意程度。包括员工对企业内群体归属感和荣誉感的态度。

3）员工对群体受到外部压力，特别是受到非正常压力时的态度。一般来说，这种时刻最能检验成员对群体是否满意等态度。

4）员工对群体领导信任、喜爱和满意的程度。

5）员工对群体成就与个人成就关系的认识。成员在这一问题上所表现的认为两者矛盾、两者无关、两者一致以及为了群体可以牺牲自己成就等观点，可以反映出群体凝聚力的大小。

在进行以上这些内容的测量时都要设计问卷表，制订不同情况的分值。通过测定结果的平均值，即可得出群体凝聚力的情况。根据 W. E. 斯考夫（W. E. Scoff）等人开发的一种量表，可以量度群体凝聚力。群体凝聚力问卷量表如表2-2所示。

表2-2 群体凝聚力问卷量表

你对你的同事在大部分时间内的感觉如何，有以下九对形容词来形容。请从以下空格中选取一个最适当的空格做个记号，以说明你对同事的感觉。

我与同事们：

	非常	十分	有点儿	说不好	有点儿	十分	非常	
合 作	___	___	___	___	___	___	___	不合作
愉 快	___	___	___	___	___	___	___	不愉快
吵 架	___	___	___	___	___	___	___	情投意合
自 私	___	___	___	___	___	___	___	不自私
爱挑衅	___	___	___	___	___	___	___	和蔼可亲
精力充沛	___	___	___	___	___	___	___	无能为力
效率高	___	___	___	___	___	___	___	效率低
聪 明	___	___	___	___	___	___	___	笨 拙
能帮助人	___	___	___	___	___	___	___	不帮助人
记分：								

记分方法：合作、愉快、精力充沛、效率高、聪明和能帮助人这几项的空格，从左到右对应的分数分别为7、6、5、4、3、2、1分，其他形容词的空格从左到右对应的分数则分别为1、2、3、4、5、6、7分。凝聚力得分是以上分数之和。

（三）企业形象资产调查

企业形象资产调查是对企业内部与外部形象资产的构造、效力进行的全面系统的调查。这部分调查工作是企业形象调查的重点。一般企业往往没有现成的系统资料，企业形象专案人员需要进行原始资料的搜集、调查。企业形象资产调查又分为以下几种。

1. 企业基本形象调查

企业基本形象是存在于调查合作对象感知评价领域中的印象，是由企业内在实质系统的诸多识别因素构成的企业总体特征。企业的业绩如何，经营理念如何，管理、营销能力如何，员工的行为是否积极向上，诸如此类点点滴滴，都能构成客户对该企业的综合性印象。

（1）企业知名度调查。所谓知名度，是指企业的名称、外观、标识、产品特点、商品包装、商标等被公众知道、了解的程度，以及社会影响的广度和深度。这些可以构成评价企业名声大小的客观尺度。

对企业知名度的调查一般通过抽样方式来进行，其调查内容主要有：

1）非常了解企业的人的百分比。这主要是指了解企业的全面情况的人的百分比，如企业规模、经营内容和经营现状等。

2）大致了解企业的人的百分比。这是指知道企业名称、企业所在地、企业商品和服务的大致情况的人的百分比。

3）对企业略有所知的人的百分比。这是指知道企业名称和经营方向的人的百分比。

4）听说过企业的人的百分比。这是指仅知道公司名称的客户百分比。

5）对企业一无所知的人的百分比。这是指从来就不知道该企业的存在、对企业没有任何印象的人的百分比。

（2）企业美誉度调查。所谓企业美誉度，是指企业获得社会公众信任、赞美的程度，是评价企业声誉好坏程度的指标。

知名度主要是衡量舆论评价量的大小，不涉及舆论的质的价值判断。企业知名度高，其美誉度不一定高。相反，企业知名度低，也不意味着其美誉度就低。良好的企业形象应该是将知名度和美誉度都作为追求的目标。

考察企业美誉度的指标体系比较复杂，且不易定量把握。但是进行一些个案分析和抽样调查还是比较容易的。同时，也可以通过访谈、问卷等形式，让社会大众对企业进行评价。

测评美誉度可以运用下列四项指标：

1）公众对企业的印象。公众对企业的印象可分为若干等级：很好、好、较好、一般、较差、差、很差。

2）公众对企业档次的评价。公众对企业档次的评价可分为若干等级：一等的、二等的、三等的、末等的、无人知晓。

3）股民对企业股票的态度。股民对企业股票的态度可分为若干种类：一定购买、可以购买、不购买、不关心。

4）公众对企业招聘的态度。公众对企业招聘的态度可分为若干种类：一定去应聘、可以去应聘、根本不关心。

上述四项指标可分别采用问卷调配形式或实验控制形式,在一定范围内进行美誉度调查。四项指标均测试完毕,再进行综合性研究,以确定企业美誉度。

(3) 企业信誉度调查。企业形象调查的基本内容除了知名度和美誉度外,还要调查了解企业在公众中的信誉度,即公众对本企业的产品、价格、服务方式等是否欢迎和满意,以及信任的程度;了解公众对企业的运作经营管理、社会活动、环境意识、人员形象等的评价情况。公众对企业形象的认同,往往因各自的社会地位、对企业的了解程度、认识水平的不同而呈现差异,所以,应该注意识别公众意见的代表性和正确性。

另外,信誉度好,一般代表企业已经得到肯定的评价,而大众接受的程度也已经确定。但是,即使是肯定性的评价,也有不同程度和不同阶段。大众对企业的信赖程度往往是和企业实绩成正比的。

事实上,以上所说的知名度、美誉度和信誉度这三者都与企业的业绩高低有关。因此,我们将适用于每一行业、与业绩有关的形象称为"基本形象"。企业应该时刻掌握这类事关企业形象的基本要素,作为市场活动的参考,也可借此了解潜在资产。基本形象对企业活动的展开具有决定性的影响。所以,准确把握本企业在公众心目中的基本形象,是企业形象调查活动中非常重要的内容。

(4) 企业基本形象调查内容。为了更具体地了解企业基本形象的内容,我们将其调查要点罗列如下:

1) 社会公众对企业的印象怎样?
2) 目前认知企业的关联者是哪些?他们如何认识企业?他们对企业的形象评价如何?
3) 与其他同业的企业活动相比较,本企业形象中最重要的项目是什么?
4) 哪些地区对企业的评价好?哪些地区的评价不太好?理由是什么?
5) 和企业保持往来的相关企业,最希望本企业提供哪些服务?对本企业的活动有什么意见?
6) 社会公众对企业形象的评估,是否与本企业的市场占有率相符?如果不符,影响要素是什么?
7) 目前企业的商品和服务的竞争力怎样?
8) 企业向外界发送的信息项目中,在信息传递方面最有利的是什么?
9) 企业的形象有什么缺点?良好的形象应该怎样塑造?
10) 现在的视觉形象设计要素的有效程度如何?为什么有效或为什么效果不好?

2. 企业形象地位的评估

企业形象坐标图分析法就是分别将知名度和美誉度两项指标作为直角坐标系的两个坐标轴,以知名度作为横坐标,以美誉度作为纵坐标,以50%的知名度和50%的美誉度作为四个象限的分界线,从而构成一个企业形象坐标系。如图2-1所示是"企业形象地位四象限图",用来分析企业或企业在公众心目中的位置。该图的数值以百分比计算,得到的结果是一种相对的比较值,可作为程序的参考数,而非绝对数。

图2-1的横坐标表示知名度,纵坐标表示美誉度。

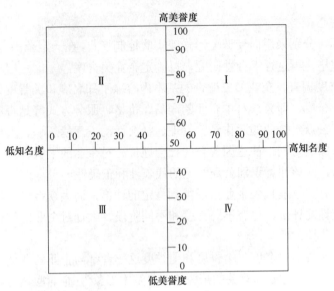

图 2-1 企业形象地位四象限图

企业形象地位四象限图的具体应用方法是，分别求出本企业知名度和美誉度的百分比，然后在坐标上标出。象限Ⅰ代表高知名度、高美誉度区；象限Ⅱ代表低知名度、高美誉度区；象限Ⅲ代表低知名度、低美誉度区；象限Ⅳ代表低美誉度、高知名度区，如图 2-2 所示。

象限Ⅱ	象限Ⅰ
高美誉度	高知名度
低知名度	高美誉度
象限Ⅲ	象限Ⅳ
低知名度	低美誉度
低美誉度	高知名度

图 2-2 企业形象地位四象限图标示

例如：调查一家公司的形象，对 10 000 名公众进行抽样调查，如果所有人都表示了解和知道此公司，并且对它感兴趣和赞赏它，那么该公司的知名度和美誉度均为 100，该公司的形象地位就处于象限Ⅰ的（100，100）点处。如果在被调查的 10 000 名公众中，只有 4 000 人知道和了解该公司，那么它的知名度则为 40，知道这个公司的 4 000 人中，如果仅有 800 人对该公司表示赞赏，占 4 000 人的 20%，那么这个公司的美誉度则为 20，则该公司的形象地位便处于象限Ⅲ的（40，20）点处。

A、B、C、D 四家公司形象状况及企业形象对策如表 2-3 所示。

表 2-3 四家公司形象状况及企业形象对策

公司名称	形象状况	公关对策
A	高知名度，高美誉度	企业具有最佳的公众形象，通过企业形象工作维持盛况
B	高美誉度，低知名度	企业在知名度上有差距，对外宣传是未来的工作重点。在维持高美誉度的基础上，利用较好的企业形象设法提高知名度，进入象限Ⅰ
C	低知名度，低美誉度	说明企业形象地位较差，未来工作的重点须在完善自身的基础上争取较高的美誉度，而在对外宣传方面保持低姿态，努力提高工作质量，改变企业形象，在此基础上，首先争取较高的美誉度，进入象限Ⅱ，然后再通过企业形象工作争取扩大知名度，由象限Ⅱ再进入象限Ⅰ，达到知名度和美誉度都高的形象地位
D	低美誉度，高知名度	企业臭名远扬。未来工作的重点是，脚踏实地、默默无闻地努力完善自己，改善产品和服务形象，逐步挽回信誉，争取先由象限Ⅳ移至象限Ⅲ，然后再行策划，进入象限Ⅱ，并恢复较高的知名度

3. 企业形象内容要素的分析

通过对企业形象地位的评估，我们知道了企业形象的地位和现状，但对其形成的原因还无法了解。

进一步分析公众对企业的不同态度、看法和评价的原因，这就是企业形象要素具体内容的分析所要解决的问题。

选择一个企业形象构成的指标体系，如服务方针、办事效率等，运用"语意差别分析法"制作调查表格，将认为重要的属性（指标体系）分别以其语意的两极分为两个极端，如非常好和非常不好，在其中再根据实际情况设置若干中间程度的档次，如稍微、相当等，然后再将该表发给特定公众以及顾客填写，最后统计汇总。

对这份调查表进行综合评估，所勾画出的该公司形象内容是：该公司服务方针正确，但办事效率平平，服务态度欠诚恳，业务缺乏创新精神，企业管理没有名气，公司规模过小。总体形象是：这是一家知名度和美誉度都很低的公司。

表 2-4 为企业形象要素调查汇总表，调查人数为 100 人。

表 2-4 企业形象要素调查汇总表

正评价 调查项目	非常好	相当好	稍微好	中间状态	稍微差	相当差	非常差	负评价 调查项目
服务方针正确	70	25	5					服务方针不正确
办事效率高		10	20	65	5			办事效率不高
服务态度诚恳				15	20	65		服务态度不诚恳
公司业务时有创新					20	70	10	公司业务缺乏创新
管理颇有名气						10	90	管理没有名气
公司规模大					25	55	20	公司规模小

4. 企业形象差距的分析

在了解了企业在公众心目中的实际社会形象以后，就可以将企业自我期望形象与其进行对比分析。企业自我期望形象是一个企业自己所希望具有的社会形象，即角色的自我认知形象。企业自我期望形象是企业发展的内在动力。企业形象工作的一项重要任务，就是将本企业的自我期望形象明确地规划出来，以使企业自觉地为创造良好社会形象进行不懈的努力。企业形象部门可以将"企业形象要素调查汇总表"中的调查结果，经过数字换算，用曲线表示出来，同时标出企业自我期望形象的曲线，将两条曲线进行对比，构成"企业形象内容间隔图"，如图 2-3 所示。

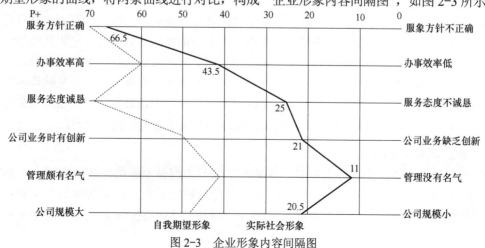

图 2-3　企业形象内容间隔图

形象差距比较分析的基本步骤如下：

第一步，将"企业形象要素调查汇总表"中不同程度评价的 7 个档次数据化，使其成为数值标尺。如 0～10 表示非常差；11～20 表示相当差；21～30 表示稍微差；31～40 表示中间状态；41～50 表示稍微好；51～60 表示相当好；61～70 表示非常好。

第二步，将"企业形象内容间隔图"中各个项目内容中企业自我期望的形象状态用数值标示出来，并用虚线将各点连接起来。

第三步，根据"企业形象要素调查汇总表"的调查统计结果，计算公众对每一调查项目评价的平均值，得出实际社会形象域。我们以 $\overline{x_i}$ 表示调查项目内容的平均值，以 N 表示调查总人数，以 x_i 表示该档次评价人数，以 n_i 表示该档次标尺高位数。其计算公式为

$$\overline{x_i} = \frac{\sum_{i=1}^{7} x_i n_i}{N}$$

（n = 5, 15, 25, 35, 45, 55, 65；i = 1, 2, 3, 4, 5, 6, 7）

$$\overline{x_1} = \frac{70 \times 70 + 25 \times 60 + 5 \times 50}{100} = 66.5$$

$$\overline{x_2} = \frac{10 \times 60 + 20 \times 50 + 65 \times 40 + 5 \times 30}{100} = 43.5$$

$$\overline{x_3} = \frac{15 \times 40 + 20 \times 30 + 65 \times 20}{100} = 25$$

$$\overline{x_4} = \frac{20 \times 30 + 70 \times 20 + 10 \times 10}{100} = 21$$

$$\overline{x_5} = \frac{10 \times 20 + 90 \times 10}{100} = 11$$

$$\overline{x_6} = \frac{25 \times 30 + 55 \times 20 + 20 \times 10}{100} = 20.5$$

将企业的自我期望形象和企业的实际社会形象的差距揭示出来，是企业形象调查的一项关键性工作，它为企业客观地了解自己和社会公众的态度、调整企业形象战略、制订企业形象计划提供了可靠的信息数据和形象化的分析观察资料。

根据图 2-3 可以清楚地看出，该公司除了"服务方针正确"一项形象要素主客观形象接近重合以外，其他各项形象要素均有相当差距，这个差距就是形象间隔，它清楚地显示出该公司处于"企业形象地位四象限图"中（40, 20）点处的象限Ⅲ的具体原因。该公司处于低美誉度和低知名度的象限Ⅲ的原因，首先在于虽然其有正确的服务方针，但是管理名气小，公司规模也小，这就使得该公司的知名度难以提高。其次，也是最重要的一点，该公司的服务态度不理想，主客观要求差距较大，这又是构成该公司美誉度低的主要原因。

5. 企业辅助形象调查

在从事企业形象调查时，光有对企业基本形象的把握是不够的，还需要对企业形象进行更为具体的调查。我们将这些具体的调查结果称为辅助形象。企业基本形象与企业辅助形象的调查可同时进行，在调查中可采取综合分析的一体化方案。企业形象种类及形象因素如表 2-5 所示。

表 2-5 企业形象种类及形象因素

形象种类	形象因素
（1）原形象	喜爱，有好感，明朗
（2）基本形象	有信赖感，有安全感，很可靠 第一流企业，大企业，规模大 企业的地位已经确立 有成长性，有未来性，可以期待发展 很想买公司的股票
（3）辅助形象	业绩好，收益性能好 符合时代潮流 对社会贡献大，对社会做了有益的工作 经营者优秀，经营者很有名 商品优秀，商品信赖度高，品质好，有独特性 有尖端技术，技术水平高，有良好的开发技术，领先时代 有国际性，活跃于国际，具有国际性格，服务周到，和蔼可亲 广告宣传巧妙，很擅长情报活动，很会塑造形象 文化气氛好，有文化的包容感 公司风气好，重视别人，使人感到自由 优秀人才多，对员工教育很周到
（4）学生辅助形象	想去公司就职 工作似乎有趣，令人喜爱的领域，可以发挥自己的能力 有工作价值，对社会和人类有益 感觉很体面 安定，没有危险，不会倒闭 工资待遇好，工作轻松，休假多
（5）负面形象	业务内容不了解 令人难以亲近，一副严肃的样子，古板，死气沉沉，保守，停滞 企业令人感到不成熟，缺乏进取感，缺乏完美感，水平低 一切很松弛，没有规矩，拖拖拉拉，办事马虎 没有特色，只会模仿 人才不足，迟钝，没有员工的信念 环境气氛不舒畅，不注意穿着 土气，庸俗，不高雅，品位低 黑暗感，没有进取性，不活泼，反应很慢
（6）企业名称形象	喜爱的，喜欢的 容易阅读，容易发音，听起来感觉很好，容易知道含义 形象新颖，独特，个性鲜明 有新奇感
（7）企业标志形象	喜爱的，喜欢的 现代感 印象深刻，容易引人注目，不易被遗忘 容易了解其含义及目的，公司的理念表达得很直接
（8）企业名称标准字形象	喜爱的，喜欢的 容易阅读，容易看清楚，识别性高 有新鲜形象，有现代感 符合企业形象，充分表现出公司的特色和个性 引人注目，能留下深刻印象

通常可把企业的辅助形象归纳为以下七类：
（1）技术形象。技术优良，研究开发能力强，对新产品的开发很热心。
（2）市场形象。认真考虑消费者问题，对客户的服务很周到，善于广告宣传，销售网相当完善，国际竞争力强。
（3）未来形象。未来形象积极，合乎时代潮流。
（4）公司风气形象。具有清新的形象，具有现代感，公司风气良好。
（5）外观形象。值得信赖，稳定性高，具有传统性，企业规模大。
（6）经营者形象。经营者很优秀。
（7）综合形象。综合形象良好。

上述形象调查项目较多，被调查者的负担太重，有可能出现拒绝回答的情况，一般应根据企业的实际情况加以缩减。所以可将构成企业形象的因素归纳为下列八种：

1）市场形象。认真考虑消费者问题，对顾客服务周到，善于广告宣传、销售网完善，有国际竞争力。
2）外观形象。值得信赖，有稳定性，有传统性，规模大。
3）技术形象。研究开发能力强，技术优良，对新产品开发很热心。
4）未来形象。合乎时代潮流，有积极性，有未来性。
5）经营者形象。经营者优秀。
6）公司风气形象。形象简洁，具有现代感，公司风气良好，给人亲切和蔼的感觉。
7）社会责任形象。热心防治公害，对社会有贡献，对文化有贡献。
8）综合形象。一流的企业。

企业形象的调查可因企业的不同而有所侧重。如对金融业机构来说，主要的评价项目是外观形象；对零售商、经销商来说，则主要是市场形象；对制造商而言，主要是对技术形象的评价。

补充知识

企业形象调查中的关键语

A．总体评价轴的关键语

描述企业全体、服务范围和商标字体等形象特征时，需要使用的关键语如下：

值得信赖	没有关切感
有好感	一副严肃的感觉
一流的	松懈的
明朗活泼的	死缠烂打
和蔼可亲	不修边幅
强壮	平凡
公司纪律严	停滞
很有个性	保守性
很会宣传	萎缩性
有发展性	黯淡
有未来性	小规模

坚实感	人才不足
规模庞大	因袭性
文化水准高	拙于宣传
领先	不活泼
理性	进步性
技术水准高	国际性
热衷于研究开发	独特感
合乎时代潮流	有优秀的经营者
做事积极	

B．交易评价轴的关键语

描述商品和销售状况时，常用的关键语如下——以具体的交易双方为对象。

不注重修饰	绅士风格
政策明确	目中无人
价格公道	没有政策
品质佳	没有节操
很有稳定感	品质不良
服务态度好	价格高
有积极性	较保守
做事热心	反应迟钝
应对适当	应对不当
一切周到	做事马虎
能力强	做事缺乏热情
技术水平高	能力不足
反应快	动作慢
活泼	没有特色
技术高超	动作轻率
有特色	水平低
对员工的教育成功	员工缺乏训练
交货迅速	交货慢
连细节部分都做得很好	不诚实
很遵守约定	策划好
开发得很好	诚实感

C．感性评价轴的关键语

进行企业商标标志、特殊商品等调查时，为了了解顾客的形象评价而常用的关键语如下：

逗人喜爱	古板
现代性	落伍感
走在时代前面	乡土味
都市性	有点愚蠢
简洁	不雅致

明朗感	模棱两可
新鲜	黑暗感
知性	品质不良
纤细	无才
强力感	不美观
意思清楚	老气横秋
品质好	令人厌恶
外观美	现代感
明快感	

D. 日本经济新闻社广告研究所使用的关键语

日本经济新闻社广告研究所在进行企业形象调查时，将表现企业形象的关键语浓缩为24项，并可涵盖不同行业的企业。其关键语为：

技术优良	研究开发能力强
热心开发新产品	有国际竞争力
有传统性	有积极性
给人亲切和蔼的感觉	公司风气良好
善于广告宣传	具有现代感
值得信赖	经营者优秀
有未来性	规模大
有稳定性	对顾客服务周到
合乎时代潮流	认真考虑消费者问题
具有简洁形象	销售网完善
热心防治公害	对文化有贡献
对社会有贡献	一流的企业

资料来源：冯云廷，李怀. 企业形象：战略、设计与传播[M]. 大连：东北财经大学出版社，2003.

第二节　企业形象调查的方法

企业形象调查的方法是多种多样的，可以从多角度、多方面进行分类。基本的分类主要有两种，即基于调查对象范围变量的分类和基于资料搜集方式变量的分类。

一、基于调查对象范围变量的分类

基于调查对象范围变量的分类，是指固定其他变量，而以调查对象范围变量作为依据的企业形象调查方法分类。依此，企业形象调查方法可以区分为普遍调查、抽样调查、典型调查、重点调查、个案调查五种方法。

（一）普遍调查

普遍调查简称普查，又称为全面调查或整体调查。它是指企业形象调查者对调查对象总体中的全部单位逐一地、全面地进行调查，以搜集有关调查对象总体情况信息的企业形象调查方法。

（二）抽样调查

抽样调查是指企业形象调查者借助于一定的抽样方法从调查对象总体中抽取一部分单位作为样本进行调查，并以从样本那里获取的信息资料来推论调查总体一般状况的企业形象调查方法。抽样调查是为既保持普遍调查的优点又克服普遍调查的缺点而创立的一种新型调查方法，其目的是从许多"点"的情况来概括总体"面"的情况。

与其他调查一样，抽样调查也会遇到调查的误差和偏误问题。通常，抽样调查的误差有两种：一种是工作误差（也称登记误差或调查误差）；另一种是代表性误差（也称抽样误差）。但是，抽样调查可以通过抽样设计，通过计算并采用一系列科学的方法，把代表性误差控制在允许的范围之内；另外，由于调查单位少，代表性强，所需调查人员少，工作误差比全面调查要小。特别是在总体包括的调查单位较多的情况下，抽样调查结果的准确性一般高于全面调查。因此，抽样调查的结果是非常可靠的。在企业形象调研中，也经常用到抽样调查。

抽样调查数据之所以能用来代表和推算总体，主要是因为抽样调查本身具有其他非全面调查所不具备的特点，主要包括：

（1）调查样本是按随机的原则抽取的，在总体中每一个单位被抽取的机会是均等的，因此，能够保证被抽中的单位在总体中的均匀分布，不致出现倾向性误差，代表性强。

（2）调查样本是以抽取的全部样本单位作为一个"代表团"，用整个"代表团"来代表总体，而不是用随意挑选的个别单位代表总体。

（3）所抽选的调查样本数量，是根据调查误差的要求，经过科学的计算确定的，在调查样本的数量上有可靠的保证。

（4）抽样调查的误差在调查前就可以根据调查样本数量和总体中各单位之间的差异程度进行计算，并控制在允许的范围以内，调查结果的准确程度较高。

基于以上特点，抽样调查被公认为是非全面调查方法中用来推算和代表总体的最完善、最有科学根据的调查方法。

（三）典型调查

典型调查是调查者从调查对象总体中选择有代表性的少量单位作为典型，并通过对典型的调查来认识同类公众关系现象的本质及其发展规律的调查方法。典型调查的认识过程是从具体到抽象，从特殊到一般。它的主要作用在于通过少量典型来真实迅速地了解调查对象全局的情况。

（四）重点调查

重点调查是调查者从调查对象总体中选择具有某种集中特性，对全局具有某种决定作用的少量单位作为具体调查对象，并通过对这些具体调查对象的调查来掌握调查对象总体的基本情况的调查方法。

（五）个案调查

个案调查也称个别调查，它是为了解或解决某一特定的问题，对特定的调查对象所进行的深入调查。个案调查的目的是通过深入"解剖麻雀"来描述各个"点"的情况。其优点在于：①个案调查的调查单位少，能做详尽深入的了解。②个案调查的具体方式灵活多样，能搜集全面、完整、系统的个案资料。③个案调查的时间安排较长，适用于边调查边研究，对个案做出具体诊断。个案调查在企业形象调查中主要适用于：①了解某一特定公众对象的形成和发展过程。②具体详细地分析公众对象的行为方式与社会企业形象工作之间的关系。③了解某些独特因素或事件对公众特定行为的影响。④具体研究某一特定公众对象对社会企业的需要、动机、兴趣。⑤开展 VIP（Very Important Person，特别重要的人物）研究。个案调查一般按确定个案、登记立案、访问案主、搜集资料、分析诊断五个步骤进行，通常通过现场观察或深入访谈搜集调查资料。在个案调查中，值得特别注意的是个案调查的具体调查对象属于个别的案主，对其所做的调查只能反映个案的具体情况，不能用于推论其他个案和公众的一般情况。

二、基于资料搜集方式变量的分类

基于资料搜集方式变量的分类，是指固定其他变量，而以资料搜集方式变量作为依据的企业形象调查方法分类。据此，企业形象调查方法可以区分为科学观察法、访谈调查法、问卷调查法、量表测量法、文献信息法等几种主要类型。

（一）科学观察法

科学观察法是指企业形象调查者根据一定的调查目的和调查任务的要求，亲临现场，具体观察调查对象的行为表现和所处状态，以搜集所需企业形象信息资料的企业形象调查方法。

（二）访谈调查法

访谈调查法是调查者直接向被调查者口头提问、当场记录答案，直接了解有关信息的方法。在企业形象的调查中，访谈调查法旨在进行定性调查，调查对象包括企业内外部。如在企业内部，要访问高级主管、普通主管、各层级员工、各事业部门；在企业外部，要访问消费者团体、一般消费者、客户团体等。

访谈调查法有标准化、半标准化、非标准化三种类型，但在调查中一般采取半标准化方式。

标准化访谈，即是调查者按照事先编制的访问表进行提问，不能任意改变提问顺序，被调查者也需要按照事先设定的答案范围作答，类似于问卷调查中的封闭式提问方式。这种访谈过于呆板，调查者难以临场发挥，被调查者的回答也缺乏弹性。

非标准化访谈是一种自由的漫谈形式，事先只给受访者出一个大题目，这种形式比较自由，适宜于探讨问题，但访谈效果难以把握与控制。

半标准化访谈则是使用事先拟定的访谈提纲与主要问题进行访谈，在访谈过程中具体如何发问，可根据当时的情况灵活决定。这种访谈方式，双方都有一定的发挥余地，又有统一的交谈中心。例如，访问某公司的负责人可事先拟定这样一些题目："现在贵公司所面临的重大问题是什么？""贵公司目前的经营理念、公司方针、公司守则的内容，你认为实施效果如何？""贵公司所具有的优良传统或资源是什么？""与竞争对手相比，你认为贵公司最具魅力的特色是什么？"等等。对于这些问题，提问的顺序可以打乱，受访者回答问题不受限制，可以发挥主动性。

访谈是一种特殊的人际沟通，大多发生在陌生人与陌生人之间。因此，访谈调查无疑要掌握访谈技巧，最重要的是必须在短时间内与被访者建立融洽关系。在访谈调查过程中，问题应尽量简单明确，不要偏离主题，对被调查者不愿回答的某个问题，可尽量采取迂回等技巧提出，从而最终达到访谈的目的。

（三）问卷调查法

问卷调查法是指由企业形象调查者向调查对象提供问卷并请其对问卷中的问题作答而搜集所需的企业形象信息资料的企业形象调查方法。问卷是用于搜集信息资料的一种重要工具，它的形式是一份精心设计的问题表格。问卷调查法有着许多不同于其他调查方法的特点，其优点在于：可以节省时间、经费和人力；具有较好的匿名性，有利于搜集真实的信息；所获得的信息资料便于定量处理和分析；可以较好地避免调查者的主观偏差，减少人为误差。问卷调查法的缺点在于：回收率一般较低；不适于对文化水平低的人做调查；由于被调查者填写问卷时调查者一般不在场，因而所获得的信息资料的质量往往难以保证。尽管如此，问卷调查法却不失为现代企业形象调查的一种科学规范的调查方法。

1．问卷的分类

问卷可以分成两种类型：①开放式问卷。所谓开放式问卷，是一种可以自由回答问题的问卷，即指问题虽然对每一个被访者来说是相同的，但不事先给出任何选择答案，被调查者可自由回答。②封闭式问卷。所谓封闭式问卷，是一种事先确定可供选择答案的问卷，即指不仅问题是相同的，而且每个问题都事先列出了若干个可能的答案，由被访者根据自己的情况，在其中选择认为最恰当的一个答案。

2．问卷调查对象的确定

问卷调查对象可通过抽样方法来选取。抽样的方法很多，可分为随机抽样（其中含纯随机抽样、等距抽样、分层抽样、整群抽样等）和非随机抽样（包括偶遇抽样、判断抽样、定额抽样、雪球抽样等）。

3．调查问卷的发放

调查问卷一般有以下几种发放方式，在具体调查时可视具体项目而定：①邮寄；②送发；③报刊问卷；④通过互联网发送。

4．调查问卷的设计

（1）调查问卷的一般结构。企业实际调查问卷的结构通常包括六个部分，即前言、调查内容、结束语、样本特征资料、电脑编号、作业证明记载。

1）前言。前言或称说明词，它是对调查项目的目的、意义及有关事项的说明。其主要作用是引起被调查者的重视和兴趣，争取他们的积极支持和合作。具体调查的内容包括：①调查人自我介绍，包括对调查人员所代表的研究或调查公司的介绍及本人的职务和姓名；②说明本项调查的目的、意义；③说明酬谢方式。

前言部分的文字应该简洁、准确，语气要谦虚、诚恳、平易近人。重要的是要有吸引力和可读性。

2）调查内容。调查内容是调查问卷的主要部分，其篇幅也最长，它是整个问卷调查目的之所在。调查内容的设计优良与否，直接关系到整个调查过程的成败。调查内容主要包括：

① 根据调查目的而提出的各种问题。
② 各种不同问题的回答方式。
③ 对回答方式的指导和说明。

3）结束语。结束语是在调查内容完成之后，简短地向被调查者表示谢意，或征询被调查者对本问卷的看法和感受的语句。

4）样本特征资料。样本特征资料也是调查问卷所要搜集的基本资料，它记录了样本的各种特征，如个人、家庭、企业。对消费者而言，如他的性别、年龄、婚姻状况、受教育程度、职业、收入等；对企业而言，如其营业面积、企业类型、职员收入等。

5）电脑编号。电脑编号是为了对问卷调查结果资料进行电脑统计处理和分析，针对问卷的有关项目预先做好的电脑编码。

6）作业证明记载。它用来证明访问作业的执行、完成、访问人的责任等情况，并便于检查、整理、修正等使用。作业证明记载的内容包括：①受访者姓名或名称、电话；②访问的地点；③访问的时间。

（2）问题的设计。问题即问卷的内容，它是问卷的核心。在进行问题设计时，必须仔细考虑问题的形式、提问、用词、次序、答案等，否则整个问卷都会产生很大偏差。

1）问题的形式。一般来讲，问卷中问题的形式有开放式和封闭式两种。①开放式问题。开放式问题是指不为被调查者提供可供选择的答案，而要求被调查者对问题做自由的回答。开放式问题有利于调查深层问题，但不便于整理、分析。②封闭式问题。封闭式问题是指题的答案已经列出，回答者只需选择出自己所同意的答案即可。这种类型的问题在问卷调查中所占的比重较大。由于封闭式问题答案施行了标准化，因而不仅回答容易，更主要的是便于处理、分析和比较结果，其缺点是限制性较强，回答者难以发挥主动性，在回答时不能充分表现真实想法，有时只能做出被迫的回答。

在设计封闭式问卷时，先要针对调查对象做出一个评价表，这个表可以分解为三段，如喜欢、一般、不喜欢。或分解为五段，如非常喜欢、喜欢、一般、不喜欢、非常不喜欢。然后再让调查对象去打钩，这种打钩的过程就是将人为的情绪或感觉变成一种数据资料，最后才能进行各种计算和统计。

2）问题的提问。这里的关键是要问的问题。所谓"问题"，是指向被调查者提出而要求给予回答的事实、态度、意愿、需要等。提问的根据是调查研究的题目和目的。因为题目和目的比较概括，必须把题目和目的具体化为理论假设，由此才能决定向被调查者提出什么问题。

在每份问卷中，问题的内容、性质可能千差万别，但归纳起来大致有四方面的问题：①事实方面的，如质量、花色、品种、价格，这是比较容易回答的低层次问题。②态度、观念、兴趣方面的，如对某商品的喜好或厌恶、建议、意见等。③行为方面的，包括已经做出和将要做出的行为。如已购买某商品，下一步是用还是退等。④理由方面的，即要求被调查人员对自己的态度、观点和行为做出解释，说明为什么这样做。

3）问题的用词。问题宜短不宜长，句子的结构应该尽量简单和口语化，且语句要和蔼、亲切，容易理解。问题应具体，避免使用一般性或笼统性字眼。对事实发生的时间、地点、人物、事件、原因等都应该有明确的界定。在调查中，有些属于涉及个人隐私的问题，在设计问题时最好采取间接提问的方式。另外，应该避免使用带有引导性的词语，即避免调查者提问时暗示自己的观点，提示被调查者答案的方向，使调查结果产生某种倾向性。

4）问题的次序。所提出的问题应该合乎逻辑次序。具体来说，要注意以下几点：①按问题的性质与类别进行排序。如果一份问卷中包含几个方面的问题，应该将同类性质的问题尽量安排在一起。②按要求回答问题的深入程度排列。在问题的排序上应该是先易后难，由浅入深。③如果问题涉及调查项目的时间，则应该按时间的先后顺序排列。

5）问题的答案。答案是问卷的另一项核心内容。它的设置好坏、科学与否，直接影响调查的效果。

答案设置的几种形式如下：

第一，单项选择，即是与非的选择。

第二，多项选择，即在问题后面列出许多（多于两项）的备选答案，而且备选答案之间必须互相排斥且彼此不兼容。

第三，对比选择，即在问题后面列有两项备选答案，而这两种答案彼此是相抵触的，或彼此之间对比较强烈。

如问：在下列左边和右边不同类的文学作品中，你更喜欢哪一种？

历史小说　　（　　）　　现代小说　　（　　）
古典诗　　　（　　）　　现代诗　　　（　　）
古装戏　　　（　　）　　现代戏　　　（　　）
言情类小说（　　）　　武侠小说（　　）

第四，排序选择，即在问题的后面列有多种备选答案，而备选答案是有程度或次序等方面的差异的，调查对象在选择时依据自身的情况对备选答案排出顺序并给出回答。

如问：你喜欢哪些皮鞋品牌？请按您喜欢的程度填上序号。（排列次序）

第五，开放式提问，即答案由调查对象根据自己的理解、领会等情况自由填写。如问：请您谈谈对城市在公共场所禁止吸烟的看法。

5．入户调查应该注意的事项

（1）事先做好充分的准备，包括带好问卷、身份证和介绍信，准时赴约。
（2）服装整洁，仪表举止大方有礼。
（3）调查对象对问卷有疑问时，应该尽量设法消除疑虑，但注意采用温和的态度。
（4）调查人员不应该对问题的含义妄加评论，更不应该用自己的暗示影响调查对象的回答。
（5）被调查者必须严格按照问卷回答，不得自行删改、变更或更换问卷。
（6）对于遇到特殊的外界干扰的情况，调查人员要冷静处理。

6．问卷的回收整理

回收整理是问卷调查法的最后环节。回收率的高低，整理结果的好坏，对问卷作用的发挥将有重大影响。问卷回收率达到65%，就为理想数字。要保证有足够的回收率，可考虑如下办法：①依靠某一企业回收问卷，如党团企业或有影响的社会团体；②采用让调查对象获益，使之得到某种实惠的办法回收，如参加摇奖、发纪念品等；③以先与调查对象联系，然后寄出问卷，寄出后仍不断寄出明信片等方法提醒对方；④为获得最佳反馈效果，不采用邮资总付的办法寄出问卷。如果财力允许，可在信封内附上邮票；⑤亲自签名，以留下深刻印象，增加反馈。

问卷收上来后，接下来便是整理。整理是指将有效答卷进行登记，登录地址、编号等，再进行统计、分析。对合乎标准的问卷，要用专门技术进行分析，在此基础上撰写调查报告。

（四）量表测量法

量表测量法是指企业形象调查者根据一定的调查目的和调查任务的要求，借由测量量表对调查对象的主观态度和潜在特征进行测量，以搜集企业形象信息资料的企业形象调查方法。量表是适用于较精确地调查人们主观态度和潜在特征的调查工具，它由一组精心设计的问题构成，用以间接测量人们对某一事物的态度、观念和某一方面的潜在特征。量表也具有多种类型，按其测量内容分，主要有态度量表、能力量表、智力量表、人格量表、意愿量表、人际关系量表等；按其作用分，主要有调查量表和测验量表；按其设计方式和形式分，则有总加量表、累积量表、瑟斯通量表和语义差度量表等。企业形象调查者可以根据不同的目的、要求，结合实际情况选用。

（五）文献信息法

文献信息法是指企业形象调查者根据一定的调查目的和调查任务的要求，通过对现有文献的搜集来获取企业形象资料的企业形象调查方法。文献是指以文字、图像、符号、音频、视频等为主要记录手段的一切知识载体。要收集、分析的文献资料有：国家和主管部门的文件，统计资料，行业资料，报纸和刊物上的有关资料，企业的各种报表、工作计划，产品的技术标准，服务项目和服务标准，会议记录，公众意见的记载以及网上资料等。

运用文献信息法旨在了解企业的经营状况以及其在市场中的定位，如主要产品的市场占有率、经营特色、历年销售额、盈利额、广告宣传费的增长趋势等。在文献中还有可能收集到极有价值的信息，如有关专家曾进行的企业形象调查，对经济环境、竞争环境、科学技术发展环境、市场消费需求等做的分析评估等。

第三节　企业形象调查资料的处理与分析

调查结束后，对调查的结果均要进行整理、分析，并形成报告，撰写这些调查报告，旨在确定企业形象战略的方向，使企业更了解本身应以技术、外观、规模等某些方面的形象，作为今后加强的目标。

一、调查资料的整理与分析

1. 资料整理

资料整理就是将调查搜集到的资料进行科学加工、综合，使之系统化。这项工作一般有三方面的内容。

（1）调查资料的审查。主要是审查通过问卷或采访搜集到的资料是否准确，是否合乎客观实际；资料与资料之间是否相互矛盾；调查资料的搜集是否完整、全面；问卷回收率与项目回答率是否符合要求。

(2) 资料的分类与汇总。主要是对调查对象的答案与采访内容进行正面与负面印象、肯定程度与否定程度的分类，然后通过人工或电脑进行汇总。

(3) 编制统计表。在分类与汇总的基础上，编制统计表，为统计分析奠定基础。

2．统计分析

统计分析就是根据已整理好的调查资料进行有目的的系统分析。可以立项进行分析的问题有：

(1) 识别性问题。通过对调查资料的系统整理，判断该企业的各印象因素是否具有鲜明的个性，给人以美好的、深刻的印象。

(2) 统一性问题。以识别为目的的各形象项目之间，必须具有个性的一致性，否则就失去了企业形象的表现效力。如企业的总体形象与基本设计因素风格不符甚至矛盾，企业品格与品牌形象相矛盾，就会出现统一性问题。

(3) 形象值侧重问题。不同行业的企业的形象值有不同的侧重，或外观形象，或技术形象，或市场形象，企业形象系统的表现侧重点必须与企业的行业特征相一致。

(4) 认知度问题。企业形象认知度的高低是企业形象的直接表现。

(5) 形象管理的有效性问题。从应用设计因素的审查与总体形象有关项目的调查结果中，发现形象管理的现状与问题。

二、撰写企业形象总概念报告书

依据企业形象调查形成报告书，重新评估企业理念，构造新的企业经营战略和企业形象总方针，作为未来管理作业的方向，这个过程被称为撰写"企业形象总概念报告书"。

总概念报告书也就是企业形象的初级企划书，也是给公司最高主管的建议书。它是表达企业形象总体企划思想、战略方针与精神的文本，具有解决问题、改善公司、指出未来方向的作用。

那么，如何撰写好一份企业形象总概念报告书呢？必须要明确地表述以下内容：

1．调查结果概要分析

对调查过程中出现的企业形象建设方面的问题进行归类分析，并说明问题产生的原因。找出问题，即是企业形象总概念的发生点。

2．形成创意

参照企业形象调查结果的问题点进行分析，探求企业形象新概念、新方针，创造性地解决问题。

企业形象企划设计是一项创造性的智慧劳动。有目的地训练、提高、开发企业形象人员的想象、思辨、分析、综合、归纳、演绎等能力十分重要。

3．设定企业形象概念

企业形象概念包括企业经营理念、形象、作风、活动领域、经营方针等，其中，企业理念设定是总概念报告书的重要内容之一。这需要与企业主管沟通，企业主管应直接对企业理念的设定负责。

必须与员工沟通企业理念。可以采取向员工征集理念的做法。这种做法的好处有三点：一是可以做到全员参与、集思广益；二是可以使员工树立理念意识，理解其意义；三是可以调动员工的积极性，使其主动参与企业形象设定。征集理念的过程，实际上也是宣传普及的过程。

企业理念的设定当然应以企业形象提案人员为主导。在综合企业主管和员工建议的基础上，充分发挥创造力，形成企业理念书，包括企业存在的意义、经营方针和行为基准三大内容，用最简洁的语言来表达企业形象，作为初步议案，写入总概念报告书。

4．制订具体策略

设定企业理念之后，更需要一整套具体可行的方法，确定企业形象导入重点与形象策略。一般意义的形象策略，必须具有鲜明的识别性和统一性。具体的形象策略则因行业而异，个案不同。其基本原则是从企业经营问题点、市场需要及未来走向出发，兼顾企业的经营策略和形象定位，采取具有行业特征的策略，创造有利的经营环境。

5．设计开发要领

依据企业导入形象重点、理念定位、形象特征，运用企业名称、标志、商标与一系列的应用设计要素，以具体的形式开发企业形象的有效传达系统。

6．传播计划

传播计划即对新设计的企业形象系统的对内、对外信息传播、发布计划。

综上所述，企业形象总概念报告书的整理工作，可由公司内部人员或聘请外部企业形象专家执笔完成，但无论由谁执行，企业形象总概念报告书都必须回答以下问题：

1）对于调查结果的意见。
2）经营上的问题点。
3）公司的活动及形象构筑方向。
4）新形象、新概念。
5）基本设计的开发。
6）与企业形象有关的设计项目。
7）今后的具体推进设想。

综合案例

2016年度中国企业海外形象调查分析报告

2016年习近平主席对捷克、波兰和塞尔维亚三国的访问，推动了中国同中东欧国家关系迈向了新的历史高度。当前双方合作发展势头强劲，正在以更加积极务实的姿态向前推进。为全面客观地了解中东欧民众对中国企业的看法，在《中国企业海外形象调查报告2014（亚太版）》《中国企业海外形象调查报告2015（"一带一路"版）》的基础上，2016年，中国外文局对外传播研究中心联合《中国报道》杂志社、华通明略（Millward Brown）[⊖]、Lightspeed GMI[⊖]在7—9月合作开展了第三次中国企业海外形象调查，重点考察"一带一路"沿线的四个中东欧国家对中国经

[⊖] 华通明略 Millward Brown 在中国的合资公司。Millward Brown 是全球领先的调研机构之一，专业从事广告效果、战略沟通、媒介与品牌资产方面的调查研究，其在超过55个国家和地区开展业务，隶属于WPP旗下的Kantar数据投资管理集团。

[⊖] Lightspeed GMI 是全球知名的调查公司，拥有覆盖全球40个国家的在线样本库，自有样本量超过500万。每年执行在线研究项目两万多个，涵盖金融、学术、消费品、母婴、汽车等行业和领域。

济、中国企业和中国产品的评价,以及获取中国企业信息的主要渠道,相关调查展示了中国企业在中东欧地区发展的立体图景。

一、调查基本情况

在调查范围上,此次调查选取了与中国经贸往来较多的四个中东欧国家——罗马尼亚、波兰、捷克、匈牙利。调查样本为2 000人,每个国家500人。样本量由科学的抽样公式得出,在满足置信度要求和调查目的的基础上兼顾了采集的时间成本和难度。调查样本来自Lightspeed的全球在线样本库。在选取上整体采用了随机抽样原则,同时也考虑了人口分布的平衡。受访者样本覆盖18~65岁的当地居民,男女各占一半。

在调查实施上,本次调查遵循定量研究方法,采用在线问卷填答的方式,并严格执行在线调查的国际标准。通过高质量的样本库、科学的抽样手段和严格的质控流程,从各个环节保证调查数据的严谨性和可靠性。所有参加的被访者都必须通过诚实度检测。如果诚实度分数太低,则被访者无法参加正式访问。在参与项目之前,还会通过数字指纹系统来排重,确保每个样本只能参与项目一次。另外,调查采用了卡片滑动、拖动旗标等多样化的题型,以及用意义直观的图标来代替文字标签等手段,来提高被访者的答题兴趣和积极性,保证数据质量。在问卷设置上,围绕中国企业形象的具体组成,从宏观上对中国经济形象、中国企业及产品形象进行考察,微观上通过RepZ模型对企业进行具体测评。该模型分为责任、公平、信任、成功四个维度,每个维度又有五个子维度。此次调查同样涉及中国企业信息获取渠道的调查以及中国企业海外形象排行情况。

与以往调查相比,此次调查新增了有关中国企业在各个国家具体表现的国别调查、中国企业与其他国家企业比较调查、中国产品与其他国家产品比较调查、获取中国企业信息的具体媒体形式调查等内容。

二、主要调查发现

(一)中国经济形象

1. 中东欧受访者看好中国经济发展形势

调查显示,中东欧四国受访者多数对中国经济的整体印象较好,大多数民众认为中国经济正处于发展阶段,且未来10年仍会保持增长。四国受访者中有37%认为中国经济处于平稳发展阶段,33%认为中国经济处于高速发展阶段。按国家来看,罗马尼亚受访者最认可中国经济处于高速发展阶段,选择此项的受访者比例为46%。从年龄上看,18~35岁和36~50岁的中青年群体对中国经济发展的态度更为乐观。

2. 中东欧受访者认可中国经济的国际影响力

调查显示,中东欧四国受访者认为中国经济的发展对全球经济、中东欧地区经济以及本国经济发展都有利。有近半数(47%)中东欧受访者认为中国经济的发展对中东欧经济发展非常或比较有利。按国别来看,捷克受访者对中国经济的国际影响力最认可,有49%的受访者认为中国经济的发展对中东欧经济发展有利,超过了其他受访国家民众。

3. 中东欧受访者认可"一带一路"倡议的积极影响

调查显示,有32%的中东欧受访者听说过"一带一路"倡议。按国别来看,波兰民众对于"一带一路"倡议的认知度更高。按年龄来看,18~35岁的年轻群体更熟悉"一带一路"倡议。从"一带一路"倡议对本国的影响看，中东欧受访者对于"一带一路"倡议影响的平均打分为3.42分（满分为5分）。按国别来看，匈牙利和罗马尼亚给予"一带一路"倡议的打分相对较高。按年龄来看，51～65岁的年长群体对"一带一路"倡议更为认可。

（二）中国企业及产品形象

1．超三成受访者对中国企业印象良好

调查显示，中国企业在中东欧受访者中的认可度平均为37%，与日本企业（74%）、欧盟成员国企业（64%）、美国企业（61%）相比，仍存在不小的差距。按国别来看，在捷克，中国企业的表现和日本、美国以及欧盟成员国企业间的差距更小。按年龄来看，51～65岁的年长群体对中国企业印象相对更好。

2．中国企业对当地的贡献获认可，但也有一些质疑声音

调查显示，中东欧受访者认为中国企业对当地经济发展的推动作用主要体现在以下三个方面：提供便宜的商品、提供新的就业机会以及带来新的资金，选择这三项的比例分别为55%、42%和37%。四个国家和三个年龄段的受访者对此看法相似。在中国企业给本国经济发展带来的挑战方面，中东欧受访者主要担忧的是对当地企业的生存发展有所冲击，担心会打破当地原有的产业链平衡。选择这两项的受访者比例分别为40%和29%。

3．中国企业在融入当地社会、公关关系方面需要加强

调查发现，在未来发展方面，中东欧受访者希望中国企业进一步加深对当地文化、历史和消费者的了解，主动融入当地社会和当地文化。中东欧受访者同样希望中国企业提升公共关系表现，最需要进行改善的是及时有效地处理公关危机，注重维护媒体关系，以及建立长期公关机制。

4．期待中国企业同本国开展经贸合作

调查显示，中东欧受访者期待中国企业对本国的投资与贸易。在具体领域方面，最期待未来中国企业和当地合作的是零售业，其次是制造业。按国别来看，捷克受访者认为中国企业与本国在卫生健康、文化、娱乐、体育领域的合作明显多于其他国家；匈牙利受访者认为中国企业与本国在零售领域的合作较多；波兰受访者认为中国企业与本国在建筑和交通运输领域的合作较多。按年龄来看，51～65岁的年长群体认为中国企业和本国在基础设施建设领域的合作较多。

5．中国企业经营表现获认可，但在社会责任方面需要进一步提高

此次调查参考华通明略RepZ模型，通过考察企业在责任、公平、信任、成功四个维度的表现来综合评价中国企业海外形象，评价结果见表2-6。

总体上看，中东欧受访者对中国企业在成功方面表现的评价较高，对责任方面表现的评价偏低。

表2-6 中东欧受访者对中国企业不同维度表现的具体评价

四维度	责任	公平	信任	成功
表现	较为认可中国企业提供安全的工作环境，但在维护知识产权方面打分较低	认可中国企业雇用本地员工，但在商业计划和财务透明方面评价不高	认可中国企业遵守当地法律，但认为中国企业在公司管理规范化方面还需努力	认可中国企业提供优质产品或服务，但认为中国企业在行业领先性方面表现不足

而从国别来看，四个中东欧国家对中国企业的平均打分为 2.15 分（满分为 5 分）。比较而言，罗马尼亚对中国企业各个方面的评价高于其他国家。

6. 中国产品的优势是价格便宜，但质量是短板

调查显示，价格便宜是中国产品最突出的优势，质量不过关则阻碍了消费者的进一步购买。与其他国家企业的产品相比，价格便宜是中国产品最突出的优势。有 88% 的中东欧受访者选择此项。与其他国家企业的产品相比，中国产品的质量仍让中东欧受访者有所担忧。分别有 65% 和 53% 的中东欧受访者将不购买中国产品的原因归为"质量不过关"和"假冒伪劣产品多"。

（三）信息渠道分析

1. 互联网是中东欧受访者了解中国企业信息的最主要渠道

调查显示，互联网是中东欧受访者了解中国企业信息的最重要渠道，有 67% 的受访者选择此项。此外，通过使用中国产品或服务了解中国企业信息的民众达到 43%。按国家来看，捷克受访者通过互联网了解中国企业信息的比例最高，达到 81%。按年龄来看，年轻人更希望通过互联网等媒体了解中国企业信息，而老年人更多选择通过使用中国产品或服务了解中国企业信息。

2. PC 端网页和电视新闻节目是中东欧民众选择的主要媒体形式，民众最感兴趣的信息是中国企业产品或服务本身

调查显示，在获取中国企业信息的两大媒体形式——互联网和电视方面，中东欧民众主要通过 PC 端网页（主要包括门户网站和电商网站）和观看电视新闻节目来了解中国企业信息。调查还显示，在信息内容方面，有 70% 的中东欧受访者希望了解中国企业所提供的产品或服务。按国别来看，罗马尼亚受访者对中国企业产品或服务信息感兴趣的比例最高，为 82%。

三、分析与建议

本次调查显示，中东欧民众看好中国经济发展形势，认可中国经济的国际影响力，认可"一带一路"倡议对本国的积极影响，中国企业在中东欧的发展前景广阔。但相较于美国、欧盟、日本的企业和产品，中国企业和中国产品在中东欧地区的形象还需要进一步提升。虽然中国企业的经营业绩方面获认可较多，但在融入当地社会、公共关系、社会责任方面还有待继续努力。针对以上调查结论，我们建议从以下方面提升中国企业在中东欧国家的形象。

1. 多种方式加大中国"一带一路"倡议在中东欧国家的推介

"一带一路"倡议不仅拓宽了中国与中东欧国家的投资之路、贸易之路，也拓宽了文化之路和友谊之路。虽然在此次中东欧四国调查中，有 32% 的受访者听说过"一带一路"倡议，并且大多认可该倡议对本国的积极影响，但对整个中东欧地区来说，民众对"一带一路"倡议的熟悉度和认知度还需要进一步提升。未来要结合中东欧国家的具体情况，通过智库学者到对象国开展学术研讨、媒体报道、中国企业家在当地媒体上接受采访等方式，将"一带一路"倡议给当地带来的益处向当地民众讲清楚、讲具体，同时针对当地民众存在的对"一带一路"倡议、对中国企业在本国发展的担忧与顾虑进行解疑释惑。

2. 强化企业社会责任意识，开展更多"暖心、通心"工程

如何融入中东欧国家，得到当地的认同和欢迎，是中国企业在中东欧地区开展形象建设的一大挑战。针对调查中发现的中东欧民众最希望"中国企业加大对当地文化、历史和消费者等方面的了解"这一现状，建议中国企业在关注自身经营发展外，更多关注驻在国的社会民生情况。一是结合自身特有优势，紧扣当地实际需求，参与社区建设、环境保护，承担社会责任，将可持续发展理念作为中国企业在中东欧发展的前提条件，做好"暖心工程"；二是要深入学习、了解当地的文化，尊重当地的宗教、文化、习俗，在企业发展中做好跨文化沟通，多一些人文交流，推动中国企业文化与当地文化融合，在与当地民众分享合作共赢发展红利的基础上，讲好企业故事，做好"通心工程"。

3．运用多种国际传播资源，传播"中国企业好声音"

尽管中国企业为中东欧各国的经济发展做出了很多贡献，但这些正能量并未有效地为当地民众所了解。在讲好中国企业故事方面，中国企业要借助自身和外部的多种资源，拉近中国企业与当地民众的距离。一是要精心设计企业网站和宣传片，进行产品和服务宣传，利用各种机会积极策划和组织各种类型的公关活动，有针对性地传播中国企业对当地经济社会发展的贡献。二是要针对中东欧民众主要通过 PC 端网页（电商网站和门户网站）和电视新闻节目了解中国企业信息的特点，利用多种媒体形式将中国企业技术优势、社会回报和绿色发展，以及对当地发展所做的贡献传播出去。此外，还要借助公关公司、研究机构、非政府组织、专家学者等其他资源，做好企业形象建设传播工作。

4．开展分众化传播，增强中国企业形象建设的针对性和有效性

此次调查发现，中东欧四国受访者对中国企业和中国产品的认知具有不同的特点，如波兰受访者希望中国企业提高知识产权保护力度，而捷克受访者希望中国企业在危机事件处理方面做出进一步努力。此外，不同的年龄群体（青年、中年和老年）对获取中国企业信息的主要渠道也各有侧重。年轻人更希望通过互联网等媒体了解中国企业信息，而老年人通过使用中国产品获取中国企业信息的比重较大。因此，企业在开展形象建设中，要针对不同国家和不同年龄群体的特点，选择合适的传播媒体和传播内容，进行精准化、分众化和定制化传播，切实提高传播效果。

资料来源：中国外文局对外传播研究中心课题组．2016 年度中国企业海外形象调查分析报告[J]．对外传播，2016（11）．

本 章 小 结

企业形象调研的基本任务概括为两个方面：一方面，调查了解内外部公众对企业的意见、态度及反应，掌握市场环境变动趋势，对企业形象做出自我思考和评价；另一方面，研究、寻找和分析企业形象自我评价与公众评价及市场环境要求之间的差距，根据这一差距和市场实际进行企业形象定位、调整和塑造。总概念报告也就是企业形象的初级企划书，是给公司最高主管的建议书，也是表达企业形象总体企划思想、战略方针与精神的文本，具有解决问题、改善公司，指出未来方向的作用。

复习思考题

概念题

知名度　　美誉度　　信誉度

简答题

1．什么是企业形象调研？
2．企业形象调研可采用哪些方法？
3．企业形象调研的步骤是怎样的？

技能实训题

1．设计一份调查企业基本形象的调查问卷。
2．设计企业形象总概念报告书的基本架构。

第三章
企业形象的定位与设计

> **学习目标**
>
> 通过本章的学习，明确企业形象定位的含义、要素；掌握企业形象定位的策略及方法，掌握企业形象设计的功能、任务和三大内容，即企业理念设计、企业行为设计和企业外在特征设计。

企业形象定位理论最早出现于 20 世纪 60 年代末的美国广告界，到 1972 年，美国《广告时代》杂志正式刊出了有关定位理论的系列文章。当时强调的是广告攻心，将产品定位在顾客的心中潜移默化，而不改变产品的本身。到 20 世纪 80 年代，美国著名营销专家菲力普·科特勒（Philip Kotler）开始把定位理论系统化、规范化。他指出，定位就是树立企业形象，设计有价值的产品和行为，以便使细分市场的顾客了解和理解企业与竞争对手的差异。本章将对企业形象的定位与设计进行分析和论述。

第一节 企业形象定位的含义

一、企业形象定位的概念

企业形象定位是指企业根据环境变化的要求、本企业的实力和竞争对手的实力，选择自己的经营目标及领域、经营理念，为自己设计出一个理想的、独具个性的形象位置。

二、企业形象定位的原因

在现代社会中，多数企业为了塑造自身的形象，大都采用了公共关系、广告等宣传手段。但广告及公共关系活动数量暴增，导致对公众的影响力相对减弱。繁多的形象宣传方法所造成的沟通"过度"，使公众更难在眼花缭乱的市场中确认某一企业。此时，最有效的辨识办法就是明确独特的企业形象定位。只有这样，才能使企业形象的信息深入人心，否则企业形象根本不可能产生。

> **案例 3-1**
>
> 日本尼西索公司在第二次世界大战结束时只有 30 多名职工，主要生产雨衣、游泳帽、卫生带、尿布等产品，种类繁多，缺乏明确的形象定位，生产经营极不稳定。战后的经济恢复和发展为企业带来了契机。有一次，尼西索公司的董事长多川博在考虑市场定位

时看到了日本的人口普查报告，得知日本每年大约出生 250 万个婴儿。多川博想，如果每个婴儿用两块尿布，那么一年就需要 500 万块。如果能够出口，市场就更大了。于是，尼西索公司把企业及产品定位为"尿布大王"，放弃了一切与尿布无关的产品。最后，尼西索公司靠它明确的形象定位占得日本 70%以上的婴儿尿布市场，成为名副其实的"尿布大王"。由此可见，在当今产品、宣传方式都很先进的时代，企业形象要得到公众的认可，首先必须进行准确的定位。

三、企业形象定位的三要素

公众的喜好与要求是千奇百怪、千变万化的，处于不同地区、不同行业的公众对一个企业的形象会有不同的看法与评价。因此，一个企业区别于其他企业的特色，便成为树立形象的关键。

认识到这一点，我们就有必要来系统研究一下企业形象是怎样定位的，哪些因素会影响企业形象的定位。

1. 企业形象定位要素之一：主体个性

主体，是指企业主体；个性，包括品质个性和价值个性两个方面。主体个性，是企业在其品质和价值方面的独特风格。唯物主义强调物质决定意识，所以，企业形象定位必须以主体的存在特征作为基础，否则定位便是假的、虚的。当然，主体有一些共性，比如都要有良好的质量，都需要售前、售中、售后的优良服务，都要生产适销对路的产品等。但更值得思考的是个性特点，像企业目标定位、企业精神定位、企业风格定位等。

日本的五大电器公司都是以各自的个性来表现其企业形象定位的。

索尼：冒险、创新的精神。

东芝：尽量满足公众的各种需求而生产包罗万象的产品。

松下：在为生产像自来水一样廉价的家电用品而努力。

日立：以不断改革自身技术来发展企业形象。

三洋：薄利多销。

这些定位都从不同程度上体现了企业目标、企业精神、企业风格的定位。

企业形象定位必须是企业所具有的个性，不夸张，也不捏造，否则一定会被公众所遗弃。比如劳斯莱斯就是依据"不求廉价便利，只求高档豪华"进行形象定位的。

定位必须以过硬的产品及服务作为基础。如果一家品质一般、服务平平的企业，也提出高档豪华的形象定位，其结果只能是事与愿违。企业形象定位不是空泛的，也不是随心所欲的，而是实实在在地需要以自身品质、价值方式作为其保障和基础的。

2. 企业形象定位要素之二：传达方式

传达方式指的是把主体个性信息有效、准确地传递给公众的渠道和措施。主体个性信息如果不能被有效传达，公众根本无法去了解和把握。因为在信息时代，"酒香最怕巷子深"。

主体个性的传达方式主要是指营销方式和广告与公关等宣传方式。企业形象不见得要在主体个性上有过多的优势，但应该做到传达到位，这一点是不容怀疑的。

企业形象策划实务

案例 3-2

电脑并不是 IBM 公司发明的，但是，IBM 运用有效的传达方式使人们将电脑与 IBM 联系起来，并以优良的服务，建立起"IBM，意味着最佳服务"的形象定位，以此确立了其企业形象的地位。

广告与公关宣传也要把企业形象定位宣传到位，IBM 的广告和公关无时无刻不在宣传着服务的理念，这样的配合，使 IBM 不容置疑地大获成功，成为蓝色巨人。

3．企业形象定位要素之三：公众认知

主体个性确定以后，有效的传达方式使用之后，形象定位完成的真正标志，应是公众认知。

以烟草公司形象定位为例：从烟草质量的角度来说，烟草质量的差距远没有目前烟草业名牌公司与非名牌公司的销量差距大，其口味、口感的差距更小，但公众认知差距却相当大。

像万宝路香烟，它最初是一种女士香烟，由于市场销售不畅，公司决定以新的西部牛仔的粗犷形象定位，这款香烟最终成功获得公众认知。公众在吸万宝路香烟时，油然而生的是一种冒险、创造、粗犷的感受。这种被公众所接受和认可的形象，使企业大获成功。

同样，555 香烟以高贵不凡为其形象定位，KENT（健牌）香烟以浪漫、休闲为其形象定位，SALEM（沙龙）香烟以清新和淡雅为其形象定位，都是公众认知成功的代表。

公众对企业形象的认知，是指公众在获得企业提供的物质、服务的同时，也要能获得精神上、感受上的满足。只有如此，企业形象才能更容易、更深刻地被公众所认知和接受。

上述三个要素分别从主体、通道、客体三个方面构成了完整的企业形象定位，使得企业形象的功能和效应得以发挥。

第二节　企业形象定位的策略和方法

企业形象定位一般不是企业实态的素描，这可以源于现实又高于现实，但目标形象通过广大员工的共同努力最终又能成为现实。因此，形象定位应考虑到各种影响因素和约束条件。

一、企业形象定位导向

企业形象定位要遵循三种导向，即行业、企业导向，公众需求导向和竞争导向，企业要善于在这三种导向中设计出既力所能及、符合企业基本情况，又能为广大公众所欢迎，还能与主要竞争者存在明显差异的企业形象来。这一思路可用图 3-1 表示。

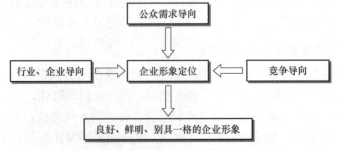

图 3-1　三种导向下的企业形象定位思路图

（一）行业、企业导向

1. 行业导向

不同行业的生产经营特点、市场需求特点、竞争状况都会有所差别，这就要求行业内企业应确定与行业特点基本吻合的企业理念及为公众所追求的形象特征。日本经济新闻社曾对各个行业的理想形象特征做过调查，这为不同行业的企业设计理想形象提供了参照。

> **补充知识**
>
> 食品：稳定性、依赖感、规模、技术。
> 电气机器：稳定性、可信度、技术。
> 服装纺织：稳定性、技术、可信度、销售网络的实力、规模。
> 输送用机器：技术、可信度、稳定性、规模。
> 化学药品：稳定性、规模、可信度、技术、发展性。
> 经销商：服务质量、可信度、稳定性、公司风气、规模。
> 零售业：规模、稳定性、发展性、可信度、海外市场的竞争能力。
> 银行：规模、可信度、传统性、稳定性。
> 保险：规模、可信度、稳定性、发展性、强劲的宣传广告能力。

2. 企业导向

企业特点主要是指各种企业实态特点。企业实态是一类形象要素，又是进行形象定位的重要依据。这类依据的作用体现在两个方面：一方面，形象定位或理想形象不能远离企业实态，不能远离企业现实的形象状态，形象毕竟源于客观现实，确定的理想形象必须经过广大员工的共同努力才能成为现实；另一方面，企业实态汇集了多种实际形象要素，总是存在一些特点、优势和闪光点，对此加以提炼、升华，就可能成为有特点的企业形象的一个组成部分，并可让它们显示出来。

（二）公众需求导向

形象定位最终是为了让广大公众能记住、认同、欢迎和偏爱这种形象，进而产生一系列对企业的有利行为。因此，企业形象定位如同企业的产品定位和其他营销活动一样，也应遵循公众需求导向原则。由于企业面对包括顾客在内的多种公众，不同公众对企业有不同的利益要求和关注点，他们都要求企业具有某种特殊形象。若要进行整体形象定位，企业就要致力寻找全部公众的共同要求，在全部公众心目中确定一个统一、有效的定位。如果是要进行某个子形象定位，那么只要寻找相应部分的公众，甚至只是重点公众的共同要求即可。问题在于，即使是同一公众，他们的需要也是复杂、多变的，有些还是潜在的。因此，以公众需求导向设计的企业形象，应该是个多面体，并如同可以创造新的产品概念那样创造新的形象概念。

（三）竞争导向

企业形象应具有竞争性。如果一个企业的形象定位和主要竞争者的一样，就没有鲜明的独特性，也容易引起激烈的正面竞争。如果企业的形象定位没有特色且比众多竞争者差，那么在形象竞争中就容易被对方击败。竞争状态作为形象定位的一种依据，就是要求形象设计者充分了解主要竞争对手的形象特征和在公众心目中所处的位置，然后采取某种适当的定位策略。事实上，竞争者的形象定位也要遵循公众需求导向原则，形象设计者可以从竞争者那里得到许多启发。

二、企业形象定位策略

在三种导向下的企业形象定位考虑了多种因素，但在构思企业形象定位时，也可侧重在某一导向下进行，同时兼顾其他因素，从而有多种定位策略。

（一）行业、企业导向下的定位策略

在行业、企业导向下，着重是要考虑企业现实状况与发展需要，有利因素与限制条件，也即考虑"是什么""想做什么"和"能做什么"。具体有挖掘型策略、素描型策略和发展型策略等多种。

（1）挖掘型策略。挖掘型策略是指在企业的表面基本实态和现有形象缺乏优势和特色的情况下，通过挖掘企业的潜在优势和特色来塑造企业形象的策略。这一策略的难点就是要对企业进行深入、细致的调查并要有高度的观察力和敏感性，善于提炼与升华。

（2）素描型策略。素描型策略是指当企业现有表现较好，公众对它有较好评价但形象仍不太清晰之时，通过对企业表现与公众评价的重新认识来勾勒整个更明确的企业形象的策略。企业形象不错但又难以言传之时，说明企业形象并不清晰，若再勾描一下，画龙点睛一下，一个栩栩如生的良好形象就会展现在众人面前。这一策略适用于有良好表现的社会企业。

（3）发展型策略。发展型策略是指企业在缺乏优势、实际表现一般或不满足于现状时，通过对企业实力与发展轨迹的认真评估来重新确立形象，这是一个需要经过艰苦努力才能最终实现形象目标的定位策略。大部分企业在进行形象设计时总会发现现有形象与理想形象之间存在差距，很少能采用素描策略。企业在要求不断发展的内在冲动下，更多地会而且应该采取源于现实又高于现实的发展型定位策略。

（二）公众需求导向下的定位策略

顾客在购买、使用产品或服务时往往由多种需求所推动，要追求多方面的品牌利益，同时还要对这些品牌利益是否重要、是否确实存在进行判断，在这一过程中还会存在复杂的消费心理。企业的市场形象定位，主要是品牌定位可根据目标顾客的利益诉求、判断方式和有关消费心理来进行，具体策略有利益定位策略、用途/场合定位策略和使用者定位策略等，也即通过"我能提供什么利益""我能派上什么用场"和"我给谁用"来树立某种形象。

（1）利益定位策略。根据目标顾客追求利益的侧重点不同，大致可把利益分为理性利益和感性利益两大类，以及由此派生出的平衡型利益。

1）理性利益定位策略。如果目标顾客在购买某种品牌产品时更多地追求理性利益，如功效、质量、价格、服务等，那么可着重塑造出具有某种理性利益的品牌形象。奔驰、丰田和沃尔沃轿车分别是以高质量、经济可靠和耐用著称于世的。现在许多企业注重"概念营销"，即提出能给顾客带来某种利益的笼统的新概念，但此利益新概念往往是经不起推敲的。由于

品牌质量取决于原材料、零部件、加工工艺等多种因素，因而也可以以它们为基础塑造良好、别具一格的品牌形象。例如："文王贡酒，自家酿造"，以此表明它不是勾兑酒，品质不会差；乐百氏纯净水强调它经过"27层净化"，表达水质肯定非常纯净。这实际上是在利用顾客的判断依据加以定位。

2）感性利益定位策略。当众多品牌之间在理性利益较为同质、难以进一步别具一格时，或当目标顾客在购买特定产品时对心理、精神需要有更高要求时，那么企业就要着重塑造品牌感性形象。虽然品牌的感性内涵总要以某些实质性内涵为基础，顾客的心理感受或品牌的感性形象是品牌理性内涵的一种升华，但这种升华一般要加以引导和提示。奔驰轿车在品质超群、价格昂贵的基础上逐步树立起了能体现成就和富裕感的轿车形象；到麦当劳、肯德基快餐店就餐的中国青少年能感受到轻快感、现代感和文明感；马爹利酒则强调能体现一种优雅的生活方式。

（2）用途/场合定位策略。几乎任何一种产品的用途和使用场合都不是唯一与固定的，在多样化及动态的用途与场合中，如果某种品牌强调它主要用于某一方面且比较独特，也能据此塑造出来相应独特的形象来，而且能启发和引导消费。当人们为了某种用途或要在某种场合消费某类产品时，会更多地选择强调有该用途及使用场合的品牌，因为人们会受心理定式的影响而信任这种品牌。在夏利车尚未被淘汰的城市，人们几乎是把它与出租车画等号的；脑白金、海狗在广告宣传中一开始就强调它们是送礼佳品，对产品功能反而不多做宣传；宴会酱油这个品名，就是在提示这种产品主要用于宴席场合。

（3）使用者定位策略。为某类人士"量身定做"的广告语经常见诸报纸和电视。按使用者定位策略的优点是：可以让目标顾客产生一种归属感、协调感、信任感和尊重感。在房地产界，为"成功人士"、为"高级专家"、为"白领、金领阶层"、为"SOHO一族"专门设计开发的楼盘品牌塑造方式比比皆是，有的也的确取得了成功。在某市有一家"司机餐馆"，因其明确的使用者定位策略使餐馆拥有一大批稳定的司机顾客。其实，"司机餐馆"未必能为司机们提供什么独特的菜肴或服务，但却能让司机们获得一种归属感。

（三）竞争导向下的定位策略

无论一个企业是否有意，它与其他同类企业总会存在某种竞争协作关系和对比关系。如果企业有意识地塑造一个与竞争者有某种适当对比关系的形象，对企业参与竞争是十分有利的。可以从多方面与竞争者进行对比，并寻找与竞争者的差别，包括前述的利益差别（如前述的原材料、工艺等）。但在竞争导向下，企业一般会更多地塑造出某种品牌地位形象，或在某些方面寻找企业或品牌的位次，主要是为了塑造出行业领导者地位形象、挑战者地位形象、新兴企业地位形象、利基地位形象等。

三、企业形象定位方法

企业形象定位的方法有很多，这里主要介绍以下几种。

1. 个性张扬的定位方法

个性张扬的定位方法主要是指充分表现企业独特的信仰、精神、目标与价值观等特性的定位方法。它不易被人模仿，是自我个性的具体表现。这既是企业形象区别于他人的根本点，又是公众认知的辨识点。因此，企业形象定位时一定要注意把这种具有个性特征的企业哲学思想表现出来。太阳神集团就以"健康、向上、进取、开拓，以人为中心"的经营管理理念为个性特点；美国 IBM 公司也是以"科学、进取、卓越"的独特定位表现企业哲学的。这种个性形象可以是整体性的，也可以是局部性的，如企业的人员个性、产品个性、外观个性、规范个性等。像丰田汽车的"车到山前必有路，有路必有丰田车"，就是其局部性——产品个性的表现。当然，这种个性也应是企业整体个性的代表性、集中性的体现。

2. 优势表现的定位方法

优势表现的定位方法是指利用企业某方面优势来定位的方法。在这个"好酒也怕巷子深"的年代，企业要想在激烈的市场竞争中立于不败之地，除了利用人性的张扬之外，还必须扬其所长，避其所短，重视表现企业的优势。公众对企业形象的认识实质上是对其优势性的个性形象的认识。企业只有给予公众这种优势性形象的定位，才能赢得公众的好感与信赖。因为公众都会不同程度地得益于这种形象定位。当然，企业也同样因这种定位而获得更高的经济效益与社会效益。不同特色的企业有不同特色的优势，只要抓住其优势特色进行定位，就可以很好地发挥作用。如法国轩尼诗公司生产的 X.O.白兰地，在 1991 年 6 月 6 日，历经 38 个月的海上航行，到达了上海客运码头，当时不仅动用了中国传统舞狮和鼓乐开道，还举行了有爵士乐手和时装模特献技的宣传活动，充分体现了法国轩尼诗"高贵气派"的形象定位，给中国老百姓留下了深刻的印象。

3. 公众引导的定位方法

公众引导的定位方法是指企业通过对公众感性上、理性上、感性与理性相结合上的引导来树立企业形象的定位方法。

感性引导定位法主要是指企业对其公众采取情感性的引导方法，向公众诉之以情，以求消费者能够和企业在情感上产生共鸣，进而获得理性上的共识。比如"百事可乐，新一代的选择"这句广告语，就是针对新崛起的年青一代而定位的；海尔集团的广告语"真诚到永远"，则以打动人心的感情形象扎根于公众心目中。

理性引导定位法主要是指对消费者采取理性说服方式，用客观、真实的企业优点或长处，让顾客自我做出判断，进而获得理性的共识。比如安飞士（AVIS）出租车公司的广告语"我们仅是第二，我们更为卖力"，就表现出了公司对公众的真诚、坦率；苹果电脑那只被挖掉了一块的苹果，让公众清楚地知道公司仍然存在不足，并非完美，但他们会不断努力。这种理性的引导公众的定位更有利于培养起公众对企业的信任。

感性与理性相结合的引导定位法综合了感性与理性的双重优势，可以做到"情"与"理"的有机结合，在对公众"晓之以理""动之以情"的过程中完成形象定位。麦当劳干净、快捷、热情、优质的企业形象定位，充分体现了公司愿意让每一位顾客都"高兴而来，满意而归"的宗旨。

这种既表现出企业的价值观又带有人情味的形象定位，能适应不同消费者的多方面需求，更能赢得公众的青睐。

4. 形象层次的定位方法

形象层次定位法是指根据企业形象表现为表层形象与深层形象进行定位。

表层形象定位法是指根据企业形象外部直观部分进行定位的方法，比如根据厂房、设备、环境、厂徽、厂服、厂名、吉祥物、色彩、产品造型等直接进行定位。例如,"可口可乐"那鲜红的底色上飘逸动感的白色标准字就体现出了"世界第一可乐"的大家风范。

深层形象定位法主要是指根据企业内部的信仰、精神、价值观等企业哲学的本质来进行定位。例如,美国通用公司"以提供高品质的产品与服务为目标,满足顾客需要,成果共享,利益均沾"的定位,即为深层形象定位。

5. 对象分类的定位方法

对象分类定位法主要是针对内部形象定位和外部形象定位而言。

内部形象定位法主要是指针对企业家、管理人员、科技人员以及全体员工的管理水平、管理风格进行定位。如喜来登酒店的"在喜来登小事不小";昆仑饭店的"深疼、厚爱、严抓、狠管",都是其管理风格的真实写照。

外部形象定位法是指针对企业外部的经营决策、经营战略策略、经营方式与方法等方面的特点与风格进行定位。如今日集团"一切为了国人的健康";长安汽车的"点燃强国动力,承载富民希望"等,都是属于外部形象定位的方式。

企业因其形象定位的不同,采取的定位方法也是不一样的。但归纳起来,各种方法的目的都只有一个:在公众心目中留下深刻、清晰的企业形象。

第三节　企业形象设计

企业形象设计最主要的工作就是根据企业形象定位的指导思想,把重要的形象要素视觉化、符号化,或者说进行系统的形式化形象要素设计。

一、企业形象设计的功能

企业形象设计在塑造企业形象的过程中以及在企业形象形成后,能发挥以下多种功能:

(1) 增强传播效果。树立统一、鲜明的企业形象,对各种形象的信息加以整合,有利于增强传播中的整体冲击力,增强企业的辨识度,给公众留下深刻印象。

(2) 协调整合功能。在企业形象设计过程中,为了使企业有一个美好、统一的形象,设计者对企业各形象要素和工作环节、各利益主体等之间的关系进行协调整合,这就会提高企业的工作水平,增强企业的凝聚力和吸引力,并使企业成员更有目标感。

(3) 提高竞争力。其一,良好的评价是产生有利行为的基础,企业一旦树立起良好形象,就容易获得各类公众的支持与合作。其二,良好的企业形象可以为其以企业之名实施的任何方针政策创造一种行为信心,可以为任何一种产品和服务创造一种消费信念。其三,企业形象有时会对公众行为产生决定性的影响,当某些竞争要素差异不大时,良好的整体形象或子形象就会起决定作用。这就是所谓的形象竞争。

(4) 扩张功能。由于光环效应和移情效应,具有良好形象的企业在进一步扩张中已预先为自己的行为做出了信誉保证。青岛海尔集团之所以能够较顺利地兼并许多企业、发展更多产品,与它逐步树立了"中国家电王国"的良好形象不无关系。

企业形象设计应该包括形象内涵的设计和形象外延的设计两大部分。形象内涵主要涉及企业整体，特别是企业主要产品品牌的定位问题，缺乏形象内涵的形象塑造、视觉设计和形象推广就缺乏依据和内容；形象内涵应该通过一些可直接观察到的形式体现出来，这称为形象外延的设计。

二、企业形象设计的主要任务和步骤

（一）确定应被公众识别的系统形象要素，明确企业的形象定位

不管是出于何种原因，企业形象设计的根本任务都是要进行企业形象定位或再定位，以塑造出别具一格的良好形象。不进行企业形象定位，企业形象推广或传播就失去了依据，其他所有影响企业形象的因素也会变得杂乱。企业形象定位包括两个层次：①对企业整体的知名度、美誉度和特色进行定位。②对各子形象定位。企业的整体形象由各子形象构成，进一步又由各形象要素构成。各子形象影响着企业的整体形象定位，并且面对不同公众，具有各自的独立功能，因而它们的定位也十分重要。

企业形象定位不是主观随意的，必须有一定的依据，并且要为广大公众所接受，最终有利于发挥良好企业形象的多种功能；企业形象定位也不是说怎样就怎样，它依赖于一系列可识别的要素体现出来，最终完成定位。企业的实质或各形象要素实态既是进行形象定位的主要依据，又具备表达形象定位的潜在能力。因此，若要进行企业形象定位，就必须确定应被公众识别的系统形象要素。这一活动包括如下具体任务或程序：

（1）确定可能影响形象定位或可能要被公众识别的要素。企业实态非常复杂，各种因素对企业形象定位的影响具有巨大差别。企业的理念、经营的产品及产品的质量通常十分重要，但有些因素，如职工性别、个人习惯，就不那么重要，未必应被公众识别。

（2）明确认知企业的内在优势和特色，并加以提炼和升华。企业的优势和特色可能处于自在状态，被公众识别，对内具有凝聚、激励功能，对外具有吸引、辐射功能。当然，这些优势和特色应比较重要，否则就缺少感召力。

（3）提出协调各种关系，使企业形象统一、鲜明的思路。各形象要素，特别是会被公众识别的要素之间往往存在矛盾，要么既有优势又有劣势，要么企业进一步发展的思路尚不明确，要么现实与未来的关系无从把握，等等，这一切都会使形象定位变得困难。

企业中各种关系的协调既是进行形象设计的条件，也是一种原因。如果企业中各种关系无法协调，或企业想做出重大战略调整但思路尚不明确，就不应立即进行形象设计，以免塑造出一个虚假、扭曲、短命的企业形象。如果各种关系可以协调，发展思路可以确定，协调各种关系就成了形象设计的重要任务。协调任务具体表现为如下两项工作：①明确认知影响企业形象有效性的各种潜在不协调性。例如，企业已确定某种多元化发展战略，但企业名称定位于狭窄的产品领域；企业提出要为人类创造美好生活的理念，但环境卫生、员工仪表却让人不敢恭维；企业产品属于高科技产品，但缺乏高科技人才，也不重视科技人才，等等。②指出各种潜在不协调性，并提出相应的协调思路。形象设计者无论是企业领导还是外聘专家，就形象设计本身的任务而言，不必对每一项关系的协调、形象要素的调整提出具体方案，而应该为了打造鲜明、统一、有效的企业整体形象提出有关协调思想。协调思想的方法一般分为补充、强化、改变等几种。当企业缺乏某种形象要素、某种思想观念时，就需要注入、

补充、增加。例如，如果企业因为没有高级管理顾问而使企业缺乏光彩，因为没有秉持以人为本的观念而使企业缺乏亲和力，就可考虑补充、注入。当企业某些形象要素较为薄弱时，如顾客至上的观念淡薄、企业环境卫生一般，就应考虑加以强化。

（4）在各种关系基本协调的基础上，提出企业整体形象定位和主要子形象定位的具体设想。形象定位并非企业实态的素描，不是简单追求将企业形象确立在公众心目中。形象定位是一种计划或目标，它源于现实又高于现实，并且通过企业广大员工的共同努力最终能成为现实。因此，形象定位不是原有形象要素的综合平衡和归纳，不能根据木桶的最短一块木板来确定企业形象，企业形象应该是对现实的提炼与升华。

（二）根据形象定位方案，尽可能把影响企业形象的要素转化为易识别的形式，并运用有效的展示、传达等方式来帮助其完成形象定位

（1）形象要素视觉化、符号化，使其易识别与理解。影响企业形象的要素一般是能被公众识别而且应该被识别的，如办事效率、服务态度等。这些要素是进行定位的依据，也具备特色和优势，特别是那些既十分重要又具有优势的形象要素，应该让公众广泛知晓并深入人心，因而应该尽可能使其转化为易识别的形式。

视觉化和符号化是使形象要素易识别的主要途径。公众获取的信息中有80%左右来自视觉。当然，视觉之外的感知方式，如倾听、触摸等，也有利于公众识别和记忆企业形象，因而也应该加以开发。这里讲的视觉化，实际上包括了能被人们感官直接感知到的所有形式。但是，并非视觉化的形象要素就易被识别，如员工的行为可能被观察到，但若没有明显的行为特征，就难以体会到行为所包含、要传达的意义。因此，形象要素尽可能符号化。这里的符号是广义的，包括语言文字、数字、色彩、图形、行为特征甚至成文的规章制度。进一步说，符号也并非总是易被识别，更不一定能准确表达企业想传递的思想内涵，所以应该把各种要表达的内涵协调统一起来。

形象要素能被人们直接观察到的形式，实际上就是传达信息的各种媒介，包括符号媒介、实物媒介、人体媒介等。CI理论主要注重对企业行为和企业视觉的设计。应注意到，部分动态的企业行为也可通过视觉直接识别，这里的分类主要是术语习惯问题。

形象要素视觉化、符号化后，将成为形式化的形象要素，比如行为规范、企业名称、标志和员工服饰等，它不仅能起到易被识别的作用，而且由于它具有某些内涵，因而还能直接影响企业形象的好坏。

严格地说，形象设计最主要的工作就是根据企业形象定位的指导思想把重要的形象要素视觉化、符号化，或者说，进行系统的形式化形象要素设计。影响企业形象的基本形象要素如发展战略、企业制度、产品质量等一般是进行形象设计的依据，而不是对象，这如同美容的基本要素是化妆和护肤，而不是整容一样。只有当基本形象要素之间存在矛盾或与企业的理想定位不符时，才有重新设计企业形象（主要是协调）的必要。

（2）选择和确定有效的整体展示、传达方式。视觉化、符号化的形象要素必须依赖一系列的载体才能把有关信息传达出去。因此，形象设计的另外一个任务就是要寻找、设计出系统的展示、传达方式，如具体实物和大众媒介的选择和运用，这一工作又与公关传播、社会交往紧密交织在一起了。在信息社会中，传递信息的手段在不断增多。CI理论与实践的一个重要贡献就是不仅注意开发新的信息载体，而且还注意开发利用原来被人们忽视的载体。

三、企业形象设计的三大内容

（一）企业理念

企业理念是一种内含于企业经营管理中的主导意识，是企业领导及其员工对企业自身的存在价值、既定目标以及体现自身价值、达到历史最高水平既定目标的方式、方法的总体认识与观念。企业理念可以说是企业的灵魂、企业文化的核心，对企业的生存与发展具有持久影响。

美国国际商业机器公司（IBM）总经理小沃森在一次演说中指出："首先我坚信，任何一个企业如果想要生存并且取得成就，就必须有一套健全的信念，企业的政策和行动均以此为前提。其次，我认为企业取得成功最重要的因素就是信守这些信念。最后，我认为一个企业若要迎接世界变化带来的挑战，它就必须在公司发展的过程中，准备改变自身的一切，只有这些信念除外。"

理念的形成取决于多方面的因素。一方面，企业理念决定着企业的成功；另一方面，企业的历史、现实状况和社会文化背景等又影响着企业理念的形成。企业理念与其各种表现之间存在互动关系。企业理念的实际存在并不意味着每个员工都持有同样的思想观念，但每一个员工都会受到现有企业理念及整个文化的熏陶，感受到规范的压力。

企业理念作为一种主导意识和指导思想，本身并不容易直接识别，公众只能根据企业的规章制度、员工的言行表现进行间接识别。新的企业理念若要被广大员工真正接受和奉行，真正成为企业文化的核心，需要经过长期的培育和熏陶，不可能一蹴而就。其实，对于任何企业而言，最难改变的就是人的思想观念。既然企业理念既不能直接识别又最难改变，那么它为什么会成为形象设计的对象呢？理由主要包括以下几个方面：

（1）企业理念极为重要，有必要设计。理念最终决定企业的各种表现和成功；它是企业形象的内核，而且是进行其他形象设计工作的出发点和蓝本。

（2）企业理念具有被重新提炼升华的可能。企业现状即使不理想，员工思想即使混乱和模糊，但通常总有其合理和值得称道的地方。形象设计的一个重要任务就是要把企业的内在优势和特色加以提炼和升华，并转化为可识别的形式。

（3）企业理念的相对稳定性。将新的理念注入企业并使之为广大员工真正接受，需要相当长的时间，但企业的理念也并非一成不变，否则就不需要讨论企业文化的更新和员工的思想教育了。

（4）设定目标理念较为容易，而且企业理念的外在形式也能发挥一定作用。为企业提炼或注入一个理念，并把它转化为精神口号等形式化的形象要素，是较为容易的。一般所说的企业理念设计，实际上只是设定一个目标理念，并不保证目标理念能转化为广大员工共同奉行的思想观念，它一般只是用文字列出一个理念体系，甚至仅是提出一个企业口号。企业口号等形式化的企业理念也能发挥一定功能，主要是感召功能和规范、引导功能。事实上，把理念当作形象设计的对象，就是着眼于设计目标理念本身难度不大并且能发挥一定的功能。而且，理念设计完全可以与视觉设计等直接结合起来。

综观许多企业的理念"宣言"和表述，就其抽象内容来看，的确大同小异。下面有关企业理念主要内容的介绍将说明这一点。

（1）企业理念的主要内容。一些行之有效的思想和方法是很容易被模仿及迅速扩散的。当前，企业理念有着趋同化的趋势。国外学者在研究了大批经营成功的企业之后发现，这些企业的理念有许多相似之处：①推崇最优化以及第一流的质量和服务。②以严谨的态度做好每一件具体工作。③承认人的重要作用和知识的力量。④企业及其成员勇于创新。⑤重视团队精神及非正式企业的作用。⑥重视经济增长、盈利以及职工福利等各个经济目标的统一。

1) 企业使命。企业使命或宗旨主要反映了企业存在的意义和经营的目的。企业为营利性企业，追求盈利和不断发展必然是其根本目标。但企业又是一种社会企业，它的正常运行既依赖于内部的员工、股东，又依赖于外部各类公众的支持，同时又会对各类公众和整个社会产生重大影响。因此，企业通常不会公开宣称自己只是追求利润，而会更多地强调为各类公众负责，为各方做出更多贡献的追求，企业利润成了卓越贡献的自然产物，反而无须特别强调。

企业所要承担的责任和所要做出的贡献，主要在以下几个方面：客户、员工、股东、社会行业等。

案例 3-3

中国平安保险公司（以下简称"平安"）提出了"四大责任"的永续经验理念：平安珍惜和善用股东的资本，并把对股东的稳定回报、资产增值作为不变承诺；平安把客户当作赖以生存和发展的土壤，并把对客户服务至上、诚信保障作为永恒使命；平安把员工作为最宝贵的资产，并把员工职业生涯规划、安家乐业作为基本义务；平安是改革开放的实践者和受益者，并把回馈社会、建设国家作为至高无上的追求。

有人还以为企业使命应包括对企业活动领域的确认和表达。我们认为企业的活动领域或经营范围属于企业的业务战略问题，企业进入何种行业、经营哪些产品毕竟是为企业根本的经营目标服务的，它可以随着企业资源与优势的变化和市场发展而不断进行调整。相对于企业的各种社会责任来说，活动领域只是一种措施、手段，是为承担责任服务的。当然，企业选定某些活动领域也需要信念，在特定领域开展经营活动时所承担的责任在具体内容上也会存在差别，企业的活动领域也影响着企业形象，因而需要被人识别。当企业使命包括对企业活动领域的确认时，更多的是要表明在这个领域中企业将要承担哪些较为具体的责任。确定活动领域是企业总体战略的选择，把它上升为企业的使命层次，可能不太恰当。我们认为：在形象设计中，企业活动领域应作为一种前提让企业战略制定者去考虑，并非是企业使命设计的主要对象。

2) 企业愿景。企业愿景或企业理想是企业使命在一定时期内的具体化，主要反映企业在一定时期内要追求的目标、要达到的水平。企业愿景一般都是崇高的，经过艰苦努力可能会达到的，有时也可能是一种良好愿望，一种艺术性的夸张。与企业使命相对应，企业理想也有多种取向，如对待顾客，要提供更好的产品与服务，要打造名牌，要有良好信誉等。企业理想更多地表现为企业的营销目标、竞争目标，如："实现两步宏图，争创一流企业"（鞍山钢铁公司），"让自己的企业在全世界腾飞"（日本三洋公司）等。由于企业愿景是企业使命的具体化，因此，企业愿景的提出可以联系企业的许多特点而使其具有独特性、实用性。

（2）经营哲学。经营哲学是指指导企业行为走向成功的方法论原则和行动纲领，包括营销观念、经营方针、经营策略。如果说企业使命、企业理想是着重说明企业的目标要做什么，那么经营哲学则是着重说明企业应该怎样做、怎样走。影响企业赢得成功的因素很多，因而经营哲学内涵十分丰富。比较重要的有以下几种：

1) 对待顾客的经营哲学。在现代市场经济条件下，各类企业都在强调以顾客需求为导向、以市场为中心。顾客至上、诚实经营、信誉第一、提供优质产品与服务等，已成为各类企业共同的座右铭。顾客至上，追求顾客最大满意度实际具有双重意义，一方面它反映了企业使命，是企业应承担的社会责任和追求的目标；另一方面它也是一种经营哲学、经营手段，因为只有让顾客获得更大的满意，企业才能获得更多选票。由于企业与市场是互动关系，因而许多企业在理论和实践上还积极倡导发挥自身优势，主动创造需求、创造市场的营销观念。

2）对待竞争的经营哲学。竞争是各类企业无法回避的现实经营环境，不怕竞争，提倡公平竞争、合理竞争已是一般企业公开表达的观点，虽然害怕竞争、恶性竞争仍很普遍。有所区别的主要是竞争战略。竞争战略的确定首先取决于企业的竞争地位、优势与劣势，其次取决于企业领导的信念与偏好。

3）对待生产资源的经营哲学。企业资源已突破了人、财、物的传统范围，企业家、品牌声誉、营销网络、社会关系等也被视为重要的企业资源。随着技术经济的发展和品牌时代的到来，尊重知识、尊重人才（包括技术人才和管理人才）、重视品牌乃至整个企业形象，已成为大部分企业所推崇的理念。

（3）企业精神。企业精神是企业使命、经营哲学、职业道德、工作作风的集中体现，它可用高度抽象的文字形式表现，其核心是应该做什么样的人。企业精神是企业的灵魂，企业提出的精神口号若符合国情、切合企业实际，就可能指导着广大员工和企业领导的日常行为，演化为激发人们积极性、创造性的内在力量。

由于先进和行之有效的事物总是容易被人模仿和扩散，有许多振奋人心的精神口号被广大企业所接受。例如：爱国主义精神；奉献精神（包括为本企业、为国家、为顾客、为社会等）；团队精神；求实严谨精神；优质服务精神；创一流精神；等等。

（4）行为准则。企业行为准则是介于企业使命、经营哲学、企业精神与企业行为规范之间的一种较为实用的理念，它是指导企业行为的基本准则。行为准则体现在劳动纪律、分配制度、工作态度、服务承诺、同事关系、业余生活等多个方面。虽然企业在表达它的行为准则时存在许多差别，但趋同化十分明显，归纳起来，主要就是严（严肃、严谨、严格）、勤（勤劳、勤奋）、廉（廉正、廉洁）、诚（真诚、诚实）、尊（尊敬他人、尊敬上级、尊敬师长）、爱（爱国家、爱企业、爱顾客、爱下级）、明（是非分明、赏罚分明）、公（公正、公开、公平）、进（上进、进取）、和（和气生财、和为贵）、智（不断学习、尊重知识、推动革新）等。

企业理念内容十分丰富，归纳方式也多种多样，如企业价值观、企业信条等也经常出现在有关著作中。其实，虽然说法不同，但内容却大同小异或互相包容。例如，企业对各有关事物的是非、善恶及其重要的判断、评价及行为取向构成企业的价值观，显然，企业使命、经营哲学等企业理念都含有价值观的内容。面对不同的提法不必感到困惑，而应透过"名词"看内容。

（二）企业行为

行为本来只指人们的动态表现。但人们的动态表现既有一定的依据，也有各种直接的结果。例如，规章制度、企业结构、营销战略既是企业行为的依据，又是企业行为的结果或静态表现。是否要把这些静态的规章制度等纳入行为范畴之中，显然是两难的。因为动态的行为表现并非总能捉摸，形象设计者或公众都希望从成形的、静态的规章制度、发展战略规划中去把握企业及其员工的行为。但是，企业的任何现实状况都是行为的结果，把企业所有制、产品质量、视觉形象等全部纳入行为范畴中，又会使行为范畴无限扩张，并会从行为的可变性错误地推及企业全部实态可变性。加之,动态的行为与静态的规章制度在性质上也不相同,主要是说的和做的毕竟不是一回事。

解决两难选择的基本思路是:首先,只考虑那些行为的依据和蓝本,而不考虑行为的结果,因为行为的结果过于宽泛了。其次,只考虑与企业当前行为有直接关系的行为依据,而不考虑影响企业行为的一些深层次依据,因为与当前行为有直接关系的行为依据,将和行为一样具有可塑性,而深层次的依据是难以变化的。

因此,企业行为可定义为企业整体或其员工的动态表现及与其直接相关的行为依据。主要内容有以下几个方面:

(1) 企业整体行为。它是指那些以企业整体形式出现的企业行为,包括对内部公众有较大影响的教育培训、研究发展、生产管理、人事安排、奖金或福利分配、内部沟通、文体活动等;对外部公众有较大影响的市场开发、促销活动、广告宣传、招聘活动、资金筹集与股市活动、消费者权益保护、公益活动、环境保护等。

(2) 员工行为。员工行为主要指各类员工的岗位工作表现和作风、非正式企业活动和业余活动等。企业整体行为虽然最终是由各个员工的行为所构成和决定的,但其具有明显的整体性、企业性和稳定性,公众很容易把员工的这些行为知觉为一个整体,认为是企业的事。而员工行为具有明显的类别差异和个体差异,公众未必总是会把员工行为知觉为一个整体行为。

(3) 行为依据。行为依据主要包括企业基本制度及管理体制以外的人事制度、分配制度、管理条例、行为规范等规章制度,以及发展战略规划、环境规划和各项政策等。

企业行为与企业理念之间存在十分密切的关系。企业理念将通过企业的规章制度、战略规划和政策等行为依据表现出来,并通过企业实际行为得到真正体现。企业理念、行为依据和实际行为之间经常不是协调一致的。行为依据具有易识别性,一般总是冠冕堂皇的,企业未必真的这样想、这样做。企业理念虽然是一种主导意识,但未必能内化为每个员工的思想,况且在实际行动中还要考虑更多因素,真实想法也不能总是转化为行动。但是公众主要是根据企业到底是怎样做而不是怎样想、怎样说来评价一个企业的。当然,这绝不是说三者之间的关系不可能协调,而只是强调行为的重要性。

实际行为是可识别的,但并不总是有良好的易识别性。它虽然比所想、所说更为重要,但并不是所有实际行为都对企业形象至关重要。那么,在企业形象设计中,应如何对待各种企业行为呢?

欧美型 CI 理论基本不涉及行为设计;中国型 CI 理论虽然也把行为识别当作重要内容,但在实际操作中却成了整个形象设计中最薄弱的环节,在各种典型案例中,行为设计基本上是空白,除了一本外部公众通常不知道的员工手册外。

在实际操作中,要认定前述的各种企业行为哪些更为重要,是有困难的。这往往因企业、公众而不同。一般来说,在企业的对外活动中,市场行为更为重要,将受到更多公众的关注;在企业的对内活动中,人事、分配、奖励制度及其实际行为表现更为重要。

(4) 企业基本实态。这里把企业基本实态定义为企业的基本特征、实力和企业经营状况等主要静态情况,以与其他形象要素相区别。企业基本实态的主要内容有以下几种:

1) 企业基本特征。可以从多种角度讨论企业的基本特征,包括所有制类别、待业类别、产品类别、治理结构和企业结构类别等。

2) 企业实力。企业实力主要包括资金规模、资产结构、技术实力、员工规模、员工构成、员工素质、企业等级、企业生产能力等。

3）企业经营状况。企业经营状况主要包括产品质量、适用性和先进性、经营成本、定价水平、销售业绩、经济效益等。

企业基本实态大多是难以调整、变化的，因而形象设计主要是把它们当作依据看待以及考虑是否和如何把这些形象要素变得易识别。例如，产品质量是影响企业市场形象乃至整体形象的重要因素，但形象设计对产品质量、特别是实际质量基本上无能为力，只能要求改善。但是，有些基本实态内容也是可调整或可包装的。现在我国许多企业为上市而"包装"，称为包装上市，实际上就是按上市企业应有的某些外在标准对企业的一些基本实态做出调整，进行包装。当然，与对企业行为的形象设计一样，对企业基本实态的形象设计也是原则性、标志性的，而且只是关注那些能调整、包装的重要因素。

（三）企业外在特征

企业的各种外在特征是指那些十分容易识别的静态事物。相当于CI理论中所说的视觉识别和听觉识别。但用视觉识别替代外在特征的概念并不十分确切，因为企业的行为制度等也具有一定的可识别性，而且也主要通过视觉来识别。企业外在特征或表面特征与其他形象要素的主要区别就在于它的易识别性。企业外在特征的主要内容包括以下几个方面：

（1）名称。包括企业名称、商标名称、产品名称等。

（2）标志。包括企业标志、产品商标标志、吉祥物等。

（3）标语。包括企业精神口号、主要广告用语、宣传标语等。

（4）字体。指书写企业名称、商标、产品名称的中英文专用字体。

（5）颜色。指企业选用的可在各方面表现出来的主要颜色。

（6）音乐与歌曲。包括企业团体歌曲、企业形象歌曲、广告音乐或歌曲等。

（7）具体实物特征。包括产品外观和包装、职工仪表装束、建筑物外观与装潢、柜台布置、交通工具外观、办公用品特征、广告媒介等。

企业外在特征的内容十分丰富，而且由于外在特征的范围无法严格界定，其内容也就会有争议，并且难以一一罗列。事实上，形象要素的易识别程度是相对的，动态和静态的事物也是能相互转化的。但是，关于有些形象要素如何归类的争议并不影响对类别的基本把握。

企业外在特征内容丰富，这使得对其有更多的分类方法。在CI理论中，企业外在特征分为视觉识别和听觉识别两类；在视觉识别中，还进一步分为基本设计系统和应用设计系统两类，其中基本设计系统包括企业名称、标志、标准字、标准色、象征图案、吉祥物等，应用设计系统包括上述的"具体实物"，这些具体实物也就成了传达基本设计中有关形象信息的载体。这一分类方法已经把形象设计的思想体现了出来。

综合案例

荣威950"新公车时代"传播案例

一、项目背景

自党的十八大以来，由"轻车简从"到"改进工作作风、密切联系群众"，由"三公经费"

到遏制"舌尖上的浪费","反腐、务实、亲民、低调"已然成为2013年的主旋律。

上汽公关部亦携手哲基公关乘势而上,深化荣威品牌"低调务实公务用车"的形象,率先完成第一批公务车市场的大范围铺面。

众多专业权威媒体在亲身试驾体验之后,纷纷对荣威950交口称赞,表示对民族自主品牌感到自豪。荣威950增添了他们对自主品牌的信心,这种信心已经从产品自信、品牌自信,上升至文化自信。这种文化自信,言简意赅,则是在新公车时代下,"公车"应注重"公"字而不是"官"字。中国汽车文化必须要从"崇尚奢靡"向"务实低调"转变,从"官本位"向"去标签化"转变,公平公正对待自主品牌,支持中国品牌发展。

二、项目调研

"两会"期间,"车轮上的铺张"现象引发了社会民众的热议。"反腐、务实、亲民、低调"已是"民意所指,民心所向"。

在高端公务车市场中,第一阵营由以奥迪A6为主导的豪华及进口品牌车型雄霸,第二阵营由以别克、君越、帕萨特等为代表的合资品牌抢占,而自主品牌遇到了新契机:《2012年度党政机关公务用车选用车型目录(征求意见稿)》里的"公务用车"并不包括省部级领导干部用车,引发外界不断质疑,体现了市场对高端公务车采购自主化的期待,自主品牌破冰在即。

挑战:在"两会"期间民众以及媒体势必会更加关注公车奢靡浪费问题,自主品牌需要在这一风潮之下打破惯常思维,塑造崭新的自主公车形象。

机遇:中央所颁布的批文中的"省部级领导干部用车"这一空白地带给自主品牌荣威950带来了机遇。

三、项目策划

1. 传播目标和公众

党的十八大后,明确了领导干部用车方向——"自主当道,务实用车"。同时,各地代表期待加快公车改革,倡导自主品牌,各地政府对"改进工作作风八项规定"纷纷响应,表态将逐步换乘国产自主品牌汽车。

作为上汽全新第二代产品的旗舰车型,荣威950顺势而上,紧抓契机,营造舆论三大方向:"适合省部级领导用车""能与合资品牌相抗衡的公务用车""能代表中国自主品牌先进科技和高端实力",树立"低调、务实、担当"的文化自信。

2. 传播策略

议题设置、贯穿全程:上汽公关部拟定"新公车时代"社会性话题,并划分为三大阶段,从理性用车标准和感性文化诉求入手,步步为营、深入剖析,形成持续性焦点关注。

抛出话题、阶段造势:呼吁"公车亟须自主化",同时强调荣威品牌是符合当下中国汽车文化自信需求的自主品牌,从产品自信上升至文化自信。

图文并茂、二次传播:通过"百辆荣威950进京服务'两会'"进行事件营销,使媒体深度体验荣威950的同时,有感而发进行微博二次传播,使传播效益最大化。

四、项目执行

从2013年2月22日开始,上汽积极响应舆论,推出"新公车时代"阶段话题,与媒体进行深度合作,探讨支持公车自主化的重要性和必要性。在"新公车时代"舆论引导优势已显现，全民疾呼"公车自主化"后，"两会"期间的"新公车时代"话题聚焦荣威950。

1．预热期：（春节后至"两会"前夕）

针对"两会""公务用车"提前进行阶段话题预热。

（1）话题设置。"公车亟须自主化"。

（2）核心信息。自上而下、率先垂范乘坐自主品牌车是新公车时代的主旋律！"公车亟须自主化"是不可逆转的趋势。从"崇尚奢靡"向"务实低调"转变，从"官本位"向"去标签化"转变，自主公车的坚冰正在消融。

公车自主化的践行，需要"能够体现国家意志，扬我国威，树立低调务实的政府形象，能够体现中国目前高端科技实力及造车技术，能够体现中国汽车文化自觉"的中高端自主品牌汽车。

（3）媒体选择。华东三省市党政类媒体，在媒体重镇进行充分铺垫和话题预热。

2．造势期：（"两会"期间）

以"百辆荣威950进京服务'两会'"事件作为整个传播的高潮，借助受众对"两会"现场报道的关注，对荣威950作为"全国'两会'媒体专用车"的意义进行剖析和解读，开创了全新的传播形式。

（1）主题设置。"百辆荣威950进京服务'两会'"

（2）核心信息。提供荣威950作为部分权威媒体2013年全国"两会"新闻采访用车，进一步强调"新公车时代"的传播主题，提升荣威汽车在消费者心目中的品牌感召力。

车身涂有"两会新闻采用车"字样的荣威950，停放在"两会"采访记者的专用停车场，并在"两会"期间亮相天安门广场。荣威950车队开入人民大会堂的照片，纷纷被各大媒体用作头版新闻主图及新闻配图。

邀请"两会"代表试乘试驾荣威950，将"两会"代表的实际体验感受和乘坐照片通过微博进行传播，树立荣威950"新公车"代表和"低调务实"的口碑。

（3）媒体选择。借助进驻"两会"现场报道的媒体，如《北京青年报》《法制晚报》《参考消息》《华夏时报》《北京晨报》《青年参考》等辐射全国，实现广泛传播；同时借助党政类媒体，如《新华日报》《解放日报》等影响公务人群。

3．延续期：（两会过后至4月初）

启动第三阶段传播话题，凸显荣威是符合当下中国汽车文化自信需求的自主品牌，并以二次传播强化传播效果。同时，进行媒体"宅捷修"体验，传播上汽的"宅捷修"服务产品，该产品可方便地解决用户车辆的保养和维修问题。

（1）话题设置。为何在"两会"期间政府着手加速推动公车自主化的进程？

（2）核心信息。"自主品牌的发展是中国汽车业最大的红利"。是否具有"核心竞争力"将是考量自主品牌是否强大的重要指标。目前国内自主品牌已经具备产品自信、文化自信，拥有了成就自主品牌良好形象口碑的基础。而上汽荣威950所传递的"低调、务实、担当"的形象，不仅体现了当下中国汽车最需要的文化自信，更与"实干兴邦"、托举"中国梦"的精神一脉相承。荣威是符合当下中国汽车文化自信需求的自主品牌。

同时，在整体传播期间通过高端媒体试驾，在高端媒体层面进行媒体口碑传播，在宣传产品的同时，树立媒体消费者对自主品牌、对荣威的信心；通过与奥迪A6的全方位对比，令对比稿件集中爆发，多角度呈现荣威950三大核心信息。

（3）媒体选择。南北联动，全媒体应用，运用平面媒体、博客、微博，以"两会"主阵地北京为主，联合上海打出媒体组合拳。

运用北京媒体意见领袖，奠定行业舆论高度。

通过消费类媒体、上海消费类媒体，影响目标人群。

通过北京财经类媒体、上海业内媒体，树立行业格局。

五、项目评估

自启动"新公车时代"舆论引导以来，截至3月14日，这已成为当下公务用车市场热议的话题，引发媒体大量关注讨论，据不完全统计：百度上关于"新公车时代"的新闻报道及转载约1 090篇；新浪微博上关于"新公车时代"的相关话题达144条。

传统媒体，从汽车媒体到财经媒体，全民疾呼"公车自主化"；在"新公车时代"，荣威950是民心所向；媒体官方微博极力呼吁"公车自主化"，并结合"两会"代表亲身体验，力推荣威950；核心媒体及媒体人的个人微博在强调"新公车时代"之余，将荣威950对比奥迪，认为荣威950是新公车的不二之选。

在"百辆荣威950进京服务两会"活动中，使用荣威950作为采访车的媒体有18家，共计42台车。其中，北京媒体22台，外地媒体20台；媒体自发传播率95%，媒体落地率87%。

本 章 小 结

企业形象定位是指企业根据环境变化的要求、本企业的实力竞争对手的实力，选择自己的经营目标及领域、经营理念，为自己设计出一个理想的、独具个性的形象位置。企业形象定位要考虑主体个性、传达方式和公众认知三要素。企业形象定位要遵循三种导向，即行业、企业导向，公众需求导向，竞争导向及由其所导向的三大策略及五大方法。形象设计最主要的工作就是根据企业形象定位的指导思想把重要的形象要素视觉化、符号化，或者说进行系统的形式化形象要素设计。其内容主要包括：企业理念设计、企业行为设计和企业外在特征设计。

复习思考题

概念题

企业形象定位　　企业理念　　企业形象设计　　企业行为

简答题

1. 简述企业形象定位的策略。
2. 如何提炼企业理念？
3. 简述企业行为设计的内容。

第四章
企业形象策划的工作程序

学习目标

通过本章的学习，了解进行企业形象策划的"四步工作法"并将其应用于企业形象策划。掌握"四步工作法"的工作程序：企业形象调查、企业形象策划方案制订、企业形象策划实施、企业形象策划评估，掌握"四步工作法"的原理、方法和技巧以及企业形象策划创意能力的培养途径。

有效的企业形象策划是一个过程。公共关系是塑造形象的艺术，本章将公共关系策划的方法运用于企业形象策划中。美国公共关系专家斯科特·卡特李普和阿伦·森特等人认为，公共关系策划包含四个工作步骤：公共关系调查、公共关系计划、公共关系实施和公共关系评估。因此，我们把企业形象策划"四步工作法"的四个步骤概括为：企业形象调查、企业形象计划与方案的制订、企业形象活动的实施、企业形象活动的评估。我们在第二章中详细地介绍了企业形象调查的原理和方法，本章将略去。

第一节 企业形象方案的制订

通过企业形象调查研究，了解了企业形象环境，确定了企业形象问题，企业为完善自身形象或进一步提高自己的形象地位，需要制订具体的行动方案。企业形象方案就是企业形象人员根据企业形象的现状和目标要求，分析现有条件设计最佳行动方案的过程。

一、企业形象方案的特征

一个富有创意的企业形象方案应该具有以下几个特征：

（一）预见性

企业形象计划一定要能预测未来，分析未来事物的变化对企业造成的影响，以及我们行动之后，会给企业带来什么结果，包括政治、经济及其他方面的影响，以不断增强企业优势，清除隐患和劣势。

（二）创意性

企业形象创意是针对企业形象目标所进行的构思和想象。它是企业形象人员为表现企业形象主题和实现企业形象目标所进行的一种创造性思维活动。企业形象方案的创意性是其生命力所在。没有创意的方案就不会有成功的企业形象策划。

（三）完整性

企业形象方案的内容应该是完整的，包括为实现既定目标而进行的所有工作安排。对于每项具体的企业形象活动如何开始、如何发展、如何结束，也应该做出周密的安排。

（四）灵活性

具体事物具体分析是马列主义哲学的灵魂。良好的企业形象方案必须具有灵活性，既能适应各种变化了的情况，又能及时顺应环境的变化而调整自身。

（五）时间性

企业形象方案的时间性要强。在方案制订过程中，要对实施计划的时间做出精心安排；在实施计划过程中，要严格遵守计划时间。

二、企业形象方案的设计程序

（一）确定企业形象目标

目标是永恒的主题，没有目标，企业形象方案就无从谈起，每一项企业形象活动必须有具体目标，确定企业形象具体目标是制订企业形象方案的前提。企业形象活动所要解决的问题就是企业形象工作的具体目标。企业形象目标一般分为长期目标（5年以上）、中期目标（3~5年）、短期目标（1~3年）、近期目标（1年以内）；一般目标（面向所有公众）和特殊目标（面向某一类公众）。

企业形象方案制订所依据的目标越具体越好。包括：

（1）开辟新市场。推广新产品和服务之前，在新市场所在的公众中宣传企业，提高知名度。

（2）参加公益活动，并向公众宣传，增加公众对企业的了解和好感。

（3）创造一个良好的消费环境，在公众中普及同本企业产品或服务有关的消费方式、生活方式。

（4）处在竞争或危机时刻，通过适当的方式，争取获得公众谅解和支持。

企业形象方案的目标还应具有可行性和可控性。目标的可行性是指其能够实现，不能太高也不能太低，经过努力可以达到；可控性是指其要有一定的弹性，要留有余地，以备条件变化时灵活应变。

（二）设计主题

企业形象活动主题是对企业形象活动内容的高度概括，它提纲挈领，对整个企业形象活动起着指导作用。主题设计是否精彩恰当，对企业形象活动的成效影响很大。

企业形象活动主题的表现形式是多种多样的。它可以是一句口号，也可以是一句陈述、一个表白。例如：为使精工表走向世界，日本精工制表公司利用在东京举行奥运会的机会，以让"全世界的人都了解：精工计时表是世界一流产品"为目标，举办了一次企业形象活动，该活动的主题是"世界的计时表——精工表"。

企业形象活动的主题设计技巧。设计一个好的主题应考虑三点：企业形象目标、信息特性和公众心理。

第一，企业形象活动主题必须要与企业形象目标相一致，充分表现目标，应该是一句话即点出活动的目的或表现出活动的个性特色。

第二，表现企业形象活动主题的信息，首先要简明扼要，词句切忌过长，难以记忆；否则，不仅不易宣传，还可能会令人厌烦或产生歧义。其次要独特新颖，有鲜明的个性，突出本次活动的特色，表述也要有新意，词句要能打动人心，要具有强烈的感召力，切忌空泛和雷同。

第三，企业形象活动主题的设计还要适应公众心理的需要，主题要形象，既富有激情，又贴切朴素，使人感到有积极奋发的情绪，同时又觉得可信可亲。

（三）确定并分析目标公众

确定与企业有关的公众实际上是确定目标公众，即本次企业形象活动的对象。这是企业形象方案制订的基本任务。只有确定了目标公众，才能选定对哪些人实施企业形象方案；只有确定了目标公众，才能确定如何使用有限的经费和资源，确定工作的重点和进度，科学地配备力量；只有确定了目标公众，才能更好地选择媒介和工作技巧；只有确定了目标公众，才有利于搜集准备那些既能被公众接受，又有实效的信息。

一个成功的企业形象方案必须考虑到互利的要求，必须明确目标公众的权利要求，将其作为方案制订的依据之一。确定目标公众的权利要求，可借助"目标公众权利要求分析法"进行分析，即在公众分类的基础上，列出所有目标公众的权利要求，而后对其进行评价、比较、选择。见表 4-1。列表时应尽可能全面地列出目标公众，并反映出各类公众各自的权利要求，切不可遗漏了重要的目标公众，更不可忽视或误解他们的权利要求。

（四）设计活动项目

所谓项目，即指围绕企业形象目标而确定的、在不同时期进行的、各种形式的活动。要实现企业形象目标，只有通过一个个企业形象项目的实施，去逐步接近，直至完成。这项工作是方案的主体部分，其内容是根据企业形象的目标和针对企业形象活动的目标公众，为实现企业形象活动的目标设计具体的活动内容。没有开展企业形象具体活动，未完成企业形象项目，企业形象目标就永无实现之日。设计活动内容主要是选择企业形象模式。关于企业形象模式我们将在下一节中详细介绍。

表 4-1 目标公众权利要求结构表

公司的目标公众	目标公众对公司的期望和要求
员工	受到尊重；合理的工资福利；工作安全；培训和提高的机会；人际关系和谐；参与表达、晋升的机会
股东	参加利润分配；参与股东表决和董事会的选举；优先试用新产品；了解公司经营状态，有权检查账目和转让股票；享有合同所确定的各种权利
政府	保证各税税收；遵纪守法；承担法律义务；公平竞争；保证安全等
客户	保证产品的质量和适当的寿命；提供合理的价格，优良的服务态度；认真解决公众的投诉；提供完善的售后服务；享有消费者权利保护法规定的各项权利
竞争者	遵守由社会或本行业确定的竞争准则；享有平等的竞争机会和条件；采用正当的竞争手段；具有现代企业风范
社区	向社会提供必要的生产和生活服务及就业机会；保证社区环境和秩序；关心和支持当地政府；支持文化和慈善事业；赞助公益活动，促进社区各项事业的发展
媒介	提供真实的有价值的信息；尊重其职业尊严；保证记者采访的独家新闻不被泄露，提供采访便利

（五）媒介整合

媒体，即企业形象信息传播的载体。要想达到预期的传播效果，企业形象策划者必须知晓各种媒介，了解不同媒介各自的优缺点，并要善于通过巧妙组合的方式，产生优势互补、交相辉映的整合性传播效果。各种媒介各有所长、各有所短，只有恰当地选择，才能取得较好的效果。最常见的方法有以下几种：

（1）根据企业形象目标、要求来选择。如果企业的目标是提高社会的知名度，则要选择大众传播媒介；如果目标是缓和内部关系，则可以通过人际传播与群体传播来实现。

（2）根据目标公众来选择。要想使信息有效地传达给目标公众，就必须考虑目标公众的经济状况、教育程度、职业目标、生活方式及他们通常接受信息的习惯。

（3）根据传播内容来选择。各种传播媒介都有自己的特点，在选择媒介时，应将信息内容的特点和各种传播媒介的优缺点结合起来考虑。例如，内容简单的信息宜选用广播；内容复杂且需要深入研究的信息，宜选用印刷媒介；开张盛典当然选用电视媒介。当然，只对本地区有意义的信息则不选择全国性媒介；只对一小部分特定公众有意义的信息，可考虑专业报纸、杂志。

（4）根据经济条件选择。"量入为出"是总原则，争取以较少的开支取得最佳效果，精心选择是其重要的一项。

（六）时空选择

自古以来，我国就有"机不可失，时不再来""机事之来，间不容发"的名言。"机"的含义很广，从普遍意义上看，凡牵涉事情成败的关键因素，都可以称作"机"。就企业形象策划看，也需要刻意捕捉"天时""地利"，充分地选择、运用时间和空间。

1. 时机的捕捉

时机的选择或捕捉，有两层意思：第一是捕捉时机要准确；第二是把握时机要及时。前者是指对那些可以预先选定的时机，一定要选准其"时间区间"；后者则是说对那些预先不可选定，稍纵即逝的时机，要及时抓住，不可犹豫。

一般说来，企业可预先选定、利用的时机有以下几种：

（1）企业创办或开业之时。

（2）企业更名或与其他企业合作、兼并、资产重组之时。

（3）企业内部改组、转型、品牌延伸之时。

（4）企业迁址之时。

（5）企业推出新产品、新技术、新服务之时。

（6）企业举办周年庆典或周期性纪念活动之时。

（7）企业新股票上市之时。

（8）国际、国内各种节目和纪念日之时。

企业需即时捕捉、稍纵即逝的时机主要有以下几种：

（1）重大的社会活动和社会事件出现之时。

（2）企业形象出现危机之时。

(3)企业或社会突发性灾害爆发之时。
(4)国家或地方政府新政策出台或新领导人上台之时。
(5)公众观念和需求发生转变之时。
(6)企业经营出现困难之时。
(7)国际、国内政治经济大环境、大气候转变之时。
(8)企业内部资料条件发生变化之时。

时机具有不可逆转性,"难得者时,易失者机"。企业形象策划必须抓住不可复得的机会,迅速果断地采取对策。时机又具有机会的均等性,它公平地赐予每一个企业和企业形象策划者,就看能否抓得住它。谁先抓住它,谁将在竞争中获得先机,谁就可能获得成功。选择时机时,我们要注意以下一些事项:

(1)尽量选择那些能够引起目标公众关注,又具有新闻"苗头"的时机。
(2)要善于利用节日,去做可借节日传播企业信息的项目;但又要学会避开节日,与节日毫无关系的活动项目不但不能借节日之势,反而会被节日气氛冲淡效果。
(3)尽量避开国内外重大事件。因为这时公众关注的焦点、热点是这些重大事件,企业的活动项目弄不好会毫不起眼。但国内外大事发生之时,又是企业的借势之机,关键在于是否能借题发挥。
(4)重大的企业形象活动不要同时开展两项以上,以免分散人们的注意力,削弱或抵消应有的效果。
(5)选择时机时,要考虑公众,尤其是目标公众参与的可能性,避开那些目标公众难以参与的时日。
(6)选择时机时,要考虑媒介,尤其是大众传媒使用的可能性,避开那些因其他重要新闻而使企业信息上不了媒体的时日。
(7)选择时机时,要考虑当时、当地的民情风俗,尽量使企业的活动项目与这里的风土人情相吻合。我国是一个多民族的国家,面对不同民族、地区的不同风俗习惯和宗教信仰,时机选择尤应慎重。

2. 空间的选择

对于企业形象策划而言,合理利用空间场景是非常必要的。一方面,我们应尽可能地考虑如何充分利用环境的有利条件,回避不利条件。例如,对当地土特产资源的利用、对地理和人文构成的旅游资源的利用、对特殊民俗风情的利用以及对恶劣气候条件的规避等。另一方面,我们应尽量选择便于企业形象活动实施的场所。具体应顾及以下几个方面:

(1)空间大小:空间大小以活动参与者与活动所需物资的多少为转移。场地过大既浪费又无美感,会使活动气氛显得冷清;场地过小则显得拥挤、混乱,也易造成事故。
(2)空间位置:活动空间的地理位置很重要,选择位置要与活动内容相吻合,大型活动还要考虑与机场、港口、车站的距离。
(3)空间环境:空间环境主要指企业形象活动场地设置的建筑环境、交通环境、人流环境、生态环境等。
(4)空间条件:空间条件主要指企业活动场所应当具有的基本设施和基本条件。如通信设施、医疗急救条件、卫生条件、治安条件、文化娱乐条件、购物条件以及食宿条件等。

（5）备用空间：备用空间主要指为防止各种因素或条件的偶然变化，策划时应对活动空间做一些应急和临时性变动的考虑。

（6）空间审美：空间审美指的是企业形象活动场所给人的感官审美印象。它包括建筑的造型、布局和结构；场地设施布置与环境装潢；实物摆设与商品柜台设计；橱窗展示、展品陈列以及活动现场宣传广告的张贴、悬挂、放置等。

（七）人员配备

再好的企业形象策划，最终也要靠人去实施和完成。因此，在策划时，就应对将来的实施人做一个考虑和安排。对人员分配的策划，一般要考虑以下几个步骤：

1．人员挑选

根据企业形象活动规模的大小、内容的繁简、层次的高低、经费的多少等因素，为达到预期的效果，首先要对活动实施的人员进行量和质的挑选。

2．人员培训

对于选出的人，为保证策划方案的有效实施，在策划时便需要考虑如何对其进行培训，就策划目的、宗旨、方法技巧、应急措施等方面准备一套行之有效的培训计划。

3．人员分工

对于将来活动中各个岗位的人员要量才施用，尽量根据其过去的表现和经验，使之既能发挥特长，又能完成任务。

（八）经费预算

经费预算既是企业形象策划的"目标"，也是对实施经费开支的控制。策划中精打细算，既可给策划方案的实施带来方便，使实施者做到心中有数；也可使决策者认可策划方案。美国内布拉斯加大学著名传播学教授罗伯特·罗雷在《管理企业形象学——理论与实践》一书中指出："公共关系活动往往由于以下原因归于失败：第一，由于没有足够的经费，难以为继，关键时刻不得不下马；第二，因经费不足，只得削足适履，大幅度修改原计划；第三，活动耗资过大，得不偿失。"这是我们策划时必须引以为戒的。

企业形象活动的经费开支主要包括四大内容：

（1）日常行政经费。例如，房租、水电费、电话费、办公室文具用品费、保险费、报刊订阅费、交通费、差旅费、交际费以及其他通信费（如电报、特快专递费等）、资料购置费和复制费等。

（2）器材设施费。如购置、租借或维修各种视听器材、通信器材、摄影（像）器材、交通工具、工艺美术器材，制作各种纪念品、印刷品、音像制品和各种传播行为所需的实物及用品。

（3）劳务报酬经费。劳务报酬经费包括企业内部企业形象人员的薪金或工资、奖金及其他各种福利费、企业外聘专家顾问的工时报酬（策划费用的高低，一般根据企业形象策划者的名望水平，企业形象活动要求、规模和难易程度事先商定）。

（4）具体企业形象活动项目开支经费。这笔费用的开支主要根据企业形象活动项目大小来确定。它包括宣传广告费、调查活动费、人员培训费、场地租用费、各种名目的赞助费以及办公、布展、接待参观的费用。

与此同时，策划人员还应考虑活动的机动费用（一般占总费用的20%），以防意外突发事件。

（九）审定方案

企业形象活动是创造性的劳动，企业形象方案是企业形象人员创造才华的施展，他们常常针对不同公众、针对不同的企业形象目标，提出各种不同的方案。但是，这些方案未必都那么适宜，那么尽善尽美，也不可能同时被采用。因此，必须再进行方案优化，即方案审定。

方案优化过程，就是提高方案合理性的过程，其目的是增强方案的目的性，增加方案的可行性，降低消耗。自然，方案的优化也要从这三方面去考虑。

企业形象方案经过论证后，必须形成报告书，每一项具体的企业形象计划都必须见诸文字。其报告内容为：综合分析的介绍、企业形象活动的计划和方案的论证报告。

最后，企业形象的方案经企业决策层审核批准，然后付诸实施。

企业形象方案制订的程序我们可用如图4-1所示的流程图来表示。

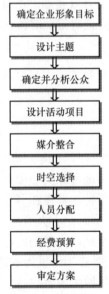

图4-1 企业形象方案制订流程图

第二节 企业形象活动模式

在企业形象策划中，最难的莫过于活动方案的设计，初学者往往无从把握。企业形象策划公共关系专家在长期的公共关系实践中总结出了一系列的模式，在特定的公共关系条件下，针对一定的策划公共关系目的，运用相应的公共关系模式，往往能够产生良好的策划公共关系效应。所谓的企业形象策划公共关系模式，是指有一定的策划公共关系目标和任务以及由此所决定的若干技巧和方法所构成的具有某种特定形象公共关系功能的工作方法系统。公共关系的模式运用到形象策划中就是企业形象活动模式。

企业形象活动模式类型包括以下几种。

一、建设型企业形象活动模式

建设型企业形象活动模式是在社会企业初创时期或新产品、新服务首次推出时期，为开创新局面进行的公共关系活动模式。其目的在于提高美誉度，形成良好的第一印象，或使社会公众对企业及产品有一种新的兴趣，形成一种新的感觉，直接推动企业事业的发展。建设型公共关系采用的方法一般包括：开业广告、开业庆典、新产品试销、新服务介绍、新产品发布会、免费试用、免费品尝、免费招待参观、开业折价酬宾、赠送宣传品、主动参加社区活动等。

二、维系型企业形象活动模式

维系型企业形象活动模式是指社会企业在稳定发展期间，用来巩固良好形象的公共关系活动模式。其目的是通过不间断的、持续的公共关系活动，巩固、维持与公众的良好关系和公共关系，使企业的良好印象始终保留在公众的记忆中。其做法是通过各种渠道和采用各种方式持续不断地向社会公众传递企业的各种信息，使公众在不知不觉中成为企业的顺意公众。

维系型企业形象活动模式的特征，是以渐进而持久的方式，通过针对公众心理精心设计的活动，潜移默化地在公众中产生作用，使企业形象进入公众的长期记忆系统，为实现企业的形象目标铺平道路，追求水到渠成的效果。它虽然不能迅速形成社会影响力，然而一旦见效，就能在公众中造成有利于企业的心理定式。

维系型企业形象活动模式是针对公众心理特征而精心设计的，具体可分为"硬维系""软维系"两种形式。"硬维系"是指那些"维系目的"明确，主客双方都能理解意图的维系活动，其特点是通过显露的优惠服务和感情联络来维系同公众的关系。如许多西方航空公司明确宣布，凡乘坐公司航班达到一定次数者或累计飞行达到一定里程，公司可提供免费飞行一次，目的是同客户建立长期联系。有些国内外厂商还利用一些节日、纪念日，向长期客户赠送一些小礼品，搞一些联谊活动，以加强感情联络，发展厂商与客户之间的关系。"硬维系"一般用于已经建立了购买关系或业务往来的企业和个人。硬维系的具体方式灵活多样，可利用各种传媒进行一般的宣传，如定期刊发有关企业情况的新闻、播出广告、提供企业的新闻图片、实行会员制、提供累计消费折扣等；也可以向常年客户赠送小礼物，邀请客户联谊，定期或不定期发布提醒性广告，经常在媒体露面，经常派发企业小型纪念品或礼品。

"软维系"是指那些活动目的虽然明确，但表现形式却比较超脱、隐蔽的公共关系活动，其目的是在不知不觉中让公众不忘记企业。一般是指对广泛的公众开展的公共关系活动，其具体做法可以灵活多样，但要以低姿态宣传为主，如定期做广告、进行企业报道、提供企业的新闻画片、散发印有企业名称的交通旅游图等等。保持一定的媒体曝光率，使公众在不知不觉中了解企业的情况，加深对企业的印象。如1986年的圣诞节，北京长城饭店公共关系部邀请了一些孩子来饭店装饰圣诞树，除供应他们一天的餐饮外，临走时还特地送给每人一份小礼物。这些孩子分别来自各国的驻华使馆，他们的父母都是使馆的官员。长城饭店是五星级豪华饭店，顾客主要是各国的来华人士。邀请这些孩子来饭店，表面上是为孩子们举行了一次符合西方习惯的传统活动，但"醉翁之意"是希望通过孩子来维系长城饭店与各使馆的关系。孩子在饭店待了一天，长城饭店的豪华设施在他们的脑海中留下深刻的印象，他们的父母也一定会问孩子圣诞节在长城饭店过得是否快乐，还可能看看赠送给孩子的礼品，对长城饭店的好感油然而生。随之而来的必然是宾客盈门了。

三、防御型企业形象活动模式

防御型企业形象活动模式是指社会企业为防止自身的形象失调而采取的一种公共关系活动方式。预防的目的是在企业与公众之间出现摩擦苗头的时候，及时调整企业的政策和行为，铲除摩擦苗头，始终将与公众的关系控制在期望的轨道上。

防御型企业形象活动模式的特点，在于企业能够确切地了解自身企业形象现状，能够敏锐地发现其失调的预兆和症状，并针对失调采取对策，及时消除隐患，同时进一步促使企业向有利于良好的公共关系建设方面转化。因此防御型企业形象活动模式特别适用于企业发展过程中的战略决策，是战略型领导者最重视的公共关系活动之一。美国电报电话公司为不断完善形象，第一个采取了令世人瞩目的举措：电报电话的接线员全部由年轻女性担任，旨在充分发挥年轻女性在性别和年龄上的优势，完善服务形象，防患于未然。此举至今仍为各企业所效仿。

四、矫正型企业形象活动模式

矫正型企业形象活动模式是指社会企业在遇到问题与危机，公共关系严重失调，企业形象受到损害时，为了扭转公众对企业的不良印象或已经出现的不利局面而开展的公共关系活动。其目的是对严重受损的企业形象及时纠偏、矫正，挽回不良影响，转危为安，重新树立企业的良好形象。其特点是"及时"：及时发现问题，及时纠正问题，及时改善不良形象。通常的处理方法为：查明原因、澄清事实、知错就改、恢复信任、重塑形象。

案例 4-1

35次紧急电话

一名美国女记者在日本知名的"奥达克余"百货公司购买了一台崭新的电唱机准备送给住在东京的婆婆，结果当她到婆婆家试用时，竟然发现电唱机少了重要的内部零件。她非常生气，当晚便写了一篇题为《笑脸背后的真面目》的新闻稿准备第二天发出。第二天，正当她准备出门找"奥达克余"百货公司交涉时，"奥达克余"的副总经理和一名职员已经赶到她的住处，亲自登门道歉，承认失误，并亲手将一台完好的电唱机，外加一张著名唱片和一盒蛋糕奉上。女记者得知，为了寻找她，"奥达克余"百货公司打了35次紧急电话，包括打国际长途到她所在的美国公司，并从她父母亲那里了解她在东京的住处。这令她非常感动，立即重写了一篇题为《35次紧急电话》的新闻稿。

案例分析："奥达克余"百货公司在服务失误发生时采取了有效的公共关系策略，很好地纠正了失误，消除了失误造成的不良影响，重新挽回了公司形象。

五、进攻型企业形象活动模式

进攻型企业形象活动模式,是指社会企业采取主动出击的方式来树立和维护良好企业形象的活动模式。当企业需要拓展(一般在企业的成长期),或预定目标与所处环境发生冲突时,通常会主动发起公共关系攻势,以攻为守,及时调整决策和行为,积极地去改善环境,以减少或消除冲突的因素,并保证预定目标的实现,从而树立和维护良好形象。这种模式适用于企业与外部环境的矛盾冲突已成为现实,而实际条件有利于企业的时候。其特点是抓住一切有利时机,利用一切可利用的条件和手段,以主动进行的姿态来开展公共关系活动。

案例 4-2

美国歌露博-雅美拉达公司开发了一种名叫"安全、轻便 4X"的夹层型薄玻璃,这种玻璃强度高,经得起重击而不破碎。怎样才能让该产品得到建筑行业的认同呢?该公司公共关系部门举办了新产品展示会。他们把这种新型玻璃镶在框架中,在玻璃的右上角贴上"安全、轻便 4X"标签,然后在玻璃背面贴上一张 1 000 美元的支票,并将几根球棒放在旁边。立在玻璃旁的告示牌上则写着:"击破者有奖。"参观的人都可以拿起球棒朝玻璃猛击三棒,谁能击破玻璃就可拿走支票,赢得 1 000 美元。假如没有人能击破玻璃,公司会把 1 000 美元捐赠给密尔沃基市的孤儿院。展示会隆重开幕时,公司邀请了新闻界的记者和摄影师,并发布了玻璃强度的试验报告及这一产品的介绍资料。参观的人蜂拥而至,却始终没有一个人能打破玻璃,于是公司便举行了隆重的捐赠仪式,报纸和电台进行了生动的报道,电视台也进行了现场直播。展示会获得了成功,"安全、轻便 4X 夹层型薄玻璃打不碎"一时传为佳话,随后公司复印了大量介绍产品的剪报,连同强度试验报告一起寄给各建筑企业,短时间内就收到了 50 万美元的订单。歌露博-雅美拉达公司展示会的成功表明,"安全、轻便 4X"夹层型薄玻璃,在众目睽睽之下经受住了考验。"真金不怕火炼",质量确实可靠,试验报告数据的确可信。1 000 美元的支票挖出了 50 万美元的潜在生意,不仅提高了公司的知名度,而且塑造了公司热心社会慈善事业的形象。

案例分析:歌露博-雅美拉达公司之所以成功,原因在于它开展了有效的开拓型公共关系。公司利用独特的"破坏性试验"和新颖的捐赠方式树立起良好的产品形象,终于赢得消费者的信任,并在公众心目中留下了深刻的印象,体现了公司的开拓和创新精神。

六、宣传型企业形象活动模式

宣传型企业形象活动模式是指运用大众传播媒介和内部沟通方法开展宣传工作,树立良好企业形象。其目的是广泛发布和传播信息,让公众了解企业,以获得更多的支持。其主要做法是:利用各种传播媒介和交流方式,进行内外传播,让各类公众充分了解企业、支持企业,从而形成有利于企业发展的社会舆论,使企业获得更多的支持者和合作者,达到促进企业发展的目的。其特点是:主导性强、时效性强、传播面广、推广公共关系速度快。

根据宣传对象的不同,又可具体分为对内宣传和对外宣传。

(一)对内宣传

对内宣传是企业形象人员最经常进行的工作之一,它的主要对象是企业的内部公众,如员工、股东等。宣传的目的是让内部公众及时、准确地了解与企业有关的各方面信息,如企业的现行方针和决策、企业各部门的工作情况、企业的发展成就或困难和挫折、企业正在采取的行动和措施、外界公众对企业的评价以及外部社会环境的变化对企业的影响等,以鼓舞士气,取得内部谅解和支持,做到上下一心,增强凝聚力,形成统一的价值观和企业精神。宣传可采用多种形式和手段,如内部刊物、黑板报、图片宣传栏、宣传窗、员工手册、广播、闭路电视、全体大会、演讲会、座谈会、讨论会表彰颁奖会、专门恳谈会等。对于内部的特殊公众——股东,采用年终总结报告、季度报告、股东刊物、股东通讯、财务状况通告等形式。

(二)对外宣传

对外宣传的对象包括与企业机构有关的一切外部公众,目的是让他们迅速获得对本企业有利的信息,形成良好的舆论。对外宣传主要运用大众传播媒介,其表现形式一种是公共关系广告。一个企业可以把它的形象塑造作为广告的中心内容,宣传企业的管理经验、经济效益、社会效益和已经获得的社会声誉等。另一种是新闻宣传,即通过新闻机构和记者以第三者的身份传播企业信息,树立良好形象。

广告宣传虽有传播效应,是企业常用的宣传方式,但费用高、可信度有局限性。新闻宣传可信度高,比较客观,容易为公众接受,且不用花钱。但是其前提条件是事件必须要有"新闻价值"。事件具有如下五个条件中的一个则认为具有新闻价值:重大的社会性;新;奇;特;情感性。对企业来说,应尽量争取通过新闻宣传来增强公共关系。有两种基本方法:一是善于发现企业中具有新闻价值的事件,及时提供给新闻媒体;二是要巧借媒体来"制造新闻"。所谓的"制造新闻",即针对企业发生的事件,通过人为的作用,使之具有新闻价值,从而形成新闻宣传。

> **案例 4-3**
>
> 美国联碳公司52层新总部大楼竣工后,正愁如何向外发布竣工消息,有员工报告说,大楼内有一大群鸽子,把房间弄得又脏又乱。人们准备赶走鸽子,而公共关系顾问得知后却要求关闭所有的门窗,不让任何一只鸽子飞走。接着,他立即通知动物保护委员会,让其派人来处理。同时,他还电告新闻机构说,在联碳公司总部大楼发生一件既有趣又有意义的事:人们帮助动物保护委员会捉鸽子。新闻媒体很好奇,纷纷出动前来采访。结果公司职员和动物保护委员会在楼内捉了三天的鸽子。其间,各新闻媒体进行了大量的连续报道,有消息、特写、专访、评论等各种形式,吸引了不少的公众。联碳公司总部大楼因此而名声大振,公司也利用这个机会向公众宣传了自己,大大提高了公司的形象。于是,人们形象地把这一事件称为"鸽子事件"。
>
> **案例分析:**这一事例给我们许多启示。它告诉我们,宣传型企业形象活动模式可以迅速地提高企业的知名度和美誉度。该公司巧借飞来的鸽子"制造新闻",扩大了公司的知名度,收到了事半功倍的效果。为此,企业必须善于发现和利用各种宣传契机,甚至有意识地创造机会进行宣传,以期树立完美的企业形象。

七、交际型企业形象活动模式

交际型企业形象活动模式是指在人际交往中开展公共关系工作的一种模式。它以人际接触为手段，与公众进行协调沟通，为企业广结良缘。它的目的是通过人与人的直接接触，进行感情上的联系，为企业广结良缘，建立广泛的社会关系网络，形成有利于企业发展的人际环境。所以，交际型企业形象活动模式实施的重心是：创造或增进直接接触的机会，加强感情的交流。它的特点在于：①具有灵活性，即利用面对面交流的有利时机，充分施展公共关系人员的交际才能，达到有效沟通和广结良缘的目的。②人情味浓。以"感情输出"的方式，加强与沟通对象之间的情感交流。一旦建立了真正的感情联系，往往会相当牢固，甚至超越时空的限制。

交际型企业形象活动模式可以分为团体交往和个人交往。团体交往包括招待会、座谈会、工作午餐会、宴会、茶话会、联谊会、现场参观团队、考察团、团拜和慰问等。个人交往包括交谈、上门拜访、祝贺、信件往来、个别参观、定期联络、问候等。

案例 4-4

乔·吉拉德是美国一位出色的汽车推销员，多年来他推销的新车数量居美国推销人员之首。其成功的秘诀何在呢？按吉拉德本人的说法是："真正的推销工作开始于把商品推销出去以后，而不是在此之前。"他说："买主还没走出我们商店的大门，我已经把一封感谢信准备好了。""当客户把汽车送回来进行修理时，我就尽一切努力使他的汽车享受到最好的维修服务……你得像医生那样，他的汽车出了毛病，你就要为他感到担忧。"客户们非常喜欢吉拉德给他们寄去的卡片，卡片的内容随季节的变化而变化。他每个月差不多要发出13 000张明信片，通过这些明信片，与客户保持长期联系，了解他们的希望、要求和不满，为他们提供各种各样的帮助。吉拉德的这种交际方式充满着人情味，所以他与顾客的关系十分融洽，并能使他随时把握客户的心理，为他在今后的推销活动中提供更适合客户需要的服务创造了条件。

交际型企业形象活动模式具有直接、灵活的特征，是公共关系活动中应用最多、极为有效的一种模式。不过，在开展交际工作时，应该坚持公共关系的原则，不能使用不正当的手段，如欺骗、贿赂等。还应明确社会交际只是公共关系的一种手段，绝不是公共关系的目的，也不要把私人间的一切交际活动都混同于公共关系。

八、服务型企业形象活动模式

服务型企业形象活动模式是一种以提供优质服务为主要手段的企业形象活动模式，其目的是以实际行动来获取社会的了解和好评，建立自己良好的形象。对于一个企业或者社会企业来说，要想获得良好的社会形象，宣传固然重要，但更重要的还在于自己的工作，在于自己为公众服务的程度和水平。所谓"公共关系就是百分之九十要靠自己做好"，其含义即在于此。企业应依靠向公众提供实在、优惠、优质的服务来开展公共关系，获得公众的美誉度，离开了优良的服务，再好的宣传也必将是徒劳的。

案例 4-5

世界著名的巴黎希尔顿饭店曾经发生过这样一件小事：一位来自美国的女士在此预订了一个豪华套间，刚刚抵达后就出门访客了。这位女士身上穿的、手上拎的、头上戴的都是大红色的，这一明显的偏好被饭店的经理发现了。女士刚一出门，他就命令服务员重新布置房间。待女士回来后发现，整个套间从地毯、壁毯、灯罩、床罩、沙发、窗帘无一不换成了大红色，与女士身上穿戴的颜色完全一致。这位女士心领神会，兴致勃勃地写了张支票，付了 1 万美元的"小费"。

案例分析：希尔顿饭店经理由于懂得顾客的心理，及时施以适当（优质）的服务，使顾客的心理得到了满足，不仅给企业带来了经济效益，更重要的是给顾客留下了深刻的印象，为企业争取长期顾客打下了良好的基础。

九、社会型企业形象活动模式

社会型企业形象活动模式是企业通过举办各种社会性、公益性、赞助性的活动，来塑造良好企业形象的模式。它实施的重点是突出活动的公益性特点，为企业塑造一种关心社会、关爱他人的良好形象。目的是通过积极的社会活动，扩大企业的社会影响，提高其社会声誉，赢得公众的支持。社会型公共关系的特征是：公益性、文化性、社会性、宣传性。实践证明，经过精心策划的社会型公共关系活动，往往可以在较长的时间内发挥作用，显示出潜移默化地加深公众对企业美好印象的功能，取得比单纯商业广告好得多的效果。

（1）以企业机构本身的具有社会影响的项目为中心。这种场合的企业形象活动模式是自己搭台自己唱戏，如利用开业大典、竣工仪式、周年活动、企业内部重大事件、节庆吉日等机会，邀请各界宾客、社会公众共同参加庆祝活动，渲染喜庆气氛，借庆典活动，同各界人士广交朋友，扩大自己的社会影响。

案例 4-6

美国通用汽车公司在某新型汽车发明周年纪念之际，举办了历代汽车"进步大游行"活动。那一天，纽约的主要马路上排满了各种式样的老爷车，穿着考究的司机拿着起动摇柄，开着晃晃悠悠的老爷车，长龙式地从纽约驶向美国其他城市。一路上，所有行人都好奇地驻足观望，场面热闹非凡。这次周年纪念活动搞得非常成功，不仅使人们对汽车发展史有了较深刻、系统的了解，宣传了通用汽车公司在汽车发展史上所做的贡献，而且使人们对该公司所生产的新型汽车有了"最现代化"的认识，扩大了通用汽车公司在社会上的影响。

（2）以企业所处的社区或有关企业的重要节日为中心。这种条件下的公共关系活动是外人搭台自己唱戏，一般是利用社会上的传统节日、民俗、具有社会影响力的公益事业、相关企业的重要活动等机会，积极参与，以此来树立自身的形象。各企业利用各种机会开展这类公共关系活动，扩大社会影响，宣传良好形象的例子不胜枚举。

十、征询型企业形象活动模式

征询型企业形象活动模式是以采集社会信息为主，掌握社会发展趋势的企业形象活动模式，其目的是通过信息采集、舆论调查、民意测验等工作，加强双向沟通，使企业了解社会舆论、民意民情、消费趋势，为企业的经营管理决策提供背景信息服务，使企业行为尽可能地与国家的总体利益、市场发展趋势以及民情民意一致；同时，向公众传播或暗示企业意图，使公众印象更加深刻。具体的实施过程是：企业进行一项工作后，就要设法了解社会公众对这项工作的反应。经过征询，将了解到的公众意见进行分类整理，并加以分析研究，然后提出改进工作的方案，直至满足公众的愿望为止。

征询型企业形象活动模式的工作方式有：产品试销调查，产品销售调查，市场调查；访问重要用户，访问供应商，访问经销商；征询使用意见，鼓励职工提合理化建议；开展各种咨询业务，建立信访制度和相应的接待机构，设立监督电话，处理举报和投诉等。例如，通用汽车旗下雪佛兰汽车的车主关系部专门建立了特别用户名册。工作人员从中任意抽取 1 200 名车主并聘为用户顾问。之后以定期函件的形式与车主保持联系，征询他们对雪佛兰产品及服务的意见，并将征询到的意见反馈给公司的业务部门，作为改进与车主关系的指导。

十一、文化型企业形象活动模式

文化型企业形象活动模式，是指社会企业或受其委托的公共关系机构和部门在企业形象活动中有意识地进行文化定位，展现文化主题，借助文化载体，进行文化包装，提高文化品位的企业形象活动。

（一）文化对塑造企业形象的作用

社会企业之所以强调文化特色，借助文化形式或文化主题开展公共关系活动，主要是因为文化能通过公众行为对企业的形象塑造产生积极影响。首先，文化对公众的行为、观念具有重大的调控规范作用。人的生活与文化分不开，尤其是现代人，如果能以文化为桥梁开展企业形象活动，将有利于公众对企业形象活动的理解与接受。其次，文化对企业形象公共关系的形成和完善具有巨大的促进作用。诚然，企业形象的发展与完善主要取决于企业的实绩与信誉，但是，有深厚文化底蕴的企业形象将更鲜明、更绚丽。因为企业形象强调稳定性和持久性，而文化可以使公共关系升华，演化成一种超越时空的理想境界。美国 IBM 公司倡导的"为员工利益，为客户利益，为股东利益"的三个原则，以及"尊重个人，竭诚服务，一流主人"的三个信条都体现了符合市场法则，以人为本的文化境界。这种鲜明的文化特色，使企业的形象更为高大、有效。再次，文化促使社会的文明进步。

（二）文化型企业形象活动模式的活动方法

根据公众的文化心态，我们可以采用不同的活动方法，开展企业形象活动，对公众施加文化影响。

1. 文化包装

文化包装是大多数社会企业经常采用的一种企业形象活动方式。它运用文化装饰的手段，形成公共关系的文化氛围，以鲜明的文化特性赋予企业形象活动以鲜明的文化色彩。这对提高企业形象活动的文化品位，满足公众的文化需求，具有重要的意义。

在企业形象活动中，企业通过文化色彩引起公众注意、吸引公众参与，公众则在内心文化需求的驱使下接受社会企业所施加的文化影响，社会企业的知名度和美誉度进而得以提升。公共关系人员要能够策划出颇具地方特色和民族特色的文化活动,并贴近公众文化生活,这样公众才有参与其中的兴趣。在感受文化气息,享受特色文化的过程中,公众会对社会企业产生美好的印象。例如,南瓜是美国万圣节的必备物品,加州半月湾每年都要举办南瓜节评比谁的南瓜长得大。万圣节体现了美国传统文化,半月湾则借助南瓜评比展示了城市新形象。

2. 文化导引

文化导引是指倡导和向公众传播某些新的文化活动方式。企业在文化导引中扮演新文化的倡导者、文化风气的传播者和文化形式的创造者,只要企业导引的文化能够符合社会发展和进步的要求,能够满足公众新的文化追求,就一定能被公众所认同和接受。

3. 组建文化基金会

社会企业本着"取之于社会,用之于社会,造福于社会"的精神,根据社会的文化艺术和科技教育发展趋势与公众对文化和教育的需求,拨出专款设立文化艺术与科技教育基金会。一方面可以作为社会企业支持某种文化教育事业的主要阵地;另一方面可以提高社会企业的文化品位,打造良好的文化氛围,取得企业意想不到的公共关系效果。这种文化艺术和科技教育基金会能够让公众感受到一种浓厚的社会文化风气。公众会由文化上对基金会的依赖演化为对社会企业的信任,从而与企业形成亲密的情感依赖关系,这种牢固的关系是社会企业追求的目标。

(三)文化型企业形象活动模式的程序

文化型企业形象活动模式,由于融入了文化的因素,因此,在工作程序上,除了遵循一般公共关系的基本程序外,还要突出以下一些环节:一是要调查公众所处的文化环境构成,了解公众的文化特点,分析公众文化的品位,理解公众文化的实质内容。二是寻找企业形象活动模式与公众文化的接合点,使企业形象活动模式与公众文化在内容和形式上有机融合。三是要根据公众的文化需求和文化心态,选择具体的文化型企业形象活动方式,包括适应既定文化的方式、文化包装的方式和文化导向的方式。四是要制订和实施活动方案。根据既定的企业形象活动工作计划,运用各种媒介开展宣传,以此影响公众的心态,刺激公众根据文化所包含的内容、要求做出积极的反应,不仅使公众从一定高度认可文化型企业形象活动模式,而且产生相应的,源于文化需要的、高质量的消费行为。

案例 4-7

五粮液文化公共关系案例

五粮液品牌简介

五粮液历史悠久,是中国千年白酒文化的杰出代表。"五粮液"传承三千多年酒文化之精粹,诠释了中国白酒文化与传统中庸文化的相互交融。其独有的酿造工艺更是古老传统与现代科技的完美结合。五粮液被世界品牌实验室及其独立的评测委员会评测为"2018 年(第十五届)中国 500 最具价值品牌",品牌价值为 1 607.19 亿元。五粮液集团有限公司已是中国食品行业的翘楚,更是中国在国际上知名的企业,是我们国家与民族的骄傲。品酒师对五粮液的评价是：香气悠久，酒味醇厚，入口甘美，入喉净爽，各味谐调，恰到好处。

五粮液文化包装

商品包装设计中一个较为重要的设计元素是包装的造型。它是具有三维立体属性的艺术设计，产品内外包装的造型形态由产品本身的功能来决定。同时，对于酒类包装，还应注重其文化形态，根据设计主题，立足于地方文化，全面了解五粮液的历史，以酒文化含金量的挖掘为本位。我们不仅要设想用什么样的图形、结构和色彩去体现白酒的本质，而且还要计算其规格、尺寸等属于数量范畴和实用范畴的因素。在传统酒文化的积淀中，在对各品种的酒包装的比较分析中，在不断扬弃的对立统一中找到最适合、最到位的设计元素，体现包装整体设计的独到之处，体现纪念品的档次及品位。

设计必在"意"上下功夫，才能设计出令人满意的包装作品来。五粮液包装设计的主体概念围绕"国粹"展开，表现中国的大国精神，主体形象的表现元素有龙、长城、炎黄、书画、玉玺、脸谱、古代酒器、陶瓷、玉器等。第一，根据当地出土的金沙遗址和三星堆文化器物，以巴蜀文化区的标志性图形——"树、龙、虎、鸟"的形象为立意点，体现产品地方文化特色。第二，五粮液古窖池群至今已有600多年的历史，是我国唯一现存最早的地穴式曲酒发酵窖池群。以此为立意点，可体现不可估量的文化价值。第三，五粮液明代古窖的美名，就像它酿出的美酒，香了一条大江，醉了一条大江，香得山高水长，醉得地久天长，香醉了人间600多年的时光。以百年古窖醉大江为立意点，可展现五粮液跻身世界品牌之列的发展战略。第四，五粮液有着深厚的历史文化传统，充分体现了中国中庸和谐的社会文化特征。以此为立意点，可把五粮液的历史价值通过对文化的演绎完整地向世人表达出来，只有民族的，才是世界的。第五，通过历代五粮液人的艰苦奋斗，五粮液在不断发展中形成的"创新、开拓、竞争、拼搏、奋进"的企业精神内核。以竹、兰、金杯、玉玺、华表、长城、长江等具有独特象征意义的语汇及形象为立意点，可传递具有独特气质的品牌形象。第六，主体造型以沿用至今的古代酒器为雏形并加以提炼，最终确定立意点。

文化导引之五粮液"耀世之旅"

2016年4月20日，五粮液"耀世之旅"全球文化巡展首航仪式在成都开启，此次全球文化巡展在国内共选择7个中心城市进行主题巡展活动，成都是首站，之后陆续在上海、北京、深圳等城市展开。在活动现场，五粮液还隆重推出了五粮液"百年世博世纪荣耀"收藏酒。其目的是为了庆祝五粮液在2015年米兰博览会上一举囊括"最受海外华人喜爱白酒品牌""世博金奖产品""百年世博、百年金奖"等多项殊荣，向世界展示中国的白酒文化与五粮液文化。朱忠玉在会上说："我们诚挚地邀请运营商及广大核心消费人群共同感受和庆祝这一具有重要纪念意义的事件。在全国巡展结束以后，我们将全球巡展，同时更多地参与到国际氛围中去，向世界积极展示并传播五粮液文化。"五粮液在中国的知名度已不再需要做过多的广告宣传，消费者对于五粮液的要求，更多的是一种消费体验、一种强烈认同感和归属感，而品牌和品牌文化则是消费者与企业之间至关重要的纽带。2015年11月，五粮液在米兰博览会获得多项殊荣，这对五粮液而言是一个很好的宣传契机。五粮液不仅顺势推出了纪念酒，也用文化巡展的方式贯彻落实了"一带一路"倡议。在这个过程中，五粮液不仅把自身的品牌文化同历史文化和时代文化相结合，树立了厚重的品牌背景，也让消费者在体验的过程中感受到五粮液品牌的号召力,进一步奠定了五粮液在中国白酒行业中的地位,为五粮液走出国门铺好了路子。

文化导引之音乐电视

中央电视台的《著名企业歌曲展播》和《企业故事系列短片》栏目,多年来基本为五粮液集团包揽。通过"央视"的这两个栏目播放五粮液的音乐电视和故事短片,加上准点"报时",五粮液集团当年要为这三项广告花费1.5亿元至2亿元。至2008年12月18日酒圣节,五粮液集团有限公司荣誉出口的音乐电视共41首,制成DVD4碟。在以音乐电视形式传播企业文化和产品文化的企业中,规模最大、最有影响的是五粮液集团。五粮液音乐电视,是五粮液酒文化传播中的一项重要活动,其中的《仙林青梅》《爱到春潮滚滚来》《香醉人间五千年》等歌曲已经为全国观众所熟悉,《仙林青梅》还被制成可以下载的手机铃声。为了承载传统文化,五粮液音乐电视较多地采用主流音乐、严肃音乐或高雅音乐的表现形态。"雅乐"从其产生来讲,就是成功人士喜欢的乐曲。而今天,雅乐也是五粮液目标消费群体即各界成功人士的兴趣爱好之所在。五粮液音乐电视符合这一消费群体的特征,其音乐节奏舒缓自然;人物情绪积极向上,个性光明磊落;画面风景秀丽多姿。这类音乐电视主要用于祭祀、庆典、集会等重要场合。音乐电视《五粮液音画》中展示了五粮液集团公司内的雕塑:《人面鹰身》象征着五粮液展翅高飞;脚踏雄狮的《酒圣》寓意智慧和力量;由3组(每组8根)不锈钢构成的《参天大树》寓意五粮液八十年金牌不倒;《芝麻开花节节高》象征五粮液人奋发向的进取精神……此外,音乐电视中也不乏以下画面:各级领导视察公司、指导工作,父母关爱子女、子女孝敬父母,夫妻新婚大喜、婚后恩爱、携手白头。

十二、网络型企业形象活动模式

网络企业形象活动模式是一种新型的企业形象活动模式,是指社会企业借助联机网络、计算机通信和数字交互式媒体,在网络环境中实现企业与内外公众双向信息沟通以及与网上公众协调关系的实践活动。这种新型的企业形象活动模式由于其独特的价值效应,日益受到广泛重视。掌握这种公共关系的运作方式,对欲在激烈的竞争中夺得商机的社会企业来说将具有十分重要的意义。

(一)网络型企业形象活动模式的优势

(1)扩大了企业的知名度和影响力。网络可以提高社会企业的知名度,完善企业形象。互联网络提供了一种新的传播媒介方式,通过"一对一"的沟通,结合文字、声音、影像、图片,用动态或静态的方式,全方位地介绍社会企业的经营理念、产品性能、服务宗旨和服务内容。而且用户不再是被动接受信息,而是主动接受信息。更重要的是,这种公共关系活动不受时间和地域限制,特别是应用互联网,可以把企业的信息传播到全球各地,使企业得益于国际宣传,树立品牌和企业自身的国际形象。

(2)提供广泛的传播渠道。网络可以为企业形象活动提供更多的传播媒介和机会,如传统印刷媒体的电子版、新型媒体出版物、网络广播电台节目、网络电视台、网上会议等,使公共关系活动的传播更便捷、效果更好。在市场经济中,社会企业可以通过网络中的电子公告板与公众直接交流，了解公众的看法、态度和意见，极大地缩短了企业与公众的沟通距离。而且网络的使用成本低廉，通过网络公共关系，可以创造"虚拟公众代表"，提供更为广泛的信息渠道，使企业获得公众市场低成本的竞争优势。

（3）建立良好的公众关系。网络使企业可直接面向公众发布新闻而不需借助其他媒体，从而克服了传统公共关系传播方式速度慢、人为消极因素多、企业控制力差等缺点，使企业能有效地掌握公共关系的主动权，对公众产生直接而积极的影响，与公众建立良好关系。企业可根据记者的需要和提问通过网络给出详尽的回答，在网上发布新闻，让公众及时了解企业真实的信息。E-mail（电子邮件）即时互动的特性使网络公共关系具有创建企业与公众"一对一"关系的优势，随着与公众进行双向沟通，了解公众的需求，把握公众对企业的评价，保持与公众的长期友好关系。

网络型企业形象活动模式除了具有上述优势外，还能建立具有个性的企业网络，在网络论坛设立企业站点。提高站点的影响力和企业的知名度，还可消除误导信息，通过对网络信息进行监督，可及时纠正公众对企业的误解，避免公共关系受到损失。

（二）网络型企业形象活动模式的操作

（1）网络调查。网络调查是利用网络提供的共同讨论区，通过电子公告板或电子邮件，列出产品的性能、特点、质量以及服务内容、服务规范。然后通过网络对本企业的产品和服务进行讨论，以此了解消费者对产品特性、质量、包装及服务的意见。另外，公共关系人员还可将产品构想或雏形公布在网络上，以征求全球各地消费者的意见，及时调查消费者的产品需求，作为产品改进与研究的参照依据。

（2）网络设计具有广阔的空间范围。首先，可以在网络上对企业的视觉形象、企业结构、内在精神、服务项目等各方面进行设计，还可以在网络上设计虚拟实境，如设立虚拟商店橱窗，使消费者如同进入实体商店一样；同时，网络商店的橱窗可因季节、促销活动、经营管理策略的需要，轻易、迅速地改变设计。虚拟橱窗不占空间，可24小时营业，服务全球顾客。其次，可在网络上以首页方式设立虚拟经销商或虚拟公司，提供企业形象宣传资料和必要的使用、维修及售后服务。同时，可结合相关产业的公司，共同在企业的线上商店进行展销，使消费者一次上线，即可饱览各类商品，从而增加上线意愿与消费动机。另外，还可在网上设计公众查询系统，方便公众查询企业的各种资料。

（3）网络推广。网络推广具有"一对一"与消费者沟通的特色，因而效果明显。做好网络推广，是做好网络型公共关系的关键，常见的网络推广方式有五种：

第一，建立虚拟公共关系室。在网络上，公共关系公司可接受社会企业的委托，举办各项公益活动与赞助活动，塑造社会企业的道德人格形象，如急难救助、献血、设立奖学金、赞助体育比赛；也可利用网络为公益事业服务，如汽车制造企业的网站上开设了关于交通安全与健康饮食的宣传专栏，可将公益专栏的网站与企业的网站相连接，以增加消费者上线的机会。

第二，利用网络交流的功能，举行网络消费者联谊活动和网络记者招待会，可以跨越时空与消费者进行沟通，同时这也是一种低成本的公共关系联谊活动。

第三，利用网络向用户提供新产品信息、开展知识竞赛、发放折扣券与赠品，也可提供线上订购折扣与在线抽奖,提高消费者上线搜寻的兴趣及购买产品的意愿。

第四,积极建立网络资源索引,尽可能使客户容易查询到公司的推广资料,并能快速获得所需的商品信息。

第五,与竞争性的厂商进行网上交流,互相传递信息,增加与潜在消费者接触的机会。

虽然网络技术的发展还有诸多不完善之处,如检索与传输的速度还不快,内容匮乏,信息泛滥且品质良莠不齐,很难规范与管理,这在一定程度上影响了网络公共关系的效果。同时,网络公共关系对公共关系人员与公众的技术要求均较高,在家庭电脑尚未完全普及的今天,网络公共关系的推进速度也不够快。但是,公共关系人员要看到网络公共关系的良好前景,努力提高自身的计算机水平和外语水平,持续关注公众与市场实情,适时开展网络公共关系活动,定会迎来网络公共关系的一片蓝天。

企业形象活动模式的选择是企业形象活动计划和方案制订与实施的重要内容和必要步骤,各种不同的企业形象活动模式各有特点,在实际选择与应用时,除选择一种模式作为主要类型外,还可结合其他类型,以发挥各种企业形象活动模式优势互补的整合效应。

第三节 企业形象活动方案的实施与评估

企业形象活动方案的实施,是企业形象方案所规定的目标和内容变为现实的过程,是整个企业形象工作中最为复杂、最为多变、最为关键的环节。一项企业形象计划的实施,其重要性足以和制订方案本身相比,在某种意义上甚至比方案的制订更为重要。企业形象活动方案的评估,就其科学性而言,指的是有关专家或机构依据某种科学的标准和方法,对企业形象的整体策划、准备过程、实施过程以及实施效果进行测量、检查、评估和判断的一种活动。其目的是取得关于企业形象工作过程、工作效益和工作效率的信息,作为决定开展企业形象工作、改进企业形象工作和制订企业形象新计划的依据。

一、企业形象活动方案实施过程的阶段

企业形象活动方案的实施一般包括三个阶段:准备阶段、执行阶段和结束阶段。

准备阶段包括设计实施方案,制订针对各类公众的行动、沟通计划,确定措施和程序,建立或组成实施机构等。在执行阶段,实施机构按照已经设计好的实施计划的程序,落实各项措施。在结束阶段,实施机构为下一步的效果评估做好准备。

二、企业形象活动方案实施过程的特点

企业形象活动方案的实施是一个完整的行动过程。这个过程呈现如下特点。

(一)创造性

企业形象活动方案的实施过程绝不是一个简单的照方案办事的过程,而是一个由一系列不同层次的实施者发挥主观能动性的过程。这是因为方案的实施是一个不断变化的、需要调整的动态过程,各种客观环节都在不断发生变化,方案的实施必须适应变化中的情况,实施

应该充分发挥自己的积极性、主观性和创造性。从这个意义上说，企业形象方案的实施是一个对原计划进行艺术的再创造的过程。

（二）动态性

企业形象活动方案的实施是一个思想和行为需要不断变化、不断高速运转的过程。这是因为无论一项企业形象方案制订得多么周密、具体和细致，总免不了与实际情况存在着一定的差异；同时，随时间的推移、实施的进展、环境的变化，实施过程中仍会遇到一些新情况和新问题。因此，必须根据新的条件不断改变、修正或调整原定的方案、程序、方法和策略。

（三）广泛性

企业形象活动方案的实施会对各类公众产生广泛的影响。很显然，任何一项企业形象活动，其目的都是为了改变公众的态度。成功的企业形象活动常常使企业的异己力量变为自己的合作者和支持者，即使有时不能令目标公众从立场上发生彻底的转变，但至少能使他们在观点、态度等方面产生不同程度的变化。同时，企业形象方案的实施有时还会对整个社会的文化、习俗产生深刻影响。1971年，美国的汉堡包"登陆"日本，不仅使日本2 000多年以来吃米、吃鱼的习惯发生了变化，而且使其进餐的方式有了改变。这就是一次成功的企业形象策划所带来的变化。

三、企业形象活动方案实施的原则

（一）目标导向的原则

所谓目标导向的原则是指在企业形象活动方案实施过程中，保证企业形象实施活动不偏离企业形象计划目标的原则。控制的过程就是实施人员利用目标对整个实施活动进行引导、制约和促进，以把握实施活动的进程和方向。因此，目标导向原则也叫目标控制原则。

（二）控制进度的原则

控制进度的原则就是指根据整个企业形象活动方案和目标的需要，按照一定的程序，掌握工作的速度，以避免出现畸轻畸重倾向的原则。在企业形象活动方案的实施过程中，由于分工不同，各项工作可能不同步，或某些环节脱节，从而影响整个方案的执行，因此需要控制进度，以保证各方面工作同步进行和平衡发展。

（三）整体协调的原则

所谓整体协调的原则就是指在方案实施的过程中，使工作所涉及的方方面面达到和谐、合理、配合、互补、统一状态的原则。最常见的协调有纵向协调，即上下级间的协调；有横向协调，即同级部门或实施人员之间的协调。协调的目的，是要使全体实施人员在认识和行动上取得一致，保证实施活动的同步和谐，提高工作效率，减少浪费。

（四）正确选择时机的原则

在企业形象活动方案的实施过程中，正确选择时机是提高企业形象活动方案成功率的必要条件和关键因素。如果在方案实施的过程中对时机进行了精心选择与安排，整个计划将借助于恰当时机而达到良好效果；否则，情况正好相反。

在实施企业形象活动方案时，究竟应该怎样选择时机呢？

第一，要避开重大节日或利用重大节日。凡是同重大节日没有任何联系的活动都应避开节日，以免被节日活动冲淡；凡是同重大节日有直接或间接联系的企业形象方案可以考虑到利用节日烘托气氛，扩大活动的影响。

第二，要注意避开或利用国内外重大事件。凡是需要广为宣传的企业形象活动都应避开国内外重大事件，以免被重大事件所冲淡；凡是需要为大众所知，又希望减轻影响的活动则可选在重大事件发生之时。这样可以借助于重大事件的影响减轻舆论的压力。

第三，要注意不宜在同一天或同一段时间里同时开展两项重大的企业形象活动，以免其效果相互抵消。总之，正确地选择时机是实施企业形象方案的一种技巧和方法。

四、企业形象活动策划的具体步骤

（一）设立领导组或指定负责人

不论是大型企业形象策划活动，还是日常小型活动，若要具体实施，必须有领导人专门负责。大型活动需要成立专门领导组，从最高决策层，到企业形象策划人员，再到其他各部门的相关管理人员，均要参与进来，以便调动需要的人、财、物；小型活动则要指定专门的负责人，如企业形象部部长等来负责。只有如此，才能保证企业形象活动有条不紊、按部就班地进行。得力的领导班子和领导人是企业形象活动成功实施的前提，因此，设立领导组或指定负责人成为企业形象活动实施的第一步。

（二）落实专项经费

几乎没有一项企业形象活动的实施不需要经费，对于大型活动来说，专项经费如果落实不了，则活动的实施就成了一句空话。因此，在活动实施之前，必须先将经费问题落实。社会企业在实施企业形象活动的过程中，对企业的财务状况要有清醒的认识，并使调动资金的渠道保持畅通。

（三）进行人员培训与安排

在实施企业形象策划方案时，要先行对实施人员进行培训。在实施企业形象策划方案的过程中，实施人员要统一标准，规范地执行任务，不能将实施标准个性化或使其具有随意性。所有实施人员要给目标公众留下统一和一致的印象，体现出企业高度的企业化和纪律性，保证企业形象活动方案的成功实施。

（四）企业形象活动的预演和展示

企业形象活动策划方案一般都有具体的活动内容，如喜庆型企业形象活动的节目，公益型企业形象活动的仪式，以及日常企业形象活动的演练等，因而，在实施企业形象活动时，需要进行事先的预演。预演对于成功举行企业形象活动十分必要，在预演过程中，企业既获得了举办活动时所需的经验，又强化了活动参加者的印象，并能及时对方案中的一些不周全的地方进行调整和完善。预演的规模和次数根据企业形象活动策划方案的复杂程度而定。有一点可以肯定，预演进行得越成功，实地表演的成功率就越大。

（五）指派专人与新闻媒体联络

在实施企业形象活动策划方案时，对新闻媒体自然要给予格外关注。要指派专人与媒体联络，意在更高效地将这件事情做好。因为新闻媒体毕竟是企业重要的目标公众，在企业形象活动方案的实施中，媒体的对外宣传发挥着重要的功能，指派专人去联络媒体，更能照顾媒介公众的特殊要求，创造便利的条件让它们对企业的企业形象活动进行全面报道，使企业形象活动的实施完成得更好。

（六）准备必要的设施

在进行较大型和重要的企业形象活动时，设施的安排和配备是不可或缺的，需要准备的设施主要有会场布置的设备、会议资料、展览设施、礼品等。

五、企业形象活动评估的作用

在整个企业形象活动过程中，企业形象评估控制着企业形象实践活动的每一个环节，它在企业形象实践活动的准备阶段、实施阶段及影响效果的分析阶段均发挥着重要的作用。企业形象活动评估的作用主要表现在以下几个方面：

（1）企业形象活动评估是企业形象工作的重要环节。通过企业形象工作评估，可以衡量经费预算，人力、物力的配备与开展企业形象活动之间的平衡性，衡量企业形象活动的效益。

（2）评估是展示企业形象活动效果的重要方式。企业形象工作实施的效果往往表现为一个复杂的局面，既涉及公众利益的满足，又涉及公众利益的调整。一般说来，内部员工很难对企业形象工作的效果有全面深刻的了解和认识。所以，在实施一项企业形象计划之后，由有关人员向企业领导人、内部员工解释和说明该项企业形象计划的目标、措施、实施的过程和效果，可以使他们看到开展企业形象工作的明显效果，认识到企业形象对企业发展的重要作用。企业形象评估还可以使企业领导人更加自觉地重视企业形象工作，增强企业形象人员的工作信心。

（3）评估可以承上启下，为进一步开展企业形象活动提供依据。企业形象评估是企业形象工作的最后一个步骤，但又与新的企业形象活动的开拓首尾相连，所以又可能是新的企业形象活动的调查与分析阶段。评估过程中，评估人根据企业形象活动的目标要求，结合各层次、各环节的评估结果，以及实际投入、成本与收效进行比较，对本次活动实施成败的各种因素及制定目标依据与实际实施过程的偏差程度进行分析、评价，用于指导今后的企业形象活动，成为进一步开展企业形象活动的前车之鉴。

（4）评估可以为企业管理提供决策参考。通过企业形象评估，可以评估出经过企业形象工作之后的企业形象状况，评估出企业形象各因素（如员工素质、产品质量、服务方针等）与期望值的差距，为企业经营管理决策提供参考。

总之，在进行企业形象活动之后，有必要对于是否达到目标，实现目标的程度如何，开展传播是否有效，以及投入与收效等进行认真评估。这是企业形象实务不可忽视的一个重要步骤。

六、企行形象活动方案评估的方法和步骤

（一）选择企业形象评估的人员

企业形象评估人员的选择是评估效果与质量的保证，不同的人会给出不同的评估结果。评估人员主要有两类人选：企业内部企业形象人员和企业外部企业形象专家。二者各有优缺点。企业内部企业形象人员对企业情况非常了解，可以较快地做出有效的评价，并且不需支付评估费，但由于是"自己人"，评估时主观色彩比较浓，在"客观、公正、实事求是"方面容易有欠缺。所谓旁观者清，企业外部企业形象专家作为"局外人"，容易得出"客观、公正、实事求是"的评价，而且由于专家具有权威性，其评价结果容易使人信服，特别是企业的领导者。但企业形象专家作为评估人员有可能因为对企业情况了解不深刻而使评估结果受到影响。同时，专家的"评估费"也是一笔不小的开支。

（二）收集原始记录

1. 企业的自我记录

这主要是指企业形象实施人员所进行的基础工作。实施人员要对每天的工作进行记录、整理，如果条件允许的话，可以是边工作边记录。

2. 公众舆论的反应

这主要是指来自社会企业之外的媒介记录。它主要包括两个方面：一方面是企业形象人员主动联络新闻媒体发表的一些消息、报道、专访、通讯，以及企业形象广告和其他文章；另一方面是大众传播媒介主动报道、转载的一些消息、文章等。

3. 目标公众的反馈

企业形象活动方案的实施情况如何，最公允的评价者应该是目标公众。他们是社会企业实施企业形象活动的对象，企业形象活动实施的成功与否，关键在于目标公众的反应。

（三）归纳各种相关资料

当大量繁杂、零碎的原始资料摆在评估人员面前时，当务之急是对它们进行归类、整理。

（四）提出评估标准

这是企业形象评估中最难的内容，迄今为止，尚没有一个通行的标准来评判企业形象活

动实施效果的优与劣。一般情况下，企业形象人员可以通过一定的比例数据，确定企业形象活动实施效果的情况。从以下数字轴可见：

100%是最好、83.2%是很好、66.6%是较好、50%是中等、33.4%是较差、16.8%是差、0为最差。

企业形象策划方案的实施效果如何，可以通过以上数据进行基本的推断。以下诸指标是构成活动实施效果的不可或缺的因素。

1. 覆盖区域

覆盖区域是指社会企业在开展企业形象活动中，针对目标公众的区域范围，主要反映参加这次企业形象活动的目标公众数量。明确了目标公众的来源和参加情况，企业形象活动的实施就有了一个基本的辐射区域。

2. 接待人员数量

接待人员数量是指企业形象实施人员人均接待的目标公众人数。它是考察企业形象活动实施效果的重要指标。从实施人员在活动期间每人每天接待目标公众的统计资料中，可以看到这次企业形象活动较为具体的工作内容和工作成绩，但这还仅仅是初步的。

3. 施加影响数量

施加影响数量主要是指发放宣传资料的数量，它是社会企业针对目标公众开展企业形象活动的可衡量因素。在企业形象活动实施过程中，目标公众会同时受到多种宣传信息的刺激，他们可通过参观、观看、听讲、参与活动等方式接收信息，但最能衡量公众受影响程度的因素，恐怕就是对宣传资料的阅读了。

4. 企业形象消息数量

企业形象消息数量是指专门针对企业形象活动实施而通过大众传播媒介发表或报道的资料数量。这样的消息主题鲜明、内容集中、针对性强，对目标公众的影响大，是企业所需要的企业形象手段。在评估企业形象活动实施效果时，企业形象消息数量是重要的评估指标之一。

5. 专题报道数量

专题报道数量是指深度报道企业形象活动实施的大众传媒资料的数量，它对实现企业形象活动目标具有重要作用。专题报道数量对企业形象活动实施能够起到较好的辅助和支持作用，也是评估企业形象活动实施效果的重要指标之一。

6. 媒介引用次数

如果企业形象活动比较独特、突出，具有一定的影响力，那么它自然会被某些媒介关注并引用。因此，媒介引用次数可以在一定程度上反映出这次公司活动策划方案的效果和在业界的影响力。唯一不足的是，媒介的引用需要时间，短期内可能难以显示引用结果，只有在相当长的一段时间后,引用的次数才能有明显的增加。

7. 增加的知道数量

通过对公众反馈的了解,可以获得目标公众由不知道到对企业知道的数量,从直接的对象上明了企业实现形象活动初级目标的情况。

8. 增加的了解数量

这是实现企业形象活动较高一级目标的指标,对这方面数量的掌握,可以看到活动实施效果的重要进步。

9. 增加的信任数量

了解目标公众由一般了解企业到信任企业的转变情况,是评估企业形象活动实现高级目标的重要指标。信任数量的变化,能够充分体现企业形象活动实施的效果。

10. 增加的忠诚数量

忠诚是企业形象活动的最高目标。测定忠诚数量变化,能够展示出企业形象活动实施效果的最佳状态,对今后的企业形象工作具有重要意义。

总之,这10个重要的因素是判断企业形象活动实施效果的基本指标。它们的状态,可以集中反映出企业形象活动实施的效果,对企业具有重要意义(见表4-2)。

表4-2 企业形象活动实施效果评估标准表

评估要素	评估标准						
	100%最好	83.2%很好	66.6%较好	50%中等	33.4%较差	16.8%差	0最差
覆盖区域							
接待人员数量							
施加影响数量							
企业形象消息数量							
专题报道数量							
媒介引用次数							
增加的知道数量							
增加的了解数量							
增加的信任数量							
增加的忠诚数量							
合　　计							

评判这10个要素的标准有以下三个:要素1~3以企业形象活动策划方案的预定指标为标准;要素4~6以策划方案和业界通行惯例为标准;要素7~10以企业形象活动实施之前的状态为标准。除了这10个要素外,还要有其他原始资料进行相应补充,以进一步充实、完善,只不过这10个要素不可或缺罢了。

(五)比较实施效果

在提出企业形象活动实施效果的标准和要素后,企业形象评估人员该做的,就是认真比较预期与实际实施效果之间的差距。在比较差距的过程中,重要的是寻找产生差距的原因。

如前所述，在提出评判的标准时，必须先找到一个基点，以这个基点的数量为准，来衡量实际的情况。以企业形象活动策划方案的预定指标为标准开展的企业形象评估，既是对策划方案实施效果的评估，也是对策划方案本身的评估，这对今天的企业形象工作是有积极意义的。

通过比较，评估人员可以在大量原始记录和数据中，仔细思索和考察发生差距的原因，撇去主观人为因素的影响，更多地从客观的角度去审查原因的产生。这样会更有助于今后企业形象活动的改进。

（六）得出评估结论，形成评估报告

通过对资料的考察、标准的审定和差距的分析，评估人员最终要提出一个基本的结论。这个结论虽然没有太多表述性的定性论断，但要以大量数据无可辩驳地证实实施效果，这实际是真正意义上的总结。

一般来说，评估结论往往要形成评估报告。在评估报告中，重点在于提出评估结论，即以事实说话，评估企业形象活动实施的效果；然后要提出产生问题的原因，对原因进行切实的分析，进一步论述克服缺点的解决办法。评估报告是对整个企业形象工作的全面归纳，亦即总结。它必须提出一些有建设性的意见，供决策者参考，以便有效归纳类似问题的发生原因。只有这样，才能说明企业形象活动的全面完结。

综合案例

事件名称：《第一财经周刊》与优衣库联合发布《2017中国新中产品质生活报告》
执行时间：2017年6月29日—2017年8月4日
企业名称：迅销(中国)商贸有限公司
品牌名称：UNIQLO优衣库
代理公司：电通公共关系顾问(北京)有限公司

一、项目概述

优衣库与中国权威媒体《第一财经周刊》合作开展有关"中国新中产品质生活方式与消费趋势"大调查，在全国50个以上城市收集超1.2万份有效样本，并进行新中产代表定性访谈，产出具有公信力与行业影响的《2017中国新中产品质生活报告》，定义中国新中产五大生活和消费方式：

1. 品质为先
2. 热心文创
3. 健康至上
4. 智能生活
5. 体验为王

同时，优衣库联合《第一财经周刊》、复旦大学教授、QQ音乐等业界领袖，共同发布《2017中国新中产品质生活报告》，以发布会造势吸引业界关注，以深度报告洞察消费趋势，持续建立优衣库在"新中产品质生活方式"议题上的行业前瞻性与领导力，强化优衣库在社会议题、生活场景与品牌间的连接，引发媒体、品牌商及广大消费者的热切关注和讨论，帮助迅速提升优衣库品牌影响力、公信度与美誉度。

项目背景：

《2017中国新中产品质生活报告》由优衣库携手权威媒体《第一财经周刊》联合发布。

优衣库是全球领先的服装零售企业迅销集团旗下的实力核心品牌，在一线及二三线各大城市开设众多店铺，为消费者带来优质服装与美好体验。截至2017年5月底，优衣库在中国约120个城市运营约540家店铺。在主力城市快速拓展，并不断下沉至三四线城市的同时，如何把握快速变化的生活消费趋势，始终占据消费者生活方式的领导品牌地位，进一步提升品牌知名度和公信力，是优衣库品牌传播的重要目标。

《第一财经周刊》是中国极具公信力和行业影响力的权威财经媒体，对社会议题、消费洞察及商业趋势拥有强大话语权。与此同时，"新中产"群体正越来越多地出现在大众的视野——他们经济相对独立，是社会和家庭的新中坚力量；拥有相对一致的生活方式，"品质"和"个性"是被提及最多的关键词。新中产正在改变的生活和消费习惯，也在极大影响和改变整个零售业甚至社会的消费走向，影响更多消费者对品质生活的追求。

此次优衣库联手《第一财经周刊》，以行业前瞻和趋势洞察的领导者身份，从社会调研中挖掘数据背后的新中产群体画像，从新中产画像中洞悉他们正在改变的生活方式和消费趋势，从而为整个零售行业、品牌和广大消费者提供方向性的指导与借鉴，引起行业热议的同时，也极大地强化了优衣库品牌美誉度与影响力。

二、项目调研

1. 项目挑战

（1）如何设定社会议题，既能贴合当下社会热点趋势，引发消费者共鸣，也能将优衣库品牌、产品和体验的价值巧妙融入社会议题的内容传播当中。

（2）如何把握与中国权威财经媒体平台的合作，在实现双赢的同时，将媒体影响力和客观的内容产出最大化为品牌所用，为优衣库品牌背书。

（3）如何将优衣库的品牌、商品、体验与消费者生活场景、新中产品质生活的几大趋势建立强关联，从而提升品牌影响力。

2. 消费者洞察

（1）作为中国正在崛起的消费中坚力量，"新中产"群体正越来越多地出现在大众的视野，他们生活方式和消费方式的改变，将对零售乃至全行业带来重要影响。

（2）现在的消费者，尤其是贯彻典型新中产生活方式的年轻人，尽管对品质生活的要求在不断提高，但始终没有一个清晰的人群界定，他们需要一个强有力的数据调研结果将自己正在改变的生活方式清晰化，认识自己对品质生活的追求。

（3）中国的消费者热爱文创，热爱艺术，同时也对品质和个性有自己的要求，在全民健康潮流下，他们也更关注自己和家人的身心健康，更看重智能科技在生活中的应用，同时热爱体验一切新鲜事物。他们不仅主动选择品质生活，同样也渴望品牌创造的创意商品、智能体验、线上线下联动的消费形式等激发自己对美好生活的灵感。

三、项目策划

1. 项目目标

项目目标为引领行业趋势，强化品牌认同。

（1）建立优衣库国际知名服装领导品牌形象，实现优衣库在新中产、品质生活方式议题设定上的领导地位，为中国消费者带来更美好的品质生活。

（2）强化中国消费者，包括二三四线城市和年轻的新中产消费群体，对优衣库"服适人生"品牌理念、核心产品价值、新零售线上线下体验的认同与渗透。

2. 传播策略

（1）以当下中国正在崛起的新兴消费群体"新中产"为研究对象，优衣库联合《第一财经周刊》发起"中国新中产品质生活方式与消费趋势"社会大调查，总结新中产五大生活方式关键词——品质、文创、健康、智能、体验，激发消费者内心共鸣与生活灵感。从与权威媒体平台《第一财经周刊》合作、社会议题打造、全网投票、社交网络话题预热，到创意线下发布活动及媒体自发传播，打造全民话题，使优衣库与"新中产品质生活"产生第一链接。

（2）完整融合"品牌+产品+体验"，以优衣库极具文创、个性、品质的经典商品及国际设计师合作系列、新零售线上线下互动体验、智能便捷的店铺服务与数字平台，为中国消费者，尤其是新中产群体介绍最符合他们品质生活方式的商品、活动及消费体验。

（3）线下发布《2017中国新中产品质生活报告》，邀请近300位业界、媒体权威人士参与发布会，媒体及观众现场反应火爆，自发刷屏播报发布会盛况，长尾传播效应带来优衣库与新中产话题热度多日居高不下。

（4）权威人士背书《2017中国新中产品质生活报告》。第一财经集团CEO、复旦大学管理学教授、腾讯音乐娱乐集团副总裁、优衣库全球品牌代言人等行业领袖及业界精英出席线下发布会，为新中产报告及优衣库品牌背书，名人效应引发更广泛的关注。

3. 媒介策略

（1）五类媒体主动选择，各取视角预埋话题：选择五大类媒体为活动预埋话题并传播造势。根据"新中产生活方式"的社会议题属性及对优衣库品牌、零售行业的影响，优先选择财经行业类媒体及生活方式媒体，为优衣库建立行业影响力及生活方式领导者形象。同时根据各类媒体属性及受众情况分别预埋话题。

（2）实时播报现场盛况，激发媒体刷屏，引发大量关注：发布会活动当天，现场布置贴合新中产五大生活方式。极具创意的落地活动及干货不断的发布会，引起在场媒体火爆刷屏，自发播报活动盛况。

4. 传播内容

（1）《2017中国新中产品质生活报告》：定性、定量解读新中产生活和消费方式趋势。

（2）优衣库品牌理念：从新中产议题打造、社交网络预热、内容传播，到线下创意发布会现场自然植入，将优衣库品牌理念融入消费者每一天的日常生活和服装需求中。

（3）从社会调查发现的新中产五大生活方式关键词——品质为先、热心文创、健康至上、无智能不生活、体验为王，与优衣库兼具品质、文创、健康、智能、体验的商品，新零售线上线下互动体验，智能便捷的店铺服务与数字平台的巧妙结合。

（4）优衣库与腾讯QQ音乐跨界打造"衣·乐人生"电台，让消费者率先感受"数字+零售+社交"的全新购物体验。

四、项目执行

项目历经两个月，分为预热传播、集中爆发、延伸报道三个阶段，共计覆盖近1亿人次。

1. 预热传播:"新中产"社会大调查+话题预埋

6月29日至7月10日,优衣库和《第一财经周刊》共同在全国超过50个城市收集超过1.2万份有效调查问卷,并对四名不同城市典型新中产代表定性访问,通过"品质、文创、健康、智能、体验"五大新中产品质生活方式关键词及相关话题传播,吸引大批消费者关注。

2. 集中爆发:发布报告+落地活动

8月4日,优衣库联合《第一财经周刊》在上海发布《2017中国新中产品质生活报告》,活动现场邀请近300位业界、媒体权威人士出席线下发布会。活动现场媒体及观众反应火爆,自发刷屏播报发布会盛况,引发更广泛的关注。

活动现场创意打造"品质生活方式装置展",将优衣库品牌理念融入现场布置,体现新中产向往的美好生活;发布会现场创意干货不断,并有行业领袖及品牌代言人分享自己的美好生活。

3. 延伸报道

8月4日至31日,各大主流门户网站,财经、服装、零售类行业媒体及自媒体陆续报道优衣库与《2017中国新中产品质生活报告》。

五、项目评估

传播与影响

(1)此次活动,优衣库与《第一财经周刊》的合作凭借深刻洞察、消费趋势前瞻和创意传播落地,将优衣库品牌理念、核心产品价值及新零售购物体验,结合当下中国新中产品质、文创、健康、智能、体验五大品质生活方式趋势,传递到更为广泛的消费人群当中,引起越来越多新中产的共鸣和媒体高度关注,甚至成为一场极具影响力、波及人群极广的社会化事件。

(2)《新中产品质生活报告》问卷调查覆盖全国超过50个城市,收集超过12万份有效样本,反映最真实的新中产生活、消费态度和选择。

(3)《2017中国新中产品质生活报告》发布当天,共计邀请超过300位权威媒体及行业领袖到场,获得到场人士一致高度评价:"在活动现场感受到了什么是新中产,新中产的消费态度以及新零售环境下品牌应该做什么。"

(4)短期内超过350家媒体报道,共计覆盖近1亿人次。其中,平面、电视等媒体报道覆盖近200万人次。数字媒体用户浏览量超过630万人次。

六、项目亮点

1. 与中国权威财经媒体平台成功合作,开创品牌和媒体的创新合作模式

优衣库与《第一财经周刊》基于双方共同的价值观和方向,深度合作实现双赢,创新性的合作模式引发业界关注。

2. 聚焦社会议题,邀请媒体背书,强化品牌影响力

优衣库与《第一财经周刊》基于对中国当下消费升级和市场趋势的洞察,聚焦"新中产"群体,通过将品牌内容与新中产生活方式五大关键词联动,引发群体共鸣和社会关注,带来品牌高曝光的同时,深化优衣库"服适人生"的品牌理念。

3. 品牌现场的自然植入

活动现场品牌理念与创意融合,贯穿现场布置和活动流程的方方面面,巧妙的品牌露出及与生活方式的深度结合,获得到场媒体的一致好评。

本章小结

本章主要介绍了企业形象活动策划的原理、方法和技巧。企业形象活动策划的程序包括：确定企业形象目标、设计主题、确定并分析公众、设计活动项目、媒介整合、时空选择、人员分配、经费预算、审定方案；我们在设计活动项目时有11种模式可供选择：建设型企业形象活动模式、维系型企业形象活动模式、防御型企业形象活动模式、矫正型企业形象活动模式、进攻型企业形象活动模式、宣传型企业形象活动模式、交际型企业形象活动模式、服务型企业形象活动模式、社会型企业形象活动模式、征询型企业形象活动模式、文化型企业形象活动模式。我们应根据企业形象建设的目标、企业实际的条件选择合适的活动方式提升企业形象。实施企业形象活动后要进行正确的评估，以展示成果，提高企业形象活动策划能力。提高企业形象活动策划能力需要掌握创意能力的培养方法。

复习思考题

概念题

企业形象策划四步工作法

简答题

1．简述企业形象活动方案的设计程序。
2．如何选择企业形象活动策划评估人员？

技能实训题

1．为某企业设计形象策划方案。
2．实施一次企业形象策划。

第五章 企业形象的 CIS 战略（上）

> **学习目标**
>
> 通过本章的学习，了解企业形象的 CIS 战略发展历史以及各国不同类型的 CIS：美国式 CIS 战略、日本式 CIS 战略、中国式 CIS 战略；掌握 CIS 的功能及导入 CIS 的作业程序。

第一节　CI 与 CIS 的概述

一、CI 与 CIS 的概念

（一）CI 的概念

CI 是英语"Corporate Identity Sign"的简称，中文译为"企业识别标志"，CI 是由企业专用品牌的标准名称、标准图案、标准文字、标准颜色按照标准的组合规范构成的一个有机整体，是区别不同的企业与产品，尤其是同类企业与产品的符号系统。如图 5-1 所示。

a)　　　　　　　　　　　b)

c)

图 5-1　CI（企业识别标志）

图 5-1a 是中国联通公司的标志，它由中国古代吉祥图形"盘长"纹样演变而来。回环贯通的线条象征着现代通信网络，寓意中国联通作为现代电信企业，其业务井然有序而又迅达畅通，同时也象征着联通公司的事业日久天长。标志造型中的 4 个方形有四通八达、事事如意之意；6 个图形有路路相通、处处顺畅之寓；而标志中的 10 个空穴则有圆圆满满和十全十美之意。无论从对称讲，还是从偶数说，都洋溢着古老东方的吉祥之气。此外，标志造型还有两个明显的上下相连的"心"，它一览无余地展示着中国联通公司的服务宗旨：通信、通心，联通公司将永远为用户着想，与用户心连心。

图 5-1b 是广东美的集团公司的标志，"Midea"中延伸出来的圆形，代表"美的"致力于创新完美与和谐。圆形也同时传达出日夜、天地之间能量与平衡，尖角与平滑圆弧的融合，寓意着"美的"对尖端科技和生命关怀的追求。

图 5-1c 是四通集团公司的标志，它由一个正方形图案和英文"STONE"组成，"STONE"的字体为四通集团公司的标准字。正方形图案与"STONE"等宽。正方形内由两个不是同心圆的非半圆形错开组成"STONE"第一个字母"S"形。"S"形中是一个对称的呈放射状的八角形。"STONE"为四通的英文名称，意思是宝石。正方形图案中的八角形与"S"形的结合，象征着宝石与物体撞击发出的耀眼夺目的光彩，体现了四通集团作为一个高科技企业不断向高新技术的尖端冲击，不断创新的宗旨。

（二）CIS 的概念

CIS 是英语"Corporate Identity System"的缩写，中文意思是"企业识别系统"，是由理念识别系统（Mind Identity System，MIS）、行为识别系统（Behaviour Identity System，BIS）、视觉识别系统（Visual Identity System，VIS）和听觉识别系统（Audio Identity System，AIS）所构成，并以企业识别标志（CI）为中心的一个有机整体，是把不同的企业与产品，尤其是同类的企业与产品，从理念、行为、视觉、听觉四大识别系统及其四位一体的组合中辨识而区别开来的统一体系。整个 CIS 的构成要素如图 5-2 所示。

CIS 是由理念识别系统、行为识别系统、视觉识别系统、听觉识别系统 4 个子系统组成，各个子系统的主要内容以及它们之间的关系如图 5-2 所示。

CI 与 CIS 的区别主要表现在：CI 侧重于企业及其产品的整体识别同一性，强调企业标志的标准化，即图案、文字、颜色、组合均要标准化；而 CIS 侧重于企业及其产品整体识别同一性的网络组合系统性，即由 MIS、BIS、VIS 和 AIS 四个子系统组成企业识别系统（CIS）。然而，两者之间又存在着紧密的联系，两者相辅相成、相互作用。一方面，CI 必须通过 CIS 才能贯穿和渗透于企业生产经营的所有方面、一切环节、整个过程之中，否则企业识别标志就无法时时处处表现和展示企业及其产品的整体识别性；另一方面，企业识别系统只有以企业识别标志为中心，才能把理念识别系统、行为识别系统、视觉识别系统和听觉识别系统组成纵横交织的网络结构，否则企业识别系统就无法时时处处表现和展示企业及其产品的整体识别同一性及其网络组合的系统性。

在学习和研究 CIS 战略中，我们必须弄清楚 CI 和 CIS 的概念，用正确的理论来指导企业导入 CIS 战略的具体实践，从而达到塑造良好的企业形象的目的。

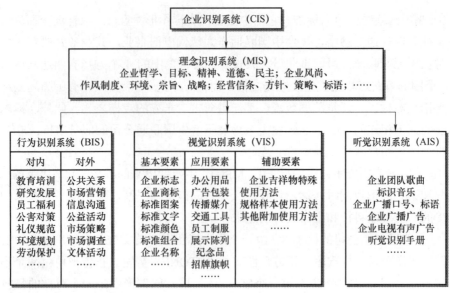

图 5-2　CIS 4 个子系统的主要内容和相互关系

二、CIS 的产生与发展

从 CIS 的诞生到现在已有近 200 年的历史，从产生到今天，CIS 大致经历了 3 个阶段：从企业商标品牌分散化发展到企业产品视觉形象统一化；从企业产品视觉形象统一化发展到企业形象视觉化传达；从企业形象视觉化传达发展到企业整体形象系统化传达。

1. 从企业商标品牌分散化到企业产品视觉形象统一化阶段

CI 的出现，最早可追溯到商标的诞生。1851 年，美国宝洁公司首先申请注册商标。商标在当时的市场竞争中发挥着主要作用，可以说，它是区别企业与产品，尤其是同类企业与产品的重要标志，甚至可以说是唯一标志。CI 的中文意思是企业识别标志，当时的企业识别标志就是商标。随着商品市场竞争的加剧，企业十分重视新产品的研究与开发，产品种类日渐增多，企业的产品商标越来越多，商标的分散化导致消费者对企业及其产品的记忆力弱化，甚至难以辨识。因此，单纯靠商标作为企业及产品的识别标志，已经不适应企业产品设计开发日新月异和产品种类日渐增多的状况，这就客观上要求企业对产品视觉形象进行统一化设计。

案例 5-1

"Olivetti" 与 "AEG" 不谋而合

意大利奥利威蒂（Olivetti）公司和德国通用电器公司（AEG），是最早对产品视觉形象进行统一化设计的两家公司。

乔凡尼·平托里（Giovanni Pintori）于 1947 年为奥利威蒂公司及其产品设计的标识采用的是稀字距的无衬线小写字体。平托里设计的标志，其空间组织有一种随意和舒展的特质，稀字距无衬线小写字体的设计又有一种简洁、明快的感觉，如图 5-3 所示。在平托里主持宣传部门工作期间，奥利威蒂公司在产品设计方面获得较高的国际声誉。

在同一时期，德国通用电器公司则聘用了著名设计师彼得·贝汉斯（Peter Behrens）为该公司设计统一的商标并将它广泛地应用在公司生产的所有产品上，增强了产品的市场竞争力，取得了很好的经济效益。

经典之作——伦敦地铁公司标志

英国的伦敦地铁公司也在这一时期聘请了英国和德国多名设计师共同设计该公司的视觉传达系统。伦敦地铁公司视觉传达系统的设计在设计师的共同努力下获得圆满成功，具备了建筑景观与运输功能统一的形象，成为当时全世界首屈一指的企业视觉形象传达统一设计的经典之作。英国伦敦地铁公司用视觉识别系统（VIS）塑造了一个崭新的企业形象，其视觉识别标志一直沿用至今。英国伦敦地铁公司的标志如图5-4所示。

（资料来源：朱健强．企业CI战略[M]．厦门：厦门大学出版社，1999．经改写）

讨论题：英国伦敦地铁公司的标志为什么会沿用至今？

图5-3 奥利威蒂（品牌）标志

图5-4 伦敦地铁公司标志

2. 从企业产品视觉形象统一化到企业形象视觉化传达阶段

第二次世界大战后，随着国际经济的复苏以及工商业的蓬勃发展，企业产品视觉形象统一化已不能适应企业发展的需要，于是，企业形象的视觉化传达设计便日益受到广泛的重视，自1950年以来，欧美各大企业纷纷加入企业形象的视觉化传达设计的行列。美国哥伦比亚广播网（CBS）在公司形象的视觉化传达设计方面走在前列。

案例5-2

"西巴计划"之魅力

1951年，西巴医药产品公司（以下简称CIBA公司）聘请詹姆斯K.福格尔曼（James K.Fogleman）担任设计指导，为公司设计企业形象的视觉传达计划，简称"西巴计划"。福格尔曼在CIBA公司有关会议上发表演说时强调了企业形象视觉化传达设计的重要性，CIBA公司巴塞尔总部也逐渐认识到需要一致的公司形象，并选定巴塞尔的比拉分公司设计的标识供跨国公司使用，将公司的标识有计划地、统一地应用在产品、包装、办公用品及宣传媒体上，使CIBA公司在社会公众中树立起统一的公司形象。"西巴计划"实际上是以视觉识别系统为前导的CIS战略。

（资料来源：朱健强．企业CI战略．厦门：厦门大学出版社，1999．经改写）

讨论："西巴计划"的魅力表现在哪里？

3. 从企业形象视觉化传达到企业整体形象系统化传达阶段

随着国际经济的进一步发展，跨国公司如雨后春笋般涌现出来，企业的经营朝着多元化、国际化方向发展，国际市场的竞争愈演愈烈。从客观上看，原来的企业形象视觉化传达难以维系企业在国际市场上的形象，也不适应企业进一步发展的需要；从主观上看，有远见卓识的企业家们在企业经营管理实践中形成了一种共识：只有建立起良好的企业整体形象，才能在竞争激烈的国际市场上求得生存和发展。这就从客观上和主观上要求企业建立一套具有统一性、完整性、组织性的企业识别系统（CIS）。通过导入和实施 CIS 来传达企业理念、企业精神、经营哲学、经营宗旨和方针、产品与服务等方面的信息，提高企业的知名度、美誉度和信任度，从而达到有效地塑造良好的企业整体形象的目的。

美国是世界上全面推广 CIS 战略最早的国家。IBM 公司（International Business Machine Corporations，国际商用机器公司）是美国最先推广 CIS 战略的企业之一。该公司于 1955 年正式导入 CIS 战略，通过 CIS 使 IBM 公司在社会公众心目中树立起高科技"蓝色巨人"形象，在美国乃至世界计算机行业中占据了非常重要的地位。IBM 公司导入 CIS 战略获得了巨大成功，大大激发了美国其他企业导入 CIS 战略的热情。美国广播公司、美孚石油公司、远东航空公司、西屋电气公司、3M 公司等相继导入 CIS 战略。20 世纪 70 年代以来，欧洲企业也掀起了导入 CIS 战略的热潮。诸如菲亚特汽车公司（FIAT）、英国蓝圆水泥公司（Blue Circle）、法国航空公司（Air France）、荷兰皇家壳牌石油公司（Royal Dutch Shell）、德国的梅赛新·奔驰公司（Mercedes-Benz）、西门子电器公司（SIEMENS）、瑞士雀巢公司（Nestle）、西巴-盖克公司（Ciba-Geigy）等，先后全面导入 CIS 战略。与此同时，CIS 战略作为一种独特的经营技法，由美国传向地处亚洲的日本，马自达公司率先导入 CIS 战略，并获得成功，在日本企业界产生了巨大的影响，掀起了日本企业导入 CIS 战略的浪潮。譬如：日本大荣公司、第一劝业银行、建伍音响公司、伊势丹公司、白鹤酒业、富士公司等都先后导入 CIS 战略，并取得良好的效果。接着"亚洲四小龙"（韩国、中国台湾、中国香港、新加坡）及泰国、马来西亚等国家或地区的企业也相继导入 CIS 战略。中国大陆导入 CIS 战略较晚，20 世纪 90 年代，"健力宝""乐百氏""李宁""万宝""雅戈尔""四通"等企业也先后加入导入 CIS 战略的行列，在中国大陆掀起了导入 CIS 战略的热潮。

三、CIS 战略的含义

（一）CI 战略的含义

本书使用的 CI 是 Corporate Identity Sign（企业识别标志）的简称，而不是 Corporate Image（企业形象）的简称。因此，CI 战略中的"CI"是指企业识别标志。

CI 战略，又称 CI 策划，是指以企业识别标志为中心，以设计企业识别标志的标准名称、标准图案、标准字体、标准颜色和标准组合规范为主要内容，以设计和塑造企业及其产品视觉形象为目的一种经营技法。

CI 战略致力视觉识别系统（VIS）的策划，并在企业及其产品的标准名称、标准图案、标准字体、标准颜色和标准组合规范上下功夫，偏重于企业及其产品视觉形象的设计和塑造。

从 CIS 的发展历史看来，第一、第二阶段欧美国家的大部分企业所采用的是以设计和塑造企业及其产品视觉形象为目的的经营技法，笔者认为，应属于 CI 战略的范畴。

（二）CIS 战略的含义

CIS 战略，又称 CIS 策划，是指以企业识别标志为先导，以理念识别系统为核心，集理念、行为、视觉、听觉四大识别系统为一体，以设计和塑造良好的企业整体形象为目的的一种新的经营技法。CIS 战略致力理念识别系统（MIS）、行为识别系统（BIS）、视觉识别系统（VIS）、听觉识别系统（AIS）的策划，并以理念识别系统的策划为核心，全方位、多角度地设计和塑造良好的企业形象，偏重于企业整体形象的塑造。从 CIS 的发展历史来看，第三阶段东西方国家的大部分企业所采用的，以理念、行为、视觉和听觉四大识别系统的策划为主要内容来设计和塑造良好的企业整体形象的经营技法，均属于 CIS 战略。因此可以说，CIS 战略是 CI 战略的继承和发展，是一种塑造良好的企业形象更加系统、更加完善的经营技法。

CIS 战略产生于市场经济的土壤，从对它的不同解释就可以知道，CIS 一开始并非现在的样子。在不同发展时期，不同的国家和地区，CIS 虽然都被用作一种参与市场竞争的有力工具，但是由于情况不同，实施的方法和目标也有所不同。各国根据自己的实际情况，不断对 CIS 进行消化、改造和完善，形成了独具特色的典型模式，其中最主要的两种分别是美国式的 CIS 战略和日本式的 CIS 战略。此外，虽然中国大陆导入 CIS 战略才 30 多年，但是随着经济体制改革的不断深入，企业经营机制的转变以及全球经济一体化进程的加快，许多著名企业纷纷导入 CIS 战略，如广东美的集团、山东海尔集团、北京王府井百货公司、宁波雅戈尔公司、上海恒源祥公司，还有"长虹""TCL""康佳""中国联通"等企业吸取我国传统思想文化中的优良成分，以我国的国情为基础，借鉴国外先进企业导入 CIS 战略的成功经验，大胆创新，一个具有中国特色的 CIS 战略模式正在形成。

四、美国式的 CIS 战略

美国式的 CIS 战略是以企业识别标志为先导，以视觉识别系统为核心，集理念识别系统、行为识别系统和听觉识别系统为一体，以设计和塑造良好的企业整体形象为目的的一种经营技法。

美国式的 CIS 战略，在企业明确了自身的市场定位和形象目标之后，负责视觉识别系统的设计和统筹就成了相当重要的工作，可以说，视觉识别系统的设计表现如何，关系到 CIS 战略导入的成败。因此，美国式的 CIS 战略是视觉型的 CIS 战略，即 VIS 型的 CIS 战略。欧美国家的企业导入的 CIS 战略属于美国式的 CIS 战略。

美国式的 CIS 战略具有两个显著特征：一是鲜明的视觉化；二是突出的个性化。

（一）鲜明的视觉化

美国导入 CIS 战略的开山鼻祖 IBM 公司，以公司的标志设计为切入点，把公司的全称"International Business Machine Corporations"浓缩成 IBM 三个字母，精心设计出富有美感的标准造型，并以蓝色为公司的标准色，以此象征高科技的精密和实力。这个以蓝色条纹构成的 IBM 字形标志，能够产生强烈的视觉冲击力，吸引人们的视线。IBM 公司以企业识别标志为先导，通过视觉信息符号系统来表现企业经营理念和特色，统一企业形象的传播，不仅建立起"蓝色巨人"形象，使企业不断发展，成为美国计算机行业举足轻重的大型跨国公司，而且为美国式的CIS战略奠定了坚实的基础。

20世纪60年代以来，欧美企业纷纷效法IBM公司，导入以企业视觉识别系统为核心的CIS战略。如美孚石油公司、西屋电气公司、可口可乐公司、美国蓝圆水泥公司、法国航空公司、德国西门子公司、麦当劳公司等，其中可口可乐公司的标志最具代表性。可口可乐公司采用红白相间的波纹标志，以英文"Coca-Cola"的手写体为标准字，富有流动感，引人入胜，具有十分强烈的视觉效果，给人以"挡不住的感觉"。世界上最成功的"快餐连锁店"麦当劳公司的金黄色拱门标志鲜艳夺目。此外，波音公司的双色组合标志、荷兰航空公司的蓝色标志等均能产生强烈的视觉冲击力。美国著名设计大师、CIS专家索尔·巴斯（Saul Bass）认为："设计者的作用就是要创造出更加有效的视觉传达工具，对某种观念、产品和服务予以宣传……我们所用的工具不外乎线条、色彩、图案、结构和印刷技术，而关键的问题是围绕着内容与意图进行反复推敲。"欧美企业导入CIS战略非常重视企业标志的标准字、标准色、标准图案等方面的视觉识别系统的设计，通过企业标志的视觉化传播企业的经营理念，从而塑造别具一格的良好的企业形象。可见，鲜明的视觉化是美国式的CIS战略的主要特征。

（二）突出的个性化

导入CIS战略模式与企业所处的文化渊源和成长环境有密切的关系。由于西方文化崇尚自由、个性、独立、竞争，因此，欧美导入CIS战略无不打上西方文化的烙印，具有突出的个性化特点。下面以美国企业为例加以说明。

不同的民族文化个性，拥有不同特色的CIS战略。美国是一个移民国家，素有"民族熔炉"之称，多民族、多文化、多种语言并存是美国国情的主要特征。美国文化由基督传统、自由主义和个人主义三大要素构成，其中，个人主义是美国文化的核心。个人主义构成了美国文化模式的基本特征和主要内容，能够最真实地表达美国人的思想。个人主义是美国身份认同的主要特征之一。美国人信仰人的尊严，个人的神圣性，认为任何干预个人的行为都是不道德的。美国人的最高理想是个人主义，最高贵的社会理想和世界观也是个人主义。对于美国人来说，放弃个人主义，就等于放弃与生命攸关的身份认同。曾经有个美国人在唐人街看完《白蛇传》之后，问旁边的华人："中国姑娘（白娘子）怎么会嫁给软弱无能的男子（许仙）呢？"这句话说明美国人对中国妇女的传统美德感到不可思议。何故？这正是不同的文化渊源和传统思想所导致的。美国企业导入CIS战略深受美国文化的影响，呈现出突出的个性化特点。如美国可乐市场的两大巨人——可口可乐公司和百事可乐公司，同属于生产可乐饮料的公司，但两个公司导入CIS战略均具有突出的个性。下面以20世纪70年代这两个公司的标志为例加以说明。

1970年，可口可乐公司开始全面导入CIS战略，更新开发统一的视觉识别标志对外传播。自1969年起，可口可乐公司的标志选择红色为标准色，以"Coca-Cola"手写体为标准字体，造型是独特的瓶形轮廓波纹，红底白字加上红白相间的波纹产生了强烈的视觉冲击力，突出了可口可乐"挡不住的感觉"之个性，如图5-5所示。

1969年，百事可乐公司开始导入CIS战略，经过几年的实践后，于1973年采用如图5-6所示的标志。百事可乐的标志以"PEPSI"黑体字为标准字体，以方和圆的有机组合为标准图案，方形的背景由两种颜色组成，分别为蓝色和红色，白色瓶盖形圆环中间有一条宽大的白色波浪，把中间的圆分成上下反向对称分布的两个不规则圆浪形，上为红色，下为蓝色，构成了红、蓝、白三种色彩的强烈对比，在强调视觉效果的同时，又突出了其个性化特征。

（1969年）
图 5-5　可口可乐公司标志

（1973年）
图 5-6　百事可乐公司标志

若把百事可乐和可口可乐两瓶饮料同时摆放在一个货架上，在视线范围内，一眼便可识别它们。即使是不识字的老人、小孩也都能一眼认出哪一瓶是百事可乐，哪一瓶是可口可乐。

美国式的 CIS 战略注重企业形象的视觉化和个性化设计，通过独特的视觉信息符号系统来表现企业经营理念和特色，统一企业形象传播，从而达到使社会公众认知、识别，建立良好企业形象的目的。

五、日本式的 CIS 战略

日本式的 CIS 战略是指以企业理念识别系统为核心，强调视觉识别的标准化、系统化，重视理念识别、视觉识别、行为识别和听觉识别的整体性作用，追求传达企业独特的经营理念和特色的完整性，并与企业文化建设紧密结合，塑造良好的企业整体形象的一种经营技法。

日本于 20 世纪 70 年代末，从美国引进 CIS 战略。作为东方民族，日本的企业管理思想深受东方文化的影响，特别注重企业自身的修炼。日本企业在导入 CIS 战略时，不仅吸取西方国家企业的长处，同时，融合了日本民族文化和经营管理特色，创造了具有日本民族特色的 CIS 模式。学者们普遍认为：日本式的 CIS 战略是企业文化型的 CIS 战略。

日本式的 CIS 战略具有两个显著的特征。

（一）坚持以认知企业理念为核心的原则

日本人把认知企业理念作为导入 CIS 战略的核心，并把概念性的抽象理念转变为独特的行为模式和具体可见的视觉形象。在统一的企业理念指导下，对内整合、强化全体员工的归属意识；对外整合、传播企业良好的整体形象。同时，日本人认为企业的经营者可以变化，但企业的理念、经营宗旨和具有自身特色的企业文化的优良传统是不能改变的。因此，日本企业在导入 CIS 战略时，十分重视企业理念和企业文化的塑造和传达。

（二）坚持以人为本的原则

"重视人，尊重人，关心人"，即"以人为中心"是日本企业组织建设的重要内容，是日本企业文化的重要特征。日本企业导入 CIS 战略与企业文化建设紧密结合，创造了企业文化型的 CIS 战略模式。

日本是以大和民族为主的国家，大和民族的行为准则是：保持和谐，讲求合作精神。日本民族的"大和精神"是由日本的地理环境和独特的历史共同塑造而成的。日本是一个岛国，不仅资源匮乏，而且时时处处都在地震、火山喷发、海啸、台风等自然灾害的威胁之下，这样严酷的自然环境，要求全体岛民齐心协力、团结一致战胜困难。日本又是世界上民族构成最单一的国家，几乎不存在民族之间的纷争，这是形成"大和精神"的另一个原因。因此，在"大和精神"的熏陶下，日本民族文化形成了两个显著的特点：一是强烈的集体主义观念，即团队精神；二是强烈的家族意识。日本企业文化深深打上了日本民族文化的烙印，加上战争给日本经济带来的巨大创伤，客观上它要求企业的员工能与企业同甘共苦，一起创业，以团队精神来克服各种困难。另外，从经济发展前景上看，由于其国内市场狭小，导致企业回旋余地小，因此，企业只有向外寻求生存和发展的空间。要达到这一目标，企业必须依靠加强企业文化建设和塑造良好的企业形象来凝聚员工，以企业理念为动力来刺激、影响员工的行为，使员工树立"以企业为家"的思想。同时，要坚持以人为本的原则，推行"年功序列工资制""终生雇用制"来造就员工对企业的归属感和家族意识，并以"企业工会制度"来协调劳资关系，减少劳资双方的矛盾和对抗，使员工与企业结成"命运共同体""利益共同体"和"生活共同体"。因此，"以人为本""以企业为本""以企业为家""对企业忠诚，敬业乐业爱企业的精神"是日本企业的支柱，是日本企业文化的源泉。

综上所述，坚持以认知企业理念为核心的原则和坚持以人为本的原则，是日本企业导入 CIS 战略两个显著的特征。

六、中国式的 CIS 战略

中国最早导入 CIS 战略的是中国台湾的台塑集团，其波浪形、延伸式的企业标志，将所有各关系企业的标志结合在一起，充分表现了台塑集团的产业特色，并且象征着整个企业连绵不断、蓬勃发展。台塑集团通过导入 CIS 战略，把理念识别系统和视觉识别系统有机结合起来，建立起良好的企业整体形象，使台塑集团不断发展壮大，而今成为台湾地区最大的集团公司之一。台塑成功导入 CIS 战略为台湾地区的企业注射了一支有一定分量的"兴奋剂"，许多企业纷纷导入 CIS 战略。

在众多导入 CIS 战略的企业中，具有中国民族特色的要算中国台湾的味全公司。该公司在导入 CIS 战略之前，由于其业务快速发展，新产品不断开发，并开始外销国际市场，原有的双凤标志的视觉形象已经无法显示企业的经营内容和发展状况。于是，该公司请来了日本著名的设计师大智浩为设计顾问，并组建了 CIS 战略委员会，制订了导入 CIS 战略的计划。在对本企业经营的实态做出周密的调查与研究之后，确定了新的五圆标志，如图 5-7 所示。

a）中文组合标志

b）英文组合标志

图 5-7　味全公司标志

该标志以五个圆点构成味全英文名（Wei-Chuan）首写字母"W"的造型，也是中文味全（Wei quan）和五味俱全（Wu wei ju quan）中的"味"和"五"汉语拼音的首写字母。既象征食品业圆润可口的行业特征，又寓意中国美食五味俱全的悠久历史；既揭示出企业经营系列化产品的理念，又表现出中华民族传统文化的特色。从公司的名称——味全，到公司的标志寓意——五味俱全，都吸取了中华民族传统文化的优良成分。公司实施 CIS 战略后，统一原有部门、产品的视觉形象，通过有效、系统的传播，在公众心中树立起良好的企业形象，推动了企业向前发展。台湾味全公司为建立具有中国民族特色的 CIS 战略奠定了坚定的基础，值得我们借鉴。

地处改革前沿的珠江三角洲地区很快掀起了导入 CIS 战略热潮。一大批经过 CIS 策划包装的新品牌、新企业，包括健力宝饮料、金利来领带、容声冰箱、美的风扇、万家乐热水器、康佳彩电、三九胃泰等，以强有力的市场开拓力，由南至北席卷全中国。⊖

中国大陆正式导入 CIS 战略至今，只有 30 多年，大部分企业都是导入美国式或日本式的 CIS 战略模式，因此，现在要对"中国式的 CIS 战略"下个定义，为时尚早。但是，随着我国改革开放的不断深入，全球经济一体化步伐的加快，国内外市场竞争的升温，建立具有中国特色的 CIS 战略模式，却是势在必行。

要建立中国特色的 CIS 战略，主要从如下几个方面入手：

（1）洋为中用。借鉴国外先进的 CIS 战略理论和先进企业导入及其实施 CIS 战略的成功经验，指导中国企业导入 CIS 战略。

（2）古为今用。吸取中华民族传统思想文化中的优良成分，把它运用到企业导入 CIS 战略中去。

（3）大胆创新。结合中国的国情，总结经验，与时俱进，开拓创新，建设具有中国民族文化特色的 CIS 战略模式。

相信不久的将来，一个以中国民族文化为基础，东西合璧的、中国式的 CIS 战略将展现在世人面前。

第二节　CIS 战略功能

在当前国内外市场竞争日益激烈的形势下，企业形象已经成为企业生存和发展的重要因素。企业形象良好，公众美誉度高，犹如一个巨大的磁场，把企业所需要的生产经营要素如

⊖ 万力. 名牌 CI 策划[M]. 北京：中国人民大学出版社，1997：26-27.

资金、技术、人才等吸引过来，保持企业长盛不衰，并能捷足先登抢占市场的"制高点"，在市场竞争中必然处于有利的地位；企业形象受损，公众口碑不佳，则像在市场经济的大潮中逆水行舟、举步维艰，在市场竞争中必然处于不利的地位，甚至陷入停产、破产的困境。由此可见，树立良好的企业形象，既是市场竞争的客观要求，也是企业生存与发展的迫切需要。CIS 战略就是通过对 MIS、BIS、VIS 和 AIS 的策划，来设计和塑造良好的企业形象的一种新的经营技法，企业运用 CIS 战略对内可以强化群体意识，增强企业的向心力和凝聚力；可以强化标准化、系统性、制度化的管理，提高企业经营管理水平；可以增强企业的体质和适应市场变化的能力。对外可以使社会公众更明晰地认知该企业，信赖和偏爱该企业及其产品，从而提高企业的认知度、美誉度和信任度，为企业的未来发展创造整体的竞争优势。CIS 战略的功能是全方位的，它既可以改善企业内部的经营环境，也可以改善企业外部的经营环境。下面就 CIS 战略对企业的内部和外部功能进行具体的介绍。

一、CIS 战略的企业内部功能

（一）约束功能

在开发和导入 CIS 战略的进程中，企业应制定 CIS 战略推进手册作为企业的内部法规，让全体员工认真学习并共同遵守执行，使其成为企业全体员工的自觉行动，达到自我约束的目的。通过"法规"的贯彻和实施，统一全体员工的思想和行动，提升企业的管理水平和战略规划，保证企业自觉朝着正确的方向发展，从而增强企业的综合竞争实力，提高企业的经济效益和社会效益。

（二）凝聚功能

开发和导入 CIS 战略，有利于优化企业文化。市场经济的竞争性、多元化，企业的国际化、多角化，导致了企业人才争夺的白炽化、员工流动的扩大化。在企业员工的意识和价值观变化加快又复杂多变的形势下，能不能凝聚人心、留住骨干、吸引人才，对企业的生存和发展至关重要。CIS 战略的重要内容是建立企业的理念识别系统，明确企业独特的指导思想、经营哲学和经营宗旨，统合全体员工的价值观、道德规范、生活信念等，在企业中形成共同的目标感、方向感、责任感、荣誉感，从而达到重建或优化企业文化的目的。而优秀的企业文化对内能满足员工的心理需求，使企业产生强大的凝聚力和向心力，使员工与企业结成"命运共同体""利益共同体"和"生活共同体"，使企业员工有"企业是我家"的感觉，形成员工关心企业生产经营、珍视企业信誉的良好局面，培养员工敬业爱岗的精神；对外能突出企业鲜明的个性，树立起良好的形象，使企业具有独特的魅力，吸引和招揽众多人才加入企业，确保企业生产力的提升和持续发展。

（三）导向功能

开发与导入 CIS 战略，规定了企业行为的价值取向，确立了企业的奋斗目标，制定了企业各项规章制度，从而对企业全体员工的行为起着导向作用。统合员工的价值观念、思维方式，引导员工始终不渝地为实现企业的目标而奋斗。

(四)激励功能

开发与导入 CIS 战略的目的是设计和塑造企业良好形象。企业树立起良好的形象对企业员工有很大的激励作用,可以增强企业员工的荣誉感和自豪感,激励他们为维护企业的良好形象而努力工作。

(五)文化教育功能

CIS 战略具有很强的文化教育功能。因为导入 CIS 战略的企业能够进一步建立起先进的企业文化,企业员工能得到先进企业文化的熏陶,培养自己正确的世界观、价值观、道德观和思维方式,使自己的言行举止符合企业的行为规范。同时,在 CIS 战略导入过程中,企业可以吸收最新的科学技术、管理理论和管理方法,使企业员工能够学习和掌握新的科学技术和管理理论及方法,从而提高企业员工的科学文化水平和综合素质。

二、CIS 战略的企业外部功能

(一)形象塑造功能

企业导入 CIS 战略就是要对企业的经营理念、目标、方向加以检讨和校正,就是要站在社会大众的立场上,承担社会责任,回馈消费大众,积极致力社会公益事业,有目的、有计划地塑造企业的良好形象,实现企业经济效益和社会效益的统一,从而赢得公众及社会各界的支持和信赖,为企业创造出良好的外部经营环境。

在现代社会中,公众意识日益觉醒,越来越多的企业家认识到,企业不择手段地赚取利润而无视企业的社会责任,最终会给企业的生存和发展带来严重危机。企业只有导入 CIS 战略,把承担社会责任放在重要的位置上,努力为社会提供所需要的优质产品和优质服务,积极支持和赞助社会公益事业,才能在公众及消费者面前树立良好的企业形象,才能使社会公众更清晰地认知该企业,更加信赖和偏爱该企业。

(二)鲜明识别功能

在高科技、高质量的市场竞争中,各企业的同类产品在性能、质量、包装和价格等方面日趋一致,名牌产品成为消费者决定购买的首选商品,由此可见,名牌产品的竞争是市场竞争的焦点。名牌的竞争事实上就是企业形象的竞争,而 CIS 又是企业创造名牌的重要武器,在某种意义上讲,市场的竞争就是 CIS 的竞争。企业唯有导入 CIS 战略,通过企业理念、行为、视觉和听觉 4 个识别系统的策划,才能树立起良好的企业形象,才能创造独树一帜的名牌产品,才能提高产品的非品质竞争力,才能使企业与其他同类产品区别开来,才能通过"形象竞争"拉开各企业在市场竞争中的差距,从而使社会公众和消费者快速识别该企业的名牌产品。可见,CIS 战略具有鲜明的识别功能。

(三)信息传播功能

导入 CIS 战略能够保证企业信息传播的统一性和一致性,并使传播更经济。例如,视觉识别系统的建立使关系企业和企业各部门可遵循统一的传达方式，应用在企业所有的媒体或项目上，一方面可以收到统一的视觉识别效果；另一方面可以节约制作成本，减少设计时无谓的浪费。尤其是编制《CIS 战略实施手册》之后，可使设计规格化、操作程序化，并可保证一定的传达水准。在 CIS 战略系统操作过程中，统一性与系统化的视觉要素可加强信息传播的频率和强度，产生倍增的传播效果。

（四）市场应变功能

在瞬息万变的市场环境中，企业正面临着全方位的挑战。国际大市场的来临、新技术的迅猛发展、"信息高速公路"在全球逐渐开通以及全球经济一体化步伐的进一步加快，使世界范围内的产业结构发生了深刻的变化，劳动力密集型的产业结构正日益向技术和资金密集型的产业结构过渡。新产业有新的特点，这就意味着旧的观念和体制已成为障碍，企业必须全面反省和适当调整自己的组织行为、价值观念、经营方向、组织结构乃至企业的名称、标志、色彩等，才能适应市场的变化，才能承受剧烈的转型带来的冲击。

企业导入 CIS 战略，通过周密、严谨、有序的系统工程，对企业状态进行全面彻底的检讨，并根据企业存在的问题，提出解决问题的方法、措施，以帮助企业转变机制、更新观念、规范行为、广纳人才、重塑形象，使企业具备自我适应、调整和更新的能力，从而提高企业的市场应变能力。

（五）市场拓展功能

随着全球经济一体化进程的加快，跨国公司越来越重视树立国家间的企业形象。如跨国公司中的 IBM、可口可乐、百事可乐、麦当劳、丰田、本田、松下、索尼、东芝等公司，都是通过导入 CIS 战略对内改善企业整体素质、增强竞争力；对外树立和巩固国家间的良好形象，拓展海外市场。我国的大型企业，既受到跨国公司全球"形象战略"的挤压，又受到国际市场的强烈吸引。在企业情报系统不断改善的情况下，这些企业把导入 CIS 战略，作为推进企业集约化、国际化、多角化经营管理的最有效的途径之一。如我国的海尔集团公司、康佳集团公司等通过导入 CIS 战略，走出中国，走向世界，拓展海外市场，并取得很大的成功。

第三节 企业导入 CIS 战略的基本程序与推进主体

一、企业导入 CIS 战略的基本程序

企业导入 CIS 战略是一项周密性、复杂性、系统性、长期性的发展规划。作为一项系统工程，必须按照一定的原则，循序渐进地展开作业，才能达到预期的目标。因此，企业必须制定出理想的 CIS 战略导入程序，以便从宏观上把握 CIS 战略。

一般而言，企业导入 CIS 战略的基本程序可分为 4 个阶段：前期准备阶段、调查研究阶段、构思设计阶段、实施管理阶段。

（一）前期准备阶段

企业导入 CIS 战略行为应是一个有目的、有计划的主动行为。要使导入 CIS 战略的工作顺利进行，前期准备工作很重要，它是企业导入 CIS 战略的前提和基础。一般来说，这一阶段的工作主要包括如下几个方面。

1. 明确导入动机

企业导入 CIS 战略是在不同的目的和动机的支配下展开的，动机不同将直接影响到企业形象设计和塑造的整个操作过程与最终结果。因此，企业首先必须明确导入 CIS 战略的动机，然后根据企业的实际需要，确定导入 CIS 战略的预期目标，最后相应地实施 CIS 战略。

不同的企业导入 CIS 战略的动机是不同的。比如，全国闻名的郑州亚细亚商场导入 CIS 战略的动机是为了重塑亚细亚精神，将原来的企业精神"把真诚奉献给亚细亚，你将受到尊重，自私和虚伪将遭到唾弃"，重新确定为"奉献真诚和爱心，追求卓越，共同构筑美好的家园"，使企业精神达到更高层次的新境界。日本小西六照相工业公司导入 CIS 战略的动机主要有三：一是归并统合纷繁的商标品牌；二是变更企业名称；三是为了改变原有陈旧、落后的企业形象，重塑企业新形象，扭转经营不佳的状况。该公司于 1983 年 10 月 21 日正式更名为"柯尼卡公司"，产品商标也统称为"柯尼卡"，并将"柯尼卡蓝"定为新生柯尼卡的代表色，企业形象焕然一新，不仅激发了企业员工的积极性、创造性，使企业充满活力，而且对外企业形象也变得鲜明充实、富有特色，赢得了公众的信任，为企业的发展创造了一个良好的经营环境，提高了企业的经济效益和社会效益。我国台湾的肯尼士（KENNEX）公司导入 CIS 战略是为了把该公司的产品——网球拍打入海外市场；美国 IBM 公司导入 CIS 战略是为了顺应国际大市场的要求；而柯达公司导入 CIS 战略是为了强化企业广告宣传，增强新产品的竞争力。

> **补充知识**
>
> **企业导入 CIS 战略的一般动机示范**
>
> 1）创立新公司（企业）。
> 2）合并为集团企业。
> 3）新产品成功上市。
> 4）进军海外市场。
> 5）变更企业名称。
> 6）扩大经营范围，实施经营多元化战略。
> 7）更换经营者，整顿旧秩序，重塑新形象。
> 8）调整经营理念或改变经营方针。
> 9）归并统合纷繁的商标品牌。
> 10）以优良的产品品牌为企业标志，建立统一的企业形象。
> 11）建立关系企业共生机制，规划共性信息系统。
> 12）兴办公共社会文化事业和公益活动，提高企业的知名度、美誉度等。

2. 确定预期目标

动机是行动的先导,目标是行动的方向。企业在明确导入 CIS 战略的动机之后,还有一个重要环节就是要根据企业的实际需要和社会环境的不同,确定导入 CIS 战略的预期目标,然后组织实施相应的 CIS 战略。在我国台湾,许多企业自创业以来,其导入 CIS 战略的预期目标就是要进军海外市场,步入国际化经营的轨道。如肯尼士(KENNEX)公司、普腾(PROTON)公司等就获得了很大的成功。再以柯尼卡和柯达这两家公司为例加以说明。这两家公司都是以生产胶卷为主的企业,都导入了 CIS 战略,但是这两家公司导入 CIS 战略的预期目标就不一样。柯尼卡公司导入 CIS 战略的预期目标是确立全新的企业理念和经营方针,树立新的企业形象,使公众产生对企业及其产品的信任感;而柯达公司的预期目标是强化企业在公众心目中的良好形象,扩大企业的知名度、美誉度,提升产品竞争力。

然而,如何确定导入 CIS 战略的预期目标?这是值得我们研究的一个问题,也是值得企业重视的一个问题。预期目标的确定,既不能东施效颦,也不能好高骛远;既不能仅凭"专家"的主观臆断,也不能仅凭老板的一时冲动。我们认为应根据企业的实际情况、市场环境的变化、科学技术的进步,有针对性地确定导入 CIS 战略的预期目标。

3. 设立组织机构

企业导入 CIS 战略,应设立专门的组织机构,给予组织上的保证。这一机构是企业 CIS 战略导入行为的决策者和操作者,处理与 CIS 战略导入有关的各项事宜,我们通常称之为 CIS 战略委员会。

CIS 战略委员会是由导入 CIS 战略的企业部分领导或高级主管和 CIS 专家、设计专家、调研人员、文案人员等组成。

(1) CIS 战略委员会组织机构

1)委员会主任。委员会主任由企业董事长或总经理、CIS 战略专家担任。选择企业最高领导担当 CIS 战略委员会主任,是为了保证整个设计过程的权威性和主导性,即企业导入 CIS 战略的工作计划和实施方案能在企业得到贯彻执行;选择 CIS 战略专家担任 CIS 战略委员会主任,是因为其是 CIS 策划领域的权威人士,他们的意见能被企业高层领导人和企业的主管部门认可,能够影响 CIS 战略委员会,有利于形成统一的意见。

2)CIS 总策划。CIS 总策划是 CIS 战略委员会的执行主任。通常应由既有丰富经验又具有创见能力和协调能力的实际操作者,即 CIS 策划专家担任。他负责企业形象设计和塑造的全过程的工作,并指挥 CIS 战略委员会所有成员的各项工作,把握企业形象策划的方向。

3)艺术总监、设计总监、调研总监、文案人员。艺术总监通常由具有多年工艺美术设计经验,参与过 VIS 设计工作,并具有独创和开拓精神的 VIS 设计人员担任。艺术总监负责 CIS 设计中视觉识别系统部分,包括企业标志、标准字、标准色、吉祥物、员工服装、办公用品、礼品装帧等。

MIS、BIS、AIS 设计总监主要负责各自识别系统的质量监控。

调研总监,由市场调研专家来担任,负责导入 CIS 战略前后的调查工作。他组织调研人员对企业的内、外部环境进行调查,为企业导入 CIS 战略提供所需要的各种材料,并对所收集材料进行整理归类或统计分析。

文案人员,通常由具有较高文化素质和丰富阅历,并具有一定的企业管理、营销管理的理论知识和实践经验的人所担任。主要负责导入 CIS 战略过程中的全部文案工作，还包括系统的新闻报道和宣传教育工作。CIS 战略委员会组织机构设置，如图 5-8 所示。

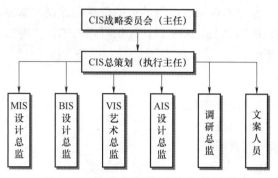

图 5-8　CIS 战略委员会组织机构设置

（2）CIS 战略委员会组建原则

1）权威性原则。CIS 战略委员会成立之后，能独立开展工作，能够发号施令，全面推广和贯彻 CIS 工作计划。

2）代表性原则。由于导入 CIS 战略是公司全面性、整体性的活动，它涉及公司内部各单位的方方面面。因此，CIS 战略委员会成员必须有一定的代表性，能代表企业的各个方面。

3）协调性原则。协调性原则包括三个方面：①CIS 战略委员会内部协调，委员会成员必须团结一致、精诚合作，形成一种广开言路、畅所欲言的氛围，同时又能保持意见和行为的高度统一。②CIS 战略委员会与各部门的协调，CIS 战略的设计和实施，要依赖企业内部的通力合作，因此，必要时要主动和各部门搞好关系。③CIS 战略委员会与外界的协调，CIS 战略的导入是一种高层次的创造过程，必须要借助 CIS 专业机构的协助，所以，CIS 战略委员会应担当起公司与外界沟通的桥梁，密切二者的关系。

（3）CIS 战略委员会的任务

1）确立 CIS 战略委员会导入的时间、日程、方针与政策。

2）全面检讨企业现行状况。

3）提供 CIS 策划所需要的全部资料。

4）审定 CIS 策划的各种方案。

5）协助 CIS 策划人员开展设计工作。

6）对公司内外发表 CIS 策划的结果。

7）负责全员培训、渗透实施 CIS 新概念。

8）在企业内部全面推行 CIS 方案。

9）反馈企业内部对 CIS 策划的意见。

10）不断调整修正 CIS 计划。

（二）调查研究阶段

1．调查研究的目的

CIS 战略委员会设立之后的第一项工作就是组织人力、财力、物力对企业的内部和外部环境进行深入细致的调查研究。由于企业的生存和发展取决于能否适应环境的变化，能否得到社会公众的理解、认同和支持。所以，调查研究的目的就是了解国内外政治、经济、文化和科技发展的情况；了解社会公众、消费者及企业内部员工对企业现行的理念、经营方针、产品和服务形象、行为规范等的认知度以及他们的意见和建议，掌握企业内外环境所存在的问题，为企业进行 MIS、BIS、VIS、AIS 设计提供可靠的依据，为实施 CIS 战略、塑造企业良好的形象奠定坚实的基础。

2．调查研究的内容

1）关于企业内部环境的调查研究。

2）关于企业外部环境的调查研究。

3）对企业自身形象的调查研究。

这些内容和方法在第二章中已详细介绍，不再重复。

（三）构思设计阶段

在明确导入动机、确定预期目标、设立组织机构并对企业内外部环境进行深入细致的调查研究，分析掌握企业的实态之后，企业就要为塑造新的企业形象设计企业识别系统（CIS）。CIS 的主要内容包括企业理念识别系统（MIS）、企业视觉识别系统（VIS）、企业行为识别系统（BIS）和企业听觉识别系统（AIS）四个方面。关于企业识别系统设计的具体内容将在本书第六章详述。

（四）实施管理阶段

在企业导入 CIS 战略的作业程序中，前期准备工作是前提，对企业内、外部环境进行调查研究是基础，构思设计企业形象是核心，实施管理 CIS 是关键。

CIS 构思设计完毕只是企业导入 CIS 战略的开端，而实施管理 CIS 才是企业导入 CIS 战略长期的、艰巨的任务。CIS 既要加快实施，又要加强管理。

CIS 的实施要依靠 CIS 战略的推进主体去完成。推进主体包括企业最高领导人（CEO）、CIS 执行委员会、CIS 咨询中心、企业各部门和全体员工。其中，CEO 起着决定性作用；CIS 执行委员会是导入和实施 CIS 的专门机构，是实施 CIS 的中坚力量，起着积极的推动作用；CIS 咨询中心是 CIS 战略推进的技术顾问；企业各部门和全体员工是推进 CIS 战略的主力军。

CIS 的管理是企业导入 CIS 战略的一个重要环节，主要内容有 CIS 贯彻执行教育、持久有效传播、相对稳定控制、实施情况反馈、内涵形式更新五个方面。

1．CIS 贯彻执行教育

CIS 设计完成之后，摆在企业面前的首要任务就是如何贯彻执行 CIS。企业应利用一定时间组织全体员工学习和贯彻 CIS，如开展"CIS 教育月"活动，印发《CIS 学习资料》和《CIS 推进计划》等，使全体员工全面理解 CIS 的内涵和形式以及贯彻执行 CIS 的目的、要求和计划，达到统一企业行为的目的。另外，企业导入 CIS 战略以后，随着时间的推移，CIS 会作为企业文化的组成部分沉淀下来。企业原有员工会对它逐渐淡漠，新的员工、新的客户也会对它感到陌生，因此，加强 CIS 的教育，是巩固 CIS 导入成果的重要措施。企业应有计划、有目的地持续开展 CIS 教育，使企业理念在员工头脑中不断扎根，使企业行为始终保持一致性，使员工了解和熟知 CIS 设计、开发、实施的历史过程，激发员工的工作热情，培养员工的集体荣誉感，增强企业的向心力和凝聚力，树立企业的良好形象。

2. CIS 持久有效传播

CIS 的实施是一个系统工程。CIS 作为企业文化的组成部分应广泛地融合企业生产经营的方方面面，应通过公关活动和各种宣传手段广为扩散，形成冲击效果，使 CIS 家喻户晓、人人皆知，在社会公众中形成形象力。然而，CIS 形象力的形成，并非一朝一夕之功，它产生于有计划、较大规模、持久有效地开展 CIS 传播活动，绝不能认为在 CIS 导入工作完成之后就大功告成，这只是万里长征走完了第一步，以后的路程更远、更艰巨。

3. CIS 相对稳定控制

CIS 是"四位一体"的统一体系，它的识别作用源于个性化的有机统一。识别系统个性化在构思设计 CIS 的过程中已经确立。而个性化的有机统一则要靠企业有组织、有计划地实施 CIS，并要经过长期的营造。由于企业环境不断发生变化，企业的各种硬件和软件的形象要素也在不断发展之中，如人员的流动，管理人员更换，甚至企业易帅；或设备更新，产品换代；或技术创新、引进；或扩大经营领域，产品进入国际市场；等等，因此，企业必须对 CIS 实施控制管理，以保持 CIS 的相对稳定性。

4. CIS 实施情况反馈

CIS 的实施不是个人行为，而是集体行为。企业应十分重视 CIS 实施过程中的信息反馈，对其四大识别系统的形式和内容的实施效果分别进行检验、讨论和评估，为 CIS 的修正、补充提供依据，使 CIS 更为完善。

5. CIS 内涵形式更新

CIS 内涵形式更新就是指在企业内外环境发生变化的情况下，根据企业发展的需要对 CIS 所做的相应调整和改进。

由于宏观经济环境变化带来企业生存和发展条件变化；由于经济和政治体制的改革带来企业经营机制的转变；由于科学技术的进步带来产品的更新换代；由于社会的进步、时代的变迁导致人们的观念和时尚的变化；等等，客观上要求企业要与时俱进、开拓创新，对 CIS 的内涵和形式进行更新，以形成新的刺激、新的冲击，塑造企业新的形象。

企业在实施对 CIS 的管理过程中，要正确处理好 CIS 相对稳定与 CIS 内涵形式更新的关系。因为人们对事物的认知特点是具有矛盾性的。一方面他们喜欢程式化、规范化、固定性的事物；另一方面他们又偏爱新颖的、创新的事物，这是一种认知上的二律背反。CIS 相对稳定控制的目的，是为了形成 CIS 的定式，便于社会公众的识别或认同；而 CIS 内涵形式更新的目的，是为了形成 CIS 新的刺激、新的冲击，塑造企业崭新的形象，迎合社会公众偏爱新颖、时尚的心理。因此，企业在实施对 CIS 的管理中必须认真考虑认知规律和认知特点，在 CIS 的相对稳定与 CIS 的适时更新中找到结合点，赋予 CIS 强大的生命力，为企业导入 CIS 战略，塑造良好的企业形象奠定坚实的基础，发挥其应有的作用。

二、企业导入 CIS 战略的推进主体

在企业导入 CIS 的基本程序中，CIS 的实施管理是关键。由于 CIS 的实施是一项周密而

复杂的系统工程，因此，要依靠由 CEO（Chief Executive Officer 公司总经理，总裁；亦用 Chairman and Chief Executive Officer 公司董事长兼总经理或总裁）、CIS 执行委员会、CIS 咨询中心以及企业各部门和全体员工所组成的推进主体来完成，他们在 CIS 实施过程中扮演着不同的角色。

（一）CEO 是实施 CIS 的决策者，起着决定性作用

CEO 是企业各项管理工作的决策者，对企业生产管理中的重大问题做出最终决策。导入 CIS 是关系到企业兴衰存亡的大事，必须由企业最高领导人亲自参与、决策拍板和积极推动。因此，CEO 不仅是 CIS 的积极倡导者、推动者，而且还是实施 CIS 的决策者，他在企业实施 CIS 的过程中起着决定性作用。如 IBM 公司的 CEO 小汤姆斯·华生、松下电器公司的 CEO 松下幸之助、海尔集团的 CEO 张瑞敏、雅戈尔集团的 CEO 李如成等，他们在各自公司 CIS 导入和实施中均起决定性作用，并获得巨大成功。

（二）CIS 执行委员会是导入和实施 CIS 的中坚力量，起着推动作用

CIS 执行委员会，又称 CIS 行动委员会，是属于 CIS 战略委员会的一个具体从事 CIS 策划和规划与推广工作的机构。CIS 战略委员会主要负责制定 CIS 策划的大政方针、信息提供、后期保障、召集导入和实施 CIS 的有关会议，是一个决策型的机构。CIS 执行委员会则是专职负责具体的 CIS 导入工作和实施推广工作，是一个执行型的机构。设立 CIS 执行委员会的目的是具体落实导入和实施 CIS 的各项工作，调动企业各部门和全体员工的积极性，引导他们积极参与导入和实施 CIS 的工作，并有效地协调各部门的工作，使 CIS 的导入和实施工作能够顺利地展开。因此，CIS 执行委员会是 CIS 导入和实施的中坚力量，起着积极的推动作用。

1．CIS 执行委员会的构成

由于 CIS 的导入和实施推广是一项繁重复杂、高标准、严要求的工作，因此，CIS 执行委员会的成员应具备复合型的知识结构、卓越的办事能力、充沛的精力和忘我的工作精神。一般来说，CIS 执行委员会由 CIS 专家、调研人员、设计人员、文案人员等组成。

1）CIS 专家，主要负责 CIS 设计过程中的全部创意，主要包括构思企业理念识别系统（MIS）、整理和规范行为识别系统（BIS）、策划听觉识别系统（AIS）、拟写 CIS 导入和实施推广计划草案、提出导入和实施推广 CIS 的意见和建议等。

2）调研人员，根据企业确定导入 CIS 的预期目标和 CIS 专家的意见，具体组织人力、物力、财力对企业的内外环境进行调查研究，向 CIS 专家提供所需要的资料。

3）设计人员，根据 CIS 专家的创意，将企业理念识别系统、行为识别系统、听觉识别系统进行视觉化设计，形成视觉识别系统（VIS）。

4）文案人员，主要负责 CIS 导入和实施推广过程中的全部文案工作，还包括系统的新闻报道和宣传教育工作。

2．CIS 执行委员会的主要任务

1）预测 CIS 导入的具体时段，预算 CIS 导入和实施推广的费用。

2）负责落实 CIS 导入和实施推广计划。

3）具体组织对企业内外环境的调查研究。
4）提出导入 CIS 的论证报告。
5）对企业理念、行为、视觉、听觉和传播系统进行构思、设计和规划。
6）开展 CIS 宣传教育活动，负责 CIS 的内外推广。
7）收集和整理企业各部门落实 CIS 导入和实施推广计划的情况。
8）督促和检查企业各部门落实 CIS 导入和实施推广计划的情况。
9）与导入 CIS 战略的其他专门机构保持联系。
10）负责 CIS 推广效果的检验和评估等。

（三）CIS 咨询中心是企业导入和实施 CIS 的技术顾问

CIS 咨询中心由 CIS 专家和设计人员组成，从属于 CIS 战略委员会。它的主要任务是对企业各部门在导入和实施推广 CIS 的过程中给予指导、提供技术援助，并对提出的问题进行解释和协助解决，保证 CIS 的导入和推广工作的顺利进行。此外还包括企业广告的选点、制作、商标制作、CIS 推广软件等方面的技术指导。由此可见，CIS 咨询中心是企业导入和实施推广 CIS 的技术顾问。

（四）企业各部门和全体员工是企业导入和推广 CIS 的主力军

企业导入和实施推广 CIS 涉及企业的各个部门和全体员工。如果没有企业各个部门的主动配合和全体员工的积极参与，企业导入和实施推广 CIS 就不可能成功，更谈不上塑造良好的企业形象。在某种意义上讲，企业各部门和全体员工是企业导入和实施推广 CIS 的主力军。因此，企业在导入和实施推广 CIS 时，要召开企业各部门负责人会议和全体员工大会，印发有关资料和《CIS 导入和实施推广计划》，让每一个部门、每一位员工都能够认识到企业导入和实施推广 CIS 的重要性以及各自肩负的义务和责任，调动各个部门和全体员工的积极性、主动性，让他们自觉地、积极地、主动地投入企业导入和实施推广 CIS 的工作中来。

本章小结

CIS 的发展经历了三个阶段：从企业商标品牌分散化发展到企业产品视觉形象统一化；从企业产品视觉形象统一化发展到企业形象视觉化传达；从企业形象视觉化传达发展到企业整体形象系统化传达。

CIS 战略模式有美国式 CIS 战略、日本式 CIS 战略和中国式 CIS 战略（正在形成）。CIS 战略的企业内部功能主要包括约束功能、凝聚功能、导向功能、激励功能、文化教育功能五个方面。CIS 战略的企业外部功能主要包括形象塑造功能、鲜明识别功能、信息传播功能、市场应变功能、市场扩展功能。企业导入 CIS 战略的基本程序包括前期准备、调查研究、构思设计和实施管理四个阶段。企业导入 CIS 战略的推进主体主要由 CEO、CIS 执行委员会、CIS 咨询中心及企业各部门和全体员工所组成。其中：CEO 是实施 CIS

战略的决策者，起着决定性作用；CIS 执行委员会是实施 CIS 战略的中坚力量，起着推动作用；CIS 咨询中心是实施 CIS 战略的技术顾问；企业各部门和全体员工是实施 CIS 战略的主力军。

复习思考题

概念题

CI   CIS   CIS 战略

简答题

1. 简述美国式 CIS 战略与日本式 CIS 战略的特点。
2. 如何建立有中国特色的 CIS 战略？
3. 企业导入 CIS 战略的基本程序主要包括哪些阶段？
4. CIS 执行委员会的主要任务是什么？

第六章 企业形象的 CIS 战略（中）

> **学习目标**
>
> 通过本章的学习，了解相关的案例，了解企业识别系统中 MIS、BIS、VIS 和 AIS 四个识别子系统的概念；掌握其作用、要素设计的原则、步骤、方法、技巧。

第一节 企业理念识别系统（MIS）的确立

企业理念是企业的灵魂，它犹如浩瀚大海中的灯塔，指引着企业这艘航船前进的方向；它是企业的原动力，激励全体员工众志成城，为实现企业的既定目标而努力奋斗；它是企业形象策划的核心，企业形象策划自始至终应该围绕企业理念这个核心展开。完整的企业识别系统（CIS）的建立，首先有赖于企业理念识别系统（MIS）的确立。

一、企业的 MIS 概述

（一）企业 MIS 的内涵

MIS 是英文"Mind Identity System"的简称，是指理念识别系统。企业的 MIS，是指企业的理念识别系统，是指得到社会公众普遍认同的、体现企业自身个性特征的、促使并保持企业正常运作以及长期发展而构建的、反映企业明确的经营意识的价值体系。

（二）企业 MIS 的构成

企业的 MIS 是企业的基本精神所在，是企业文化在意识形态领域中的再现，是 CIS 最基本、最核心的内容，也是企业导入和实施 CIS 战略整个过程的原动力和重要组成部分。一般来说，一个企业的 MIS 主要由企业哲学、企业精神、企业道德、企业目标、企业宗旨、企业作风等要素构成。

（三）企业 MIS 的作用

企业的 MIS 在现代企业的发展中起着不可低估的作用，这种作用主要体现在如下几个方面：

1. 统一思想作用

MIS 是企业 CIS 的核心，是企业开展活动的行为指南。树立良好的企业形象，首先要统一全体员工的思想，使全体员工同心同德、齐心协力。这就要求 MIS 不仅是企业领导者的思想，而且应在企业内部全体成员中形成共识或认同。先进的企业 MIS 就具有统一全体员工思想的作用。

2．心理定式作用

企业 MIS 是形成和决定员工群体心理定式的主导意识。在全体员工中一旦形成群体的责任感、自觉性、荣誉感，他们就能够按照企业精神和价值观所规定的行为准则，积极主动地修正自己的行为，关心企业的前途，维护企业的声誉，为企业的发展贡献力量。企业 MIS 对全体员工起着心理定式的作用，集中体现在企业的凝聚力方面。

3．行动导向作用

MIS 贯穿于企业经营活动的一切方面，尤其体现在企业的目标、宗旨和社会责任等重大问题的决策上，这对企业行为起到导向作用，进而对企业生产经营管理起着积极推动作用。

二、企业理念形成的主要途径

企业理念形成的途径主要有：吸取民族传统文化的精华、借鉴国外先进的企业理念、继承本企业的优良传统、体现个性化和持久性。

（一）吸取民族传统文化的精华

"古为今用"是吸取民族传统文化精华的重要原则。

世界上每一个民族都有自己的传统文化。如日本在自己的发展过程中形成了团队精神，日本企业理念几乎都贯穿这一精神。再如，在中华民族五千年的历史长河中，诞生了孔丘、孟轲、老庄、墨翟、韩非等无数伟大的思想家，形成了以儒家思想为核心的具有中华民族特色的传统文化，成为整个人类文明的重要组成部分。虽然随着时代的发展和进步，中华民族的传统文化中有些内容已经过时，但其中很多思想在今天乃至将来仍将放射出灿烂的光芒，这些超越时代的文化精华无疑仍是现代企业理念形成的重要途径之一。

企业理念的确立不仅要吸取民族传统文化的精华，而且要结合时代精神赋予其新的内涵、丰富其内容。如衡水电机厂在以儒家思想为核心的民族文化中吸取营养，并结合企业的具体管理实践，创造了把企业引向成功的和谐管理模式。和谐管理思想的核心是"和"，而"和"的哲学思想不是来自其他地方，而正是中国传统文化。孔子在《论语·学而》篇中就提出："礼之用，和为贵"，意思是礼（典章制度、礼仪礼制）的最重要作用是实现"和"（和睦、和谐）。衡电从"和为贵"中阐发出"和为上""和为兴"，具体落实到领导班子和谐、干群和谐、员工间和谐、与顾客和谐、与政府和谐、与社会公众和谐，从而树立起良好的企业形象。"和谐管理"的道德观念有一个"仁"字，同样也是来自儒家学说中的"克己复礼为仁""仁者爱人"；爱是"仁"的实质，是相互的关心、爱护、尊重和信任。衡电的这种"仁"是爱国家、爱人民、爱企业、爱员工、爱顾客，具体而富有时代性，并不是空洞的道德观念。

（二）借鉴国外先进的企业理念

"洋为中用"是借鉴国外先进文化和先进企业理念的一个重要原则。在全球经济一体化进程进一步加快的今天，一个国家一切先进的企业管理思想和管理经验，常常被其他国家的企业学习和借鉴，经过改造以后融入它们的企业文化，甚至直接成为它们的企业理念。例如，日本企业"民主管理"的企业法宝就是 20 世纪 50 年代学习借鉴我国的"马恒昌小组"，日本企业"劳资一体自主管理"的思想更是从我国的"鞍钢宪法"中学来的。而我国烟台钢管厂的经营宗旨："以优质取胜，靠适销发展"，就是借鉴国外企业质量管理和市场营销方面的理念而形成的。改革开放以来，我国许多企业都借鉴国外的先进企业理念，通过改造后形成本企业的理念。例如：海口京江置业有限公司的企业精神——挑战自我，追求完美；广州本田汽车公司的企业宗旨——我们以国际企业的目标，通过向顾客提供世界最高水平的商品，贡献社会；上海华联集团的企业精神——至诚服务，奋发创新；四通集团公司的企业精神——高效率，高效益，高境界；海尔集团的企业精神——敬业报国，追求卓越；东风汽车公司的企业哲学——不断改变现状，视今天为落后；东方通信股份有限公司的企业精神——挑战极限，超越自我；等等。

这些企业理念尽管涉及企业文化精神层的各个方面，在表述上也不同，但其形成的途径无疑是借鉴了国外先进的企业理念。借鉴国外先进的企业理念，也要结合本国的国情和企业的实际情况，不可东施效颦。在这方面，日本企业给我们树立了榜样，日本企业在引进美国 CIS 战略的同时，与日本优秀企业文化结合起来，形成了企业文化型的 CIS 战略模式。

（三）继承本企业的优良传统

继承本企业的优良传统是企业理念形成的又一重要途径。因为企业的优良传统是经过企业实践所积累的宝贵经验。设计企业理念识别系统时，应积极继承本企业的优良传统，借鉴其他企业的优良传统，并且在继承和借鉴的基础上加以发扬光大，从而形成本企业更为完善的企业理念。

例如，天津达仁堂制药厂的企业理念就是对老达仁堂药店的企业文化传统的继承和发扬：

达仁宗旨——选料必求地道，炮炙必求其精。

达仁精神——敢于拼搏争第一，勇于创新增效益，遵纪守法爱集体，振兴中药重信誉。

达仁思想——振兴中药，造福人民。

现行企业理念，有许多是来自企业的优良传统。我国企业在长期的实践中形成了许多优良传统，如"产业报国""爱厂爱国""艰苦创业""团结奋斗""爱厂如家""厂兴我荣，厂衰我耻""全心全意为人民服务""遵纪守法"等都被许多企业继承和发扬光大。此外，上海华联公司"至诚服务，奋发创新"的企业精神；海尔"敬业报国，追求卓越"的企业精神；中国联通"通信，通心，联通公司永远为用户着想，与用户心连心"的企业宗旨；等等，均继承了我国企业的优良传统。

（四）体现个性化和持久性

每个企业都有自己独特的个性，主要体现在企业员工的群体价值观、经营管理方针、思考和处理问题的方式方法、团体风气等方面。因此，在设计企业 MIS 时，要强调个性化原则，在不排斥吸收优秀企业文化理念共性的基础上，保持企业理念的个性特点。如美国的 IBM 宣称："IBM 就是服务。"许多年来，IBM 凭着这一理念为消费大众提供了世界一流的服务。美国杜邦公司提出："为了更好的生活，制造更好的产品。"这一企业理念则含有不断用新产品、好产品来改善人类生活的意义。这两家公司的企业理念的共性均蕴含着"以人为本"的思想，但两者的表达又有独特的个性。

三、企业 MIS 构成要素设计

企业理念识别系统属于企业精神文化的范畴，主要由企业哲学、企业精神、企业道德、企业目标、企业宗旨、企业作风六个要素构成。这六个要素尽管不同、各有侧重，但它们在本质上是和谐统一的。因此，在进行企业理念设计的时候，对这六个要素既应该有所区分，又不可机械地分离；既要在内容上力求完整、全面涵盖，又不可单纯在表达形式上强求一致。

（一）企业哲学的设计

企业哲学是从企业实践中抽象出来的、关于企业一切活动本质和基本规律的学说。它是企业经营管理经验和理论的高度总结和概括，是企业家对企业经营管理的哲学思考。企业哲学是作为工作的最高原则和基本规律被广大员工认识和掌握以后，化为他们自己的思想武器和行动指南，成为他们思考问题，采取措施，开展工作时自觉遵循的原则和规律。有没有明确统一、本质深刻的企业哲学，企业哲学是不是被广大员工正确理解和掌握，企业的经营管理状况是大不相同的。因此，对企业经营管理规律进行认真深入的总结和思考，通过概括、提炼、升华使之成为企业哲学，是企业理念识别系统策划中的重要一环。

1. 企业哲学形成的途径

企业哲学形成的根本途径就是企业领导者和全体员工的工作、学习和生活实践。具体来说有如下几条途径：

（1）企业家或 CEO 自身的哲学思维及其世界观、人生观和价值观。由于被企业家或 CEO 自觉和不自觉地用来指导自身的行为，因而容易在企业范围内形式共识而被确定为企业哲学。海尔集团 CEO 张瑞敏对人与企业的关系有很深入的哲学思考，他曾撰文指出："现代化首先是人的现代化，现代化的主体是人，现代化的目的也是为了人，因此人的意识和价值就有着特殊的地位，谁拥有了德才兼备的现代化人才，谁就可以在竞争中获胜。"这对形成海尔"把人当作主体，把人当作目的，一切以人为中心"的哲学思想起了决定性作用。

（2）企业优秀人物和群体的哲学思维及其世界观、人生观和价值观。由于他们的先进思想和模范行为在员工群体中有巨大的影响力和感召力，通过挖掘提炼以后容易获得从企业领导者到一般员工的普遍认同和自觉接受，进而成为企业哲学。王进喜、孟泰等模范人物的思想觉悟和境界，无疑是大庆油田、鞍钢等企业哲学的主要组成部分。

（3）企业员工共同的哲学思维及其世界观、人生观和价值观。由于渗透在企业生产、经营、管理等各方面的工作中，一旦成为企业中占优势地位的思想观念，就很可能被集中浓缩为企业哲学。

（4）社会公众共同的哲学思维及其世界观、人生观和价值观。前者对社会有巨大影响，后者因同行之间的借鉴而对本企业也有很大影响，它们都是企业哲学形成的主要途径。

2. 企业哲学的内容

企业哲学到底要回答什么问题？企业运行的基本的、深层次的、具有普遍性的规律和原则有哪些？企业家们普遍认为，企业哲学必须要回答的基本问题是"企业与社会的关系""企业与人（员工、顾客）的关系"等问题，企业的答案就是企业哲学的内容。下面以案例的形式介绍一些中外企业的经营哲学。

案例 6-1

企业哲学范例

（1）松下电器公司的企业哲学：

①坚定正确的经营观念；②自主经营；③堰堤式经营；④量力经营；⑤专业经营；⑥靠人经营；⑦全员式经营；⑧共存共荣经营；⑨适时经营；⑩求实经营。

（2）日本本田技研工业株式会社的企业哲学：

①不模仿人的独创性；②以全球的观点来考虑问题（另一种说法是："创新经营，全球观点"）。

（3）东风汽车的企业哲学：

不断改变现状，视今天为落后。

（4）广州本田汽车公司的企业哲学：

尊重个性，以人为本。

（5）日本丰田汽车公司的企业哲学：

以科学技术为经，以合理管理为纬。

（6）瑞士劳力士公司的企业哲学：

仁心待人，严格待事。

（7）北京松下彩色显像管有限公司的企业哲学：

在制造产品之前必须制造人才。

（8）沈阳蓄电池厂的企业哲学：

是堵必疏，是福必造，是旗必夺。

（9）美国奥辛顿工业公司的企业哲学：

照顾好你的顾客，照顾好你的员工，那么市场就会对你加倍照顾。

（10）河北衡水电机厂的企业哲学：

顺应天时，借助地利，营造人和。

（二）企业精神的设计

企业精神是随着企业的发展而逐步形成并固定下来的，是对企业现有观念意识、传统习惯、行为方式中积极因素的总结、提炼和倡导，是企业文化发展到一定阶段的必然产物。因此，设计企业精神，首先要尊重广大员工在实践中迸发出来的积极的精神状态，要恪守企业的共同价值观和最高目标，不背离企业哲学的主要原则，要体现时代精神，体现现代化大生产对员工精神面貌的总体要求，使企业精神"源于生活又高于生活"，成为鼓舞全体员工为实现企业最高目标而奋斗的强大精神动力。

1. 企业精神的命名方法

企业精神的命名方法多种多样，主要有如下几种：

（1）企业名称命名法。以企业名称（或简称）来命名的企业精神，如广东美的集团公司的"美的精神"；美国 IBM 公司的"IBM 精神"；日本松下电器公司的"松下精神"；广州百货集团公司的"广百精神"；海尔集团公司的"海尔精神"等等。

（2）拳头产品命名法。在以企业精神命名的案例中，有的是以企业的拳头产品名称来命名的。如沈阳风动机厂根据自己的拳头产品齿岩机敢于碰硬，开拓进取的特点，把该厂的企业精神命名为"齿岩机精神"。又如沈阳商中阀门厂把"阀门精神"作为该厂的企业精神，其寓意是"像开阀门那样勇往直前，像高温高压阀那样不畏困难，像最小流量阀那样团结协作，像止回阀那样令行禁止"。这种命名法使企业与其产品融为一体，有利于提高产品和企业的声誉，增强员工的自豪感，把爱厂和爱产品有机结合起来。

（3）榜样人物命名法。这种方法具有极大的激励作用。是指以企业的榜样人物如"劳动模范"（或企业英雄人物）的名字命名，如大庆油田的"铁人精神"，鞍钢的"孟泰精神"等。

（4）全体员工命名法。如广州白云山制药厂的"白云山人精神"、广州钢铁集团公司的"广钢人精神"等。这种命名方式有利于唤起员工的主人翁意识。命名的格式是："单位简称+人+精神"。

（5）内容提炼命名法。这种方法是指将企业精神（或理念）的具体内容加以概括、提炼来命名。如中国台湾统一企业的"三好一道精神"（信誉好、品质好、服务好、价格公道）；常州林业机械厂的"三气精神"（工厂有名气，队伍有士气，职工有志气）；日本佳能公司的"三自精神"（自发，自治，自觉）。这种命名法提纲挈领地揭示了企业精神的内容，便于员工记忆。

（6）借物寓意命名法。这种方法是指以企业生产经营有关的某一事物之名作为企业精神的名字。如常州自行车总厂的"金狮精神"；日本太阳公司的"蒲公英精神"（见缝即扎根，不计啥环境，生命付大地，开花不求荣）等。这种命名方式形象生动、画龙点睛，有利于员工理解企业精神的实质。

（7）形象比喻命名法。这种方法是指以比喻手法来命名企业精神。如北京百货大楼的"一团火精神"，对待顾客温暖如春，全心全意为顾客服务。此外，还有煤炭企业提出的"火炬精神"，都是形象比喻的命名方式。这种命名方式具有很强的形象感，有利于在员工意识中烙上强烈的价值观。

2．企业精神的表述方式

企业精神是企业价值观的集中体现，是全体员工的共同行为规范，在企业CIS策略的制定中具有非常重要的作用。因为对企业精神的认同是企业内部统一意志的重要内容。企业精神不仅具有思想特征，还有传播特征，如何表述企业精神关系到便于职工认同和记忆的问题。企业精神的表述方式主要有如下三种：

（1）高度概括式。有的企业用高度概括的语言来表述企业精神。例如：TCL的企业精神："敬业、诚信、团队、创新"；广东核电合营有限公司（大亚湾核电站）的企业精神："更高、更严、更优"；北京市公交总公司的企业精神："一心为乘客，服务最光荣"等。这种表述方式的优点是：语言简练，易读易记。缺点是：难以准确地把握其内涵。

（2）详细具体式。有的企业用详细具体的语言来表述企业精神。如北京松下彩色显像管有限公司的企业精神是："工业报国，实事求是，改革发展，友好合作，光明正大，团结一致，奋发向上，礼貌谦让，自觉守纪，服务奉献。"日本妙德公司的企业精神是：①待人要亲切；②勤能补拙；③今日事今日毕；④遇有工作上的难题，虚心请教别人；⑤批评别人之前，自己必须自我反省；⑥决定要做的事全力以赴，发挥敬业精神；⑦日常行事，严肃中不失亲切。用这种方式表述有具体可感的优点，但也有不方便记忆的缺点。

（3）简繁结合式。这是一种折中的方法，有的企业在表述自己的企业精神时先做简要的概括，再加以具体阐述。这样的表述方式既能使员工记住要点，又能使他们理解具体的内涵。如松下电器公司的企业精神——"松下七精神"的表述就是一个典型的例子。

补充知识 6-1

松下电器公司七精神

（1）产业报国精神——产业报国是松下电器公司的纲领，作为产业工人，认识本精神有着重要意义。

（2）光明正大精神——光明正大为人们处世之本，不论学识才能有无，如无此精神，即不足为信。

（3）友好一致精神——友好一致已成为其公司信条，公司人才济济，如无此精神，就成为乌合之众，无力量可言。

（4）奋斗向上精神——为了完成我辈使命，只有彻底奋斗才是唯一途径，和平繁荣要靠这种精神争取。

（5）礼节谦让精神——为人若无谦让，就无正常的社会秩序，崇尚礼节谦让的美德，塑造情操高尚人生。

（6）适应同化精神——如不适应自然哲理，进步发达就无法实现；如不适应社会大势，成功就无法获得。

（7）感激报恩精神——对为我们带来无限喜悦与活力者应持报恩之念。此念铭记在心中，便可成为克服种种困难，招来真正幸福之源。

（三）企业道德的设计

企业道德是人们在经营活动中应该遵循的，靠社会舆论、传统关系和内心信念来维持的行为规范的总和。企业道德对企业员工行为的软约束，不但可以弥补企业规章制度等硬约束难以面面俱到的局限，而且能够使企业员工的行为自觉地指向企业目标的实现，成为企业不可缺少的道德力量。因此，完整的企业理念识别系统策划，必须对企业道德进行科学合理的设计。

企业道德是社会道德理念在企业中的具体反映。企业道德所调节的关系的复杂性决定这种道德理念不是单一的观念和要求，而是具有多方面、多层次的特点，是由一组道德观念因素组成的道德规范体系。

（四）企业目标的设计

企业目标是指企业在一个时期内通过努力而希望获得的成果。它代表一个企业的发展方向和未来的趋势，是激励全体员工的精神力量。没有目标的企业是没有希望的企业。韩国现代财团创办人郑周永曾提出："没有目标信念的人是经不起风浪的。由许多人组成的企业更是如此。以谋生为目的结成的团体或企业是没有前途的。"因此，企业目标在企业理念中处于非常重要的地位，设计企业目标在任何企业的理念识别系统策划中都是处于首要位置的，都是必不可少的。

1. 确定企业最高目标

企业的最高目标是全体员工的追求，是全体员工共同价值观的集中体现。在企业的多目标体系中，最重要的就是企业最高目标。只有确立最高目标，才能够确定整个目标体系，确定企业的其他理念。

企业有了明确的最高目标就可以充分发挥企业各级组织和员工的作用，调动他们的积极性、主动性和创造性，使广大员工将自己的岗位和工作与实现企业的奋斗目标联系起来，把企业的生产经营发展转为每一位员工的具体行动。所以，在企业 MIS 策划中要十分重视企业最高目标的设计。

2. 完善企业的目标体系

企业只有最高目标是不行的，还必须制定更详细具体的目标组合，形成完整的、可以逐步实现的目标体系。在企业最高目标下面，一般分为若干个子目标：

（1）方向组合："单一目标""双项目标"和"多项目标"。
（2）层次组合：战略目标、管理目标和作业目标。
（3）结构组合：企业目标、部门目标和员工个人目标。
（4）时间组合：长期目标、中期目标和近期（短期）目标等。

企业的目标体系如图 6-1 所示。

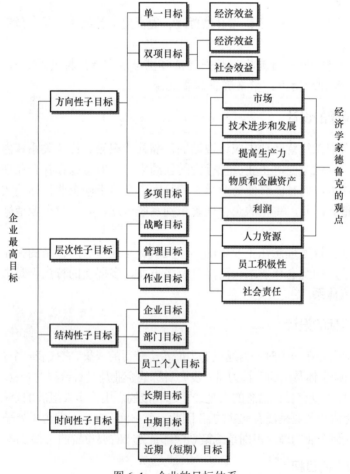

图 6-1　企业的目标体系

目前世界上一切先进的、现代的企业，毫无例外地摒弃了"经济利益最大化"这种单一目标模式，而是树立一种将企业的经济动机（经济效益）和社会责任（社会效益）相结合的多项目标模式，企业目标实现了从单一目标向多项目标体系的转变。例如，美国著名的高科技公司——HP（惠普）公司树立了七个目标：利润、客户、感兴趣的领域（或称专业领域）、增长、人（育人）、管理、好公民（社会责任）。

补充知识 6-2

企业目标设计范例

（1）旧中国

1）"服务社会，辅助共商实业，抵制国际经济侵略"（上海银行的"三大行训"反映了企业最高目标）。

2）"实业救国，科学救国"（永利碱厂的企业口号中反映出企业最高目标）。

3）"生产辅助社会之进步"（天津东亚毛纺公司的企业最高目标）。

（2）新中国

1）"振兴中药，造福人民"（天津达仁堂制药厂）。

2）"创造中国的世界名牌"（海尔集团）。

3）"中国的IBM，世界的四通"（四通公司）。

4）"成为国际性汽车制造企业"（广州本田公司）。

5）"造就一流队伍，追求一流管理，实现一流业绩，争创世界一流核电站"（广东核电合营有限公司）。

（3）其他国家

1）"认清我们作为工业家所应尽职责是：鼓励进步，增进社会福利，并致力于世界文化的进一步发展"（日本松下电器公司）。

2）"为了更好的生活，制造更好的产品"（美国杜邦公司）。

问题：请在网上收集关于企业目标的内容。

（五）企业宗旨的设计

企业宗旨是指企业所认定的追求境界、发展方向和信念柱石，体现着一个企业崇高的目标和实现目标的执着的信念，是企业理念的重要组成要素之一。例如，美国IBM公司确立了"以人为核心，并向用户提供最优质的服务"的宗旨；广州本田汽车公司的服务宗旨是："为顾客提供喜悦，是我们最大的喜悦"；北京铁路局的宗旨是："人民铁路为人民"；北京同仁堂的企业宗旨是："同修仁德，济世养生"；深圳华侨城集团的宗旨是："致力于顾客利益最大化，致力于所有者权益的充分实现，致力于与员工共同成长，致力于为社会做贡献"等，都体现了企业向社会做出的公开承诺，都体现了企业的社会责任感，从而反映企业存在的社会价值。

（六）企业作风的设计

作风是指人们在工作、学习和生活中表现出来的态度或风格。企业作风是指企业在生产经营管理过程中表现出来的工作态度或风格,是企业风气的核心成分,也是企业理念构成的要素之一。因此,设计良好的企业作风,是形成健康企业风气和塑造良好企业形象的需要。

例如:海尔作风——迅速反应,马上行动;长虹作风——团结,勤奋,民主,文明;兰州煤油厂的作风——高、严、细、实。企业共有的优良作风是多方面的,主要有团结协作之风、文明生产之风、艰苦奋斗之风、严谨之风、务实之风、勤奋之风、创新之风等。企业要根据自身的特点有所侧重地进行表述。

第二节 企业行为识别系统(BIS)的构建

企业确立 MIS 之后,关键是如何将企业理念在实践中加以贯彻实施。因为再好的想法都必须付诸行动,才会有成功的可能。因此,围绕企业 MIS 来构建企业 BIS 是企业导入 CIS 战略成功与否的关键环节。本节将介绍企业 BIS 的概念、构成要素及企业内外部行为识别子系统的构建。

一、企业 BIS 的概述

(一)企业 BIS 的概念

BIS 是英文 Bebavior Identity System 的简称,是指行为识别系统。企业 BIS 即企业行为识别系统,是指在企业理念的指导下,逐渐培养起来的、全体员工自觉遵守的行为方式和工作方法。

(二)企业 BIS 的构成

企业 BIS 是由企业内部和外部行为识别子系统构成的。

企业内部行为识别子系统主要由企业组织管理、员工教育培训、员工工作环境、员工福利待遇、良好股东关系、员工行为规范等要素构成。企业外部行为识别子系统主要由市场营销(主要包括市场调查、市场推广、促销活动、售后服务、物流处理、宣传广告、竞争策略等)、公共关系和社会公益活动等要素构成。

二、企业内部行为识别子系统的构建

企业内部行为识别子系统是通过企业组织管理、员工教育培训、员工工作环境、员工福利待遇、良好股东关系、员工行为规范等方面的策划而构建起来的,使员工对企业理念达成共识,并在企业理念的指导下形成全体员工共同遵守、自觉执行的行为准则,增强企业的凝聚力和向心力,从根本上改变企业的运营机制,树立良好的企业内部形象。

(一)企业组织管理策划

企业组织管理行为是企业内部识别子系统的主要组成部分,也是企业 BIS 的重要内容。

它主要包括组织机构的设置、规章制度的制定和管理方法的运用等内容。

所谓组织机构是指企业内部各种机构的结合状态。要实现企业 CIS 战略的目标，使企业的经营思想能指导企业的经营活动，就要求企业根据自身情况建立起一套科学的、具有极强应变能力的、高效能的组织结构体系，也就是要求企业根据自身的经营特点和规模，产品的复杂程度和专业分工的情况，生产、经营、销售和客观需要，科学合理地设置企业的管理幅度、组织层次、单位划分以及分权等。组织机构的设置、部门的划分、岗位的建立、人员的配备均应以提高整体效能为目标。理想的企业组织结构，应该是精简的、职责和权限相对应的、适合企业特点的、高效能的组织机构，它是顺利实施 BIS 的基本组织保证。

企业规章制度和管理方法，是全体员工必须遵守的规范和准则。企业规章制度包括生产技术规程、管理工作制度和责任制度等。它主要有如下几类：

1) 基本制度类：企业领导制度、民主管理制度、民主监督制度、职工培训制度等。
2) 工作制度类：包括计划、生产、技术、劳动、物资、销售、人事、财务等方面的制度。
3) 责任制度类：是指依据企业的生产、劳动分工和协作的要求制定的，规定每个成员在自己的岗位上应承担的任务、责任和权力的制度。

（二）企业员工教育培训策划

从企业导入 CIS 战略的内在意义上说，企业本身的自我认同，最重要的是员工对企业的认同，使全体员工从思想认识上统一到企业的经营理念、经营宗旨、经营目标和经营方针上来。因此，企业对员工的教育与培训是企业 BIS 的重要内容。没有员工的统一认识，企业的生产、经营就缺少了起码的基础。只有热心于员工教育与培训的企业，才能使员工产生积极参与的行为和对企业的归属意识。另外，当企业为了拓展事业，走向新的经营领域，确立新的经营理念、目标、方针，设立新的组织机构，采用新的管理机制和销售战略，研究开发新产品的时候，就必须使员工了解、认识和认同企业的新理念、新目标、新做法，明确作为企业的一员所必须承担的义务和责任。因此，在导入 CIS 战略时，企业首要的工作就是对全体员工进行教育培训。

企业员工又是将企业整体形象传递给外界的重要媒体。对员工的思想、职业道德、人格、作风、技术和管理能力、服务态度、应接技巧、电话礼貌等方面的教育和培训，可以实现企业形象的提升。因此，对企业员工的教育与培训是企业构建 BIS 的重要环节。

在企业员工教育培训方面的策划可以通过开展以下活动来实现：

1) 颁发 CIS 手册，使员工熟悉载入其中的企业理念、行为、视觉和听觉识别系统等内容。
2) 通过视、听传播形式向员工介绍企业有关 CIS 导入背景、经过及新制定的企业理念。
3) 开办企业 CIS 战略研讨班，加深员工对 CIS 战略的理解，提高员工的参与意识。
4) 开展企业 CIS 应用要素的实际运用活动。如在产品包装、宣传媒体上应用企业标志，能够代表企业精神的标语、口号，企业标准色、标准字等，或将这些要素用于装饰布置企业内外环境。
5) 举办礼仪培训班。如对员工仪表仪态、电话礼貌、应接技巧等方面进行培训，提高员工的综合素质。
6) 开展企业内部的沟通活动。如召开员工座谈会、经验交流会等。

7）出版企业内部宣传简报，建立员工阅览室等。

8）开展形式多样的宣传活动，如举办以宣传企业理念、经营宗旨、塑造企业形象为主题的演讲比赛、文娱活动等，以展示企业的精神风貌，培养员工的团队精神和集体荣誉感。

（三）企业员工工作环境策划

企业工作环境，就是企业员工的岗位环境。工作岗位通常根据工作性质和任务配备办公设施；根据技术工艺过程的要求而装备相应的设备和工具。员工每天有 1/3 的时间是在工作环境中度过的。环境反过来会成为一种无形的力量影响到人的行为。环境可以影响人们的精神风貌、行为模式、工作态度、人际关系、工作质量和数量。恶劣的环境会使员工把工作当成负担，认为工作是一种折磨；优美的环境会使员工认为工作是一种享受和乐趣。

环境对人的影响作用，是指空间布置、光线、色彩、声音、物体的外形对人的视觉、听觉乃至整个感知系统的刺激。这些刺激因素结合起来产生的感受在人的大脑中与多种观念联系在一起，形成人对客观环境中的事件和现象的评价态度。因此，企业在构建企业内部行为识别系统时，要重视员工工作环境的策划，要为员工创造良好的工作或生产环境，如生产车间的安全环保，办公场所的空间开放，公共场所的绿化、美化等。

（四）企业员工福利待遇策划

企业员工的福利待遇的策划是构成企业内部行为识别子系统的重要内容之一。企业对员工的福利待遇，是关系到员工切身利益的重大问题，尤其是处在发展时期的企业，要不断地改善企业员工的福利待遇，给员工基本的生活保障，消除员工的后顾之忧，调动员工的积极性，使员工能够全心全意为企业工作。

企业员工福利待遇的策划主要从如下几个方面入手：

1）根据企业发展和员工的工作岗位性质，适当提高员工薪金。使员工感受到企业发展了，自己工资也提高了，从而使企业与员工形成"命运共同体""利益共同体"，增强企业的凝聚力和员工的归属感。

2）建立和完善企业医疗保险和劳动保险制度，消除员工的后顾之忧。

3）建立文体活动室，配备员工开展文体活动的设施，定期或不定期举办文娱体育比赛，活跃员工的业余生活，使员工保持健康的体魄和良好的精神风貌。

（五）良好股东关系策划

建立良好的股东关系，也是企业构建内部行为识别子系统的重要内容之一。股东是企业的投资者，他们与企业已结成"命运共同体"和"利益共同体"。企业发展他们高兴，可以得到丰厚的红利或股息；而企业失败他们倒霉，不但没有红利或股息入账，还要以出资额为限对企业债务承担责任。因此，股东自投资入股或购买企业的股票那天起，他们的心就与企业连在一起，他们的言行举止就会站在企业的一边。他们既是公司的第一顾客，又是企业新产品的推销伙伴。

股东一般是有钱的顾客，而股东因为其切身利益，知道只有更多的人购买企业产品，企业才有发展的机会。因此，要充分利用他们广泛的社会关系扩大产品销售网络。建立和保持企业与股东的良好关系，争取股东对企业的了解和信任，提高股东对所有权的自尊感，唤起股东对企业的认同感,赢得股东的合作和支持,是一项十分重要的工作。

建立和保持企业与股东的良好关系,可以从如下几个方面进行策划:

1. 每逢重大节日,派送特别礼品

每逢重大节日,企业给每位股东送上一份有象征意义的特别礼品,礼轻情义重。这份礼品有两层含义:一是对股东表示节日问候;二是沟通企业与股东的情感,保持企业与股东的良好关系。这是最简单、最有效的建立和保持企业与股东良好关系的方法。

2. 建立股东网络,发送重要信息

当今社会已进入信息时代,企业应利用互联网建立股东网络。企业通过网络给每位股东发送企业的重要信息或报告企业生产经营管理情况。这是企业利用现代工具经常、及时与股东沟通企业信息的一种先进方法。作为企业所有者之一的股东,他们当然有权充分了解有关企业的所有情况,这种方法既可以使股东及时了解企业信息,又增加了企业经营管理的透明度,从而进一步提高股东对企业的信任感、对所有权的自尊感、对企业的认同感,企业也因此赢得了股东的真诚合作和倾力支持,促进企业不断向前发展。

> **案例 6-2**
>
> **一份礼品换来一大批订单**
>
> 美国通用食品公司每逢圣诞节便会准备一套本公司的罐头样品,分送给每一位股东。股东们为收到这一特别的礼品而感到十分骄傲,结果产生强烈的认同感,不仅极力向外夸耀推荐本企业的产品,而且每逢圣诞节还会准备一份详细的名单寄给公司,由公司按名单把罐头当作圣诞礼品寄给他们的亲朋好友。因此,每到圣诞节前夕,通用食品公司都会额外收到一大批订单。

3. 年终分配红利,附上一封书信

因为股东和社会大众的特殊关系,他们便成为影响社会公众、潜在消费者对企业态度的关键因素。所以,企业要充分利用股东与社会公众特殊而广泛的社会关系扩大企业形象、产品与服务的宣传。企业每到年终分配红利或股息时,在信封里附上一封简短的书信,沟通企业与股东的关系,提示股东继续合作和多多宣传企业形象、产品与服务等。书信的内容大致有如下几个方面:①衷心感谢股东们一年来的真诚合作和鼎力支持;②真诚希望股东们继续支持企业谋求更大的发展;③请多多关照企业的发展;④请多多宣传企业形象、产品与服务等。书信内容要求:情真意切、简约意丰、通俗易懂。例如,美国通用食品公司在分配股东红利时,附有一封简短的书信:"通用是您的公司——请多多宣传通用食品。"

4. 编写年度报告,发至股东手中

一般来说,每个企业都要编写年度报告。编写年度报告并发至股东手中是企业沟通股东关系的重要途径。企业年度报告是一份权威性、真实性、全面性的企业文件。

(六)员工行为规范策划

制定严格的员工行为规范是企业 BIS 策划的重要组成部分。构建企业 BIS 的作用就是通

过每个员工的行为使企业在公众心目中留下美好的印象,从而达到塑造良好的企业形象之目的。员工行为规范是企业员工在共同工作中自觉遵守的行为准则。这种行为规范的强制性虽然不如企业制度,但带有明显的导向性和约束性,通过在企业中的倡导和推行,容易在员工群体中形成共鸣和自觉意识,从而促进员工的言行举止和工作习惯向企业期望的方向和标准转化。

1. 员工行为规范的构成

员工行为规范主要由仪表仪容、岗位纪律、工作程序、待人接物、环保与安全、素质与修养等要素构成。

2. 员工行为规范构成要素的策划内容

(1) 仪表仪容规范。
(2) 岗位纪律规范。
(3) 工作程序规范。
(4) 待人接物规范。
(5) 环境与安全规范。
(6) 素质与修养要求。

三、企业外部行为识别子系统的构建

企业外部行为识别,是指企业通过市场营销、公共关系和社会公益活动等,向社会公众和消费者、金融界、政府主管部门、销售网络等传播企业信息的行为。企业通过对一系列传播行为的控制和统合,有计划、按步骤地传播统一的企业信息,构建企业外部行为识别子系统,使传播对象了解企业的经营理念、价值观念、经营方针、产品和服务信息、企业现状和发展规划,以求得到社会公众的认同,为企业的经营创造理想的外部环境,从而达到提高企业知名度、美誉度和信任度,树立企业良好的社会形象的目的。

(一) 企业的市场营销策划

企业的市场营销策划,是指企业按消费者的需要将其产品通过有力的销售渠道、有效的广告促销手段、合理的销售策略、完善的服务传递到广大消费者手中的整个过程。企业的市场营销策划是企业外部行为识别子系统的重要组成部分,也是企业 BIS 的重要内容之一。

市场营销是一个战略计划体系,在以往单一的推销活动中,企业最关心的是直接的交易对象——批发商、零售商的情况。而从现代市场营销的职能来看,它并非仅限于单纯的物品传递和配给的销售业务,而是包括了从市场调查、产品开发计划到广告、促销、售后服务整个过程的活动。在构建企业外部行为识别子系统时,要重视市场营销策划,尤其是要根据市场营销的传达特点,塑造企业良好的市场形象。

(二) 企业公共关系策划

企业公共关系策划,是构建企业外部行为识别子系统的重要内容之一。企业公共关系策划,是企业公关人员根据企业现有公共关系的状态和目标要求,构思和设计实现公共关系目标的行为和活动方案的过程,是开展公共关系活动的基础和保证。

企业公共关系策划是公共关系活动中的最高形式,有别于一般形式的公共关系活动（如接待、进行日常联络等）。企业公共关系策划需要凭借公关策划人员丰富的专业知识、实践经验和创造性思维,构思出有影响的公共关系活动。企业的公共关系活动是一个连续不断的过程,尤其在重大情况下,没有策划的公共关系活动是难以奏效的。实践证明,世界上公共关系活动开展得好的企业,大都是依靠成功的公共关系策划。

第三节 企业视觉识别系统（VIS）的设计

在信息时代,人的大脑对于身外这个世界来说已无法适应。以美国为例,美国每年出版三万种图书,单这些就足够一个人不停地看上 17 年。美国家庭一天收看电视 7 小时,要看电视图像 750 000 幅。美国工商企业界,仅国际部的各部门每天就要收到 35 万页文件,相当于 1 000 部长篇小说。在这种情况下,企业所做的不仅仅是"善其身心",还要珍惜与每一位消费者每一次"目光捕捉"的机会,使消费者对自己"一见钟情"。而企业 VIS 往往决定了企业与消费者之间"第一印象"的效果。因此,企业 VIS 是企业联系社会公众最为密切的细节,是企业对外传播的"脸",是企业导入的 CIS 战略的先导。本节主要介绍企业 VIS 的概念、构成要素及企业名称、标志、商标、标准字、标准色、象征物等的设计。

一、企业 VIS 的概述

（一）企业 VIS 的概念

VIS 是英文 Visual Identity System 的简称,是指视觉识别系统。

企业 VIS 即企业视觉识别系统,是指将企业的经营理念和战略构想翻译成词汇和画面,使抽象理念落实为具体可见的传达符号,形成一整套象征化、同一化、标准化、系统化的符号系统。

企业 VIS 在 CIS 中是最具传播力和感染力的一个子系统。

（二）企业 VIS 的构成

企业 VIS 由基本要素、应用要素和辅助要素构成。

企业 VIS 的基本要素主要包括：企业名称、企业品牌标志、企业品牌标准字、企业专用印刷字体、企业标准色、企业象征造型与图案、企业宣传标语和口号等。

企业 VIS 的应用要素主要包括两大类：一是企业固有的应用媒体；二是配合企业经营的应用媒体。

企业固有的应用媒体有：企业产品、事务用品、办公室器具和设备、招牌、标识、制服、衣着、交通工具等。

配合企业经营的应用媒体主要有：包装用品、广告、企业建筑、环境、传播展示与陈列规划等。

企业 VIS 的辅助要素主要包括：吉祥物或象征物、辅助色、辅助字、辅助图案、特殊使用方法等。

二、企业 VIS 的信息传播系统

为了使企业视觉识别能以最快速、最便捷的方式加以传播，以利于企业良好形象的树立，有必要建立视觉识别的信息传递系统。

视觉识别的信息传递系统包括三大部分和四个阶级。三大部分是指基本要素、应用要素和辅助要素；四个阶级是指信息源（视觉识别系统）→设计符号（基本要素与辅助要素）→传播媒体（应用要素与辅助要素）→接收者（消费大众或社会大众的认同）。

企业 VIS 的信息传播系统是在"企业传播行销系统"（Corporate Integrated Marketing Communication System）的 SCMR 模式（Source-Code-Media-Receiver）中，建立一套完整而独特的符码系统。这种整合营销传播理论倡导以消费者为核心，重组企业行为和市场行为，以统一的目标和统一的传播形象，传递一致的产品信息，实现企业与消费者的双向沟通，从而树立起良好的企业形象。

企业 VIS 构成要素与 SCMR 传播系统如图 6-2 所示。

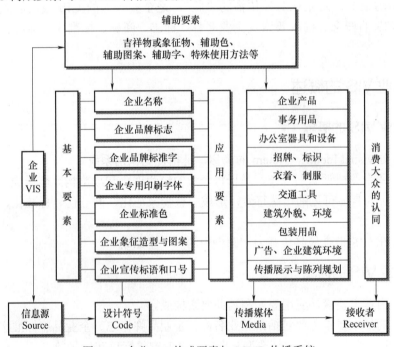

图 6-2　企业 VIS 构成要素与 SCMR 传播系统

三、企业 VIS 的设计原则

在所有视觉识别的要素中，企业品牌的标志、标准字、标准色是整个 VIS 的核心，这三者的创造和选择最为艰巨,也最能表现设计能力。可以这么说,标志、标准字、标准色三要素,是企业地位、规模、力量、尊严、理念等内涵的外在集中表现,是视觉识别的核心,构成了企业的第一特征及基本气质。同时,这三者也是通过广泛传播取得大众认同的统一符号。VIS中的其他要素都由此繁衍而来。由于视觉识别承载着传达企业理念、博得公众喜爱的使命,企业的标志、标准字、标准色必须具有寓意性、直观性、表达性和传播性。因此,企业VIS的设计应遵循下列原则:

(一)有效传达企业理念

企业VIS的各种要素都是向社会公众传达企业理念的重要载体,脱离企业理念的视觉识别设计只是一些没有生命力的视觉符号而已。最有效、最直接地传达企业理念是企业视觉识别设计的核心原则。

(二)突出民族文化特色

不同的文化区域有不同的图案及色彩禁忌。由于社会制度、民族文化、宗教信仰、风俗习惯不同,各国都有专门的商标管理机构和条例,对牌号、形象有不同的解释,在设计标志、商标时应特别留心。此外,由于各个民族的思维模式不同,在美感、素材、语言沟通上也存在着差异,所以应该考虑具有民族文化特色的设计,才能被国人所认同,进而才能赢得世界的认同。

(三)产生强烈视觉冲击

企业视觉识别系统的设计所要达到的目的是通过设计,使社会公众对企业产生鲜明、深刻的印象。因而所设计的视觉形象必须具有强烈的视觉冲击力和感染力,能够达到引人注目和有效传播的目的。日本三菱公司的企业标志就是一个成功的典范(如图6-3所示)。这个标志由三个菱形组成,三个菱形相互支撑,显得稳定、安全;同时,三个菱形有机结合,构成一个统一体,又体现了该企业的最高理念"和"。更重要的是,整个设计简洁明快,视觉感受醒目强烈,社会公众易于识别。

图6-3 三菱公司的企业标志

(四)保持设计风格统一

设计风格的统一性是充分体现企业理念,强化公众视觉的有效手段。强调风格统一并不是要求千篇一律,没有变化,而是一种有变化的统一,是在基本原则不变的前提下的统一。可口可乐公司至今已有100多年的历史了,在全世界100多个国家都建有装瓶厂,但在全世界,可口可乐的视觉识别是统一的。可口可乐公司创造了全球统一的包装系统设计。其品牌标志的核心元素是使人视觉强烈震撼的红色标准色和独特的瓶形律动条纹所构成的Coca-Cola标准字(如图6-4所示)。可口可乐公司不仅统一了品牌标志,而且将这种统一运用到其他要素之中。从送货车到冰柜(如图6-5所示),从现调机到遮阳伞,统一的图案、文字、颜色出现在不同国家的社会公众面前，即使不认识字的老人、小孩也都能一眼认出可口可乐。

图 6-4　可口可乐公司的企业标志　　　图 6-5　可口可乐公司的货车

（五）具有独特艺术魅力

虽然视觉符号的主要功能在于识别，但这种识别毕竟是通过视觉传达来完成的，它与人的情感有着密切的关联。视觉符号是一种视觉艺术，而接收者进行识别的过程也是审美过程，因此，企业视觉识别设计必须根据美学特性，使视觉识别系统具有独特的艺术魅力，从而使接收者——社会公众产生强烈的美感冲动，自然而然地接收视觉符号传递的信息，最终达到在社会公众心目中树立起良好企业形象的目的。

四、企业 VIS 的要素设计

企业 VIS 的构成要素很多，限于篇幅不能一一介绍。下面主要介绍企业名称、标志与商标、标准字、标准色或象征物的设计。

（一）企业名称设计

具有高度概括力和强烈吸引力的企业名称，对大众的视觉和心理等方面都会产生影响。一个设计独特、易读易记并富有艺术性和形象性的企业名称，能迅速抓住大众的视觉，诱发其浓厚的兴趣和丰富的想象，给大众留下深刻印象。因此，在进行企业名称设计时，要遵循如下原则。

1. 突出个性化

设计企业的 VIS 的目的之一，就是尽可能将企业的个性强调出来，以便迅速扩大影响力，在市场中拥有清晰的形象。企业名称作为企业的外层视觉识别因素更应突出个性。

企业名称要有个性，至少应尽量避免雷同、重复。美国 IBM、日本马自达、中国联通、广东美的、深圳康佳等企业名称就独具个性化。企业名称有时甚至可以杜撰，这虽然违背了取名的一般规律，但能避免雷同。如日本的 SONY、美国的 Kodak 等，就是杜撰出来的企业名称。Kodak（柯达）这个词本来是不存在的，在字典中也查不到，其本身并没有什么意义，但柯达胶卷以金黄色作为底色，以"K"字形图案作为标志，通过大力宣传，Kodak 公司的名称、标志等已深深地植根在消费者心中。

案例 6-3

个性化的"SONY"

日本的索尼公司名称——"SONY"是一个独具个性化的名称，但它是杜撰出来的企业名称。日本的索尼公司原名为"东京通信工业"公司，本想取三个词的首写字母 TTK 作为公司名称，但类似这样的公司名称在美国已多如牛毛，如 ABC、NBC、RCA、IBM 等，于是公司创始人盛田昭夫查了不少字典，发现拉丁文中"SONUS"是"SOUND"（英文意为"声音"）的原型；另外，"SONNY"这一词也很流行，是"可爱的小家伙""精力旺盛的小伙子"之意。后来，盛田昭夫经过深思熟虑后选定两者的综合变形——SONY 作为公司名称，结果这一独特的名字飞黄腾达，成为消费者爱不释手的"名牌"商标。

2. 统一音形义

为企业命名，通俗地说，要让其好认、好念、好记、好看。企业的名字读感要好，要有冲击力以及浓厚的感情色彩，使人听、说、看后不易忘怀。企业名字的读音，以朗朗上口、响亮悦耳为好。汉字有音韵，平仄上要铿锵有力，平平相连要高昂；仄仄相连只可取上声，不可取入声。用英文作为企业名称，读音同样要响亮悦耳。如"Benz"（奔驰）、"Midea"（美的）等。

难发音或音韵不好听的字，难写或难认的字，含义或译义不佳的字，字形不美的字都不宜用作企业的名字。"奔驰""宝马""日立""索尼""万宝路""马自达""海尔""美的""科龙"等名称，读来好听，容易记忆，易博得社会公众的认同。

名称意义主要讲究用词的内涵和外延，尽可能与行业性质相关，同时又要与企业的理念相契合。如"中国移动""中国联通"等体现了通信行业特点；"东芝""日立""长虹""康佳""美的""海尔"等成为家用电器行业的代名词；"百事可乐""健力宝""可口可乐"成为饮料行业的象征；"苹果""华为""三星"等宛如手机别称。

企业名称要达到"音""形""义"的完美统一，本身也是适应信息传播的需要。

3. 体现民族性

企业置身于本民族文化的土壤，并从中获得持续发展的强大动力，因此，设计企业名称应充分体现民族特点。例如，清华同方作为清华大学创办的高科技企业，其名称"同方"来源于《诗经》，意为"有志者同方"，具有深邃的民族历史文化内涵。外国企业在进入中国市场、确定中文译名的时候，一般要考虑中华民族的民族特点。采用一些有积极含义的词语来命名，其效果往往远胜于音译，如通用、奔驰、宝洁、宝马等。同样道理，当我国企业进军海外市场时，企业名称译为外文时，也必须充分考虑所在国的民族性，尊重该民族的文化传统和风俗习惯。如中文"芳芳"，音译成 Fangfang，在英语中的意思是毒蛇的牙齿，完全扭曲了原义。因此，为进军海外市场的企业命名时，一定要考证音译的外语原义。

4. 名实相一致

在确定企业名称时，应该坚持实事求是、名实相一致的原则，较好地传达企业实态，使企业名称与企业规模、经营范围、企业目标、企业宗旨、企业精神等相协调，切不可好大自夸、哗众取宠。20 世纪 80 年代，在我国乡镇企业蓬勃发展的时候，不少企业唯恐自己的名称太小、在竞争中吃亏，于是盲目攀比，名字越起越离谱，如"中国××厂""世界××公司"或"环球××集团"，这种取名方式全然不顾企业自身的实力，结果闹出不少笑话。

（二）企业标志与商标的设计

1．企业标志设计的概述

（1）企业标志的概念。企业标志是指代表企业形象、特征、信誉、文化的一种特定符号。它是在企业VIS中应用最广泛，出现频率最高的一个要素。它不仅具有发动所有视觉设计要素的主导力量，也是统一所有视觉设计要素的核心，更是消费者心目中对企业认知、认同的代表物。

（2）企业标志的分类。企业标志以其构成要素划分，可分为文字标志、图形标志和组合标志三大类。

1）文字标志。所谓文字标志，是指以特定字形的排列或构成来传达企业理念和特色的标志。其中，中文、英文大小写字母、阿拉伯数字等，都可以作为企业文字标志的设计元素。这类标志简洁而表现力丰富。

在文字标志中，有直接传达企业信息的全名文字标志；也有以企业品牌名称单字首、双字首或多字首构成的字首文字标志；还有企业、品牌名称合二为一的文字标志。

2）图形标志。所谓图形标志，是指通过图案或几何图案来传达企业理念和特色的标志。这类标志生动直观、识别性强、易于克服语言障碍，为不同阶层、不同文化背景、不同年龄的人所共同接受与认同。在图形标志中，既有借助自然界中的动物、花卉等具象化图案，将企业独特经营理念与精神文化传达出来的写实图形标志；又有采用夸张变形手法，透过意蕴深刻的视觉符号来暗喻企业理念和企业特色的抽象图形标志；还有以企业经营内容和产品特点为题材的商业图形标志。如图6-6a所示的苹果公司的企业标志就是具象图形标志的典型代表。这类标志多借助于具象形态令人产生联想，传达企业的勃勃生机和经营理念，在视觉上易识易记，并且容易产生情感上的亲和力。如图6-6b所示的意大利蒙特爱迪生集团公司的企业标志就是抽象图形标志的经典。这类标志既有表现企业理念的几何抽象图形，又有体现人类智慧情趣的夸张抽象图形。该公司的企业标志由五个箭形构成，象征集团所属的纤维、食品流通、药品和石油化学四大产业部门，以蒙特爱迪生为中心，团结一致，为实现共同目标而努力的经营格局。使人联想到直入云端的飞鸟，感受到企业展翅高飞的远大理想。

 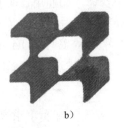

图6-6　图形标志

a）苹果公司的企业标志　b）蒙特爱迪生集团公司的标志

3）组合标志。所谓组合标志，是指以文字、图形的相互组合而构成的标志。它集文字标志和图形标志之长，兼有文字的说明性和图形的直观性特点。这类标志形象生动，含义清楚，易识易记，为广大公众广泛接受。可口可乐、百事可乐、麦当劳等公司的企业标志都是组合标志的经典之作。

（3）企业标志的设计方法。企业标志的设计方法多种多样，下面仅介绍常用的三种：

1）感性化标识法。感性化标识法是指直接运用企业名称或企业名称首字母的缩写或单纯的图形作为标志，强调标志的感性化、直观性的一种设计方法。如前面谈及的苹果公司的企业标志，就是采用单纯的图形作为企业标志的典范。又如美国IBM公司的企业标志是英文International Business Machines Corporation 的缩写，该标志简洁明了、流畅美观、直观性强，令人一目了然，是一种感性化的企业标志。再如麦当劳公司的企业标志——金黄色拱门，是企业名称首字母"M"字母的造型。还有NEC公司、SONY公司、TCL集团、LG公司等的企业标志都是运用感性化标识法设计的。

这种方法在向大众显示其视觉识别标志的同时强调了企业名称。不足之处是比较单调，含意不够丰富，所以采用这种方法设计企业标志时，为了加强其识别性，常常在字形结构、字体组合、图形装饰点缀和色彩上下功夫，力求突出视觉聚焦点、情趣性、人性化、动态感，避免单调以加强视觉冲击力。如苹果公司的企业标志，在设计上就表现出一个充满人性化、动态感的画面：一只色彩柔和的、被人吃掉一口的苹果，表现出"You can own your computer"的亲切感，体现出苹果电脑追求人机相融的设计理念。又如"健力宝"之前的公司标志，"j"字的造型人性化，具有跳跃的动感。

2）理性化象征法。理性化象征法是指用高度概括的、具有独特象征意义的几何图形和色块或抽象图案，或文字与图案的组合作为标志，强调标志的理性化、象征性的一种设计方法。

这种设计方法能表现企业的效能、优质、智慧、高精尖等特征，适用于产品领域比较广阔的企业。如台湾的味全公司的企业标志，该标志以五个圆点构成味全英文名字首"W"字的造型，既象征食品业圆润可口的行业特征，又寓意中国美食五味俱全的悠久历史。又如日本美能达公司、中国联通公司、广东美的集团等的企业标志，都是采用理性化象征法设计的。

运用理性化象征法来设计企业标志时，要根据企业和产品特征，充分研究字形结构或几何的点、线、面、空间的表现变化，从而设计出具有高度意念、意境和独特象征意义的企业标志。

3）感性与理性混合法。它是指把感性化标识法和理性化象征法结合起来进行企业标志设计的方法，运用这种方法设计的企业标志既有直观性又有象征性，还能克服单调、含意不丰的缺点。

2．商标设计概述

（1）商标的概念。商标是商品和服务项目的特定标志。它是商品生产者、经营者和商业服务者为使自己生产、销售的商品和提供的服务同他人生产、销售的商品和提供的服务相区别而使用的一种标记。

商标是商品流通的标志。它不但是商品之间彼此区分的记号，而且还是企业文化的载体和企业形象展示的一个重要窗口，是企业VIS的重要组成部分。商标经过注册后成为注册商标，受到注册地法律的保护，成为企业十分重要的无形资产。商标权人应当按规定正确使用注册商标。使用时应注明注册标记，即标明"注册商标"字样或注明标记"㊟"或"®"。这是为了向社会提示其商标受法律保护，同时，也便于商标管理机构对其使用商标的行为进行监督和管理。

（2）商标的构成要素。商标与企业标志一样，都由标准文字、标准图形、标准颜色、标准组合方式等要素构成。然而，商标与企业标志是有区别的：一个企业只有一种企业标志，但却可以拥有多种商标。因为商标是针对某一种商品而言的，可以给各种商品分别注册不同的商标；当然，也可以所有商品采用同一个商标，这样做既节约宣传费用，又能达到扩大商品影响的目的。在这种情况下也有企业将企业标志与品牌商标合二为一。

（3）商标的分类

1）按商标的使用者来分，可分为制造商标、商业商标和服务商标。

① 制造商标。制造商标是指商品的制造者使用的商标，这类商标代表着企业的商誉和产品的质量。商品上的商标多属于这类商标，如索尼电器、美的空调、海尔电冰箱等。

② 商业商标。商业商标是指商品的销售者使用的商标。这类商标往往由享有盛誉的商业企业使用，如中粮天津粮油进出口公司出口葡萄酒使用的"长城"商标。

③ 服务商标。服务商标是指旅游、民航、运输、保险、金融、建筑、维修等服务性企业使用的商标。如中国民航使用的"CAAC"，中国人民保险公司使用的"PICC"等。

2）按商标的用途划分，可分为营业商标、等级商标、证明商标。

① 营业商标。营业商标指的是以生产或经营企业名称作为商标。如"麦当劳"快餐店、"同仁堂"药店等，这类商标有助于提高商标或企业的知名度。

② 等级商标。等级商标是指同一企业根据同一类商品的不同质量、规格等而使用的系列商标。这种商标在国外使用相当普遍。如瑞士手表，"劳力士"为最高档次的手表；"浪琴"为二级手表；"梅花"为三级手表；"英纳格"则为四级手表。

③ 证明商标。证明商标又称保证商标，它是指用于证明商品原料、制造方式、质量精密度或其特征的商标。如绿色食品标志（如图 6-7 所示）、真皮标志、纯羊毛标志、电工标志等均属于证明商标。

图 6-7　绿色食品证明商标

3）按商标的构成要素分，可分为文字商标、图形商标和组合商标。

① 文字商标。文字商标是指由文字组成的商标。文字一般包括中文、外文、汉语拼音、字母或数字等。

图 6-8a、图 6-8b 是英文字商标；图 6-8c 是中英文商标。

a)

b)

c)

图 6-8　文字商标

a）英文字商标　b）英文字商标　c）中英文商标

② 图形商标。图形商标是由几何图形、符号、山川、建筑物、动物图案等组成的商标。图 6-9a 是别克汽车公司的图形商标；图 6-9b 是宝洁公司的图形商标。

a)

b)

图 6-9　图形商标

a）别克汽车公司的商标　b）宝洁公司的商标

③ 组合商标。组合商标是由文字和图形两部分组合而成的商标。图 6-10a 是广东龙川霍山牌矿泉水商标；图 6-10b 是麦当劳连锁店的曾用商标；图 6-10c 是康佳品牌的曾用商标；图 6-10d 是广东美的空调的曾用商标。

a)

b)

c)

d)

图 6-10　组合商标

（4）商标设计的方法。商标的设计方法，可参照企业标志的设计方法进行。前已述及，在此不再赘述。

补充知识 6-3

美、中、泰三国有关商标法规的部分规定如表 6-1 所示。

表 6-1　美、中、泰三国有关商标法规的部分规定

美　国	中　国	泰　国
美国商标法规定，有以下内容之一者，不能作为商标注册：	中国商标法规定，有下述内容之一者，不能作为商标注册：	泰国商标法规定，有下列情况之一者，不得用作商标注册：
1. 含有不道德、欺骗或丑恶事物	1. 同中华人民共和国的国家名称、国徽、军旗、勋章相同或者近似的	1. 同泰国国旗类似的
2. 含有美国某一州或某一外国的旗帜	2. 同外国的国家名称、国旗、国徽、军旗名称相同或者近似的	2. 与红十字标志相同的
3. 使用其他人的姓名、肖像或者签名的式样而未取得本人同意	3. 同政府、国际组织的旗帜、徽记名称相同或者近似的	3. 皇家禁忌的文字或图形
4. 近似于他人在美国已使用或已注册的商标，可能造成混淆、讹误或者欺骗者	4. 同"红十字""红新月"的标志名称相同或者近似的	4. 皇族家庭成员的肖像，以及专供皇室装饰的图样
	5. 本商品的通用名称或图形	5. 违反公德的图像，如女人裸体像等
	6. 直接表示商品的质量、主要原料、功能、用途、重量、数量及其他特点的	6. 不得使用图形或文字叙述产品质量或与商品相关的内容，如饮料使用"滴水"作为商标是不允许的
	7. 带有民族歧视性的	
	8. 夸大宣传并带有欺骗性的	
	9. 有害于社会主义道德风尚的	

（资料来源：万力. 名牌 CI 策划[M]. 北京：中国人民大学出版社，1997.）

（三）企业标准字设计

1. 企业标准字的概念

企业标准字是指将企业名称或品牌名称经过熔铸提炼和特殊设计后确定下来的具有独特风格的统一文字群。企业标准字是企业 VIS 的核心要素之一，它与企业标志、商标一样，能够表达丰富的内涵。企业通过标准字的可读性、说明性和独特性，向社会公众传达企业的理念、精神、规模、特征等，从而达到塑造企业良好形象的目的。

2. 企业标准字设计的一般程序

（1）调查研究。在着手进行企业标准字设计之前，应对企业现有的标准字进行调查，收集整理有关资料。对企业现有标准字的调查一般包括如下内容：是否符合行业和产品形象特征？有无创新意识和独特风格？能否传达企业的理念、精神？目标消费者是否喜欢？字体设计是否遵循个性化、易读易辨、艺术性、延展性、协调性等原则？标准字的优点有哪些？缺点有哪些？等等。调查的主要目的：一是掌握现在标准字的优缺点和使用后消费公众的反应情况；二是避免与其他企业的标准字雷同；三是为企业标准字的重新设计提供可靠的依据。

补充知识 6-4

部分国家和地区对色彩的喜好和禁忌如表 6-2 所示。

表 6-2　部分国家和地区对色彩的喜好和禁忌

国家（或地区）	喜　好	禁　忌
德国	南部喜欢鲜艳的色彩	茶色、深蓝色、黑色的衬衫和红色的领带
爱尔兰	绿色及鲜明的色彩	红色、白色、蓝色
西班牙	黑色	
意大利	绿色、黄色、红砖色	
保加利亚	较深沉的绿色和茶色	鲜明的色彩、鲜绿色
瑞士	彩色相间、浓淡相间的颜色组合	黑色
荷兰	橙色	
法国	东部男孩爱穿蓝色服装，少女爱穿粉红色服装	墨绿色
土耳其	绯红色、白色、绿色等鲜明的色彩	
巴基斯坦	鲜明的色彩、翠绿色	黄色
伊拉克	红色、蓝色	黑色、橄榄绿色
中国香港和中国澳门	红色、绿色	靛青色、蓝色、白色
缅甸	鲜明的色彩	
泰国	鲜明的色彩	黑色（属于丧色）
日本	红色、绿色	
叙利亚	青蓝色、绿色、红色	黄色
埃及	绿色	蓝色
巴西		紫色、黄色、暗茶色
委内瑞拉	黄色	红色、绿色、茶色、黑色、白色不宜用在包装上
古巴	鲜明的色彩	
墨西哥	红色、白色、绿色组合	
巴拉圭	明艳的色彩	红色、深蓝色、绿色等不宜用于包装
秘鲁		紫色（10月举行宗教仪式除外）

（资料来源：万力．名牌 CI 策划[M]．北京：中国人民大学出版社，1997．）

（2）确定造型。根据调查的情况和企业所要传达的内容及期望建立的形象，确定字体的外观造型。例如：正方形、长方形、斜体、变形体等；或图案内嵌字体；或装饰点缀字体等。字体造型要求：外形自由、样式活泼、美观大方、富有创意。

（3）选定字体。在设计中文标准字时，要根据企业的经营特性、产品特点、消费者对各种字体所能产生的印象及其对商品的联想，选择最有力、最为适当的字体形式。既可以选择篆书、隶书、行书、楷书等书体，也可以选择宋体、仿宋体、黑体、综艺体和变形美术体等。中文字的书体各有千秋，在设计时，要根据表现的需要加以选择。例如：篆书历史悠久，往往能唤起人们的怀古之情；隶书雄浑潇洒、美观大方；楷书刚劲有力、稳重端庄；行书俊逸流畅、活泼秀丽；宋体庄重大方；仿宋体秀美挺劲；黑体粗壮醒目；综艺体圆润美观；变形美术体生动活泼。

（4）装饰笔画。企业标准字的字体选定后，在该字体基础上对笔画进行加工、装饰或点缀，使标准字能够准确地传达企业经营理念、特色，突出标准字的个性化，增强其识别功能。在装饰标准字的笔画时，可以通过笔画线端的切割与弧度，笔画阴阳条纹相间，笔画之间的粘连、点缀等方式来处理标准字的笔画。笔画线端切割的方式有水平切、垂直切和斜切等。字体笔画是采用斜切和水平切相结合的方式，凸显该企业追求尖端技术。如"IBM"字体笔画是采用阴阳条纹相间的方式，突出 IBM 公司的经营哲学、优异性和时代性，IBM 公司的标准字可谓是"前卫、科技、智慧"的代名词。

（5）排列组合。标准字体的排列应考虑排列方向变化的弹性组合。为了避免因排列方向变化造成标准字预期效果的失真，在字体设计之初应注意以下几个方面：①慎用斜体字。斜体字在横向排列时，具有明显的方向感和速度感，但竖向排列时容易形成因倾斜而带来的不安定感，应将斜体字加以修正后再用于竖排。②少用连体字。连体字横向排列时有贯通流畅的整体感，一旦排列方向发生变化时，不得不将连线分割开来，势必破坏原有字体形象的统一感。③避免用极端化的变形美术体。为强化运动方向和力轴动势，可根据排列方向将字体拉长或压平，并分别用在竖排与横排上，但如果是极端化的变形美术体，就会失真。

（四）企业标准色设计

1．企业标准色的概念

企业标准色是指企业根据自身特点，经过设计后选定的，用来代表企业形象的特定色彩。

企业标准色亦称"公司色"，象征着独特的公司形象，一般是一种颜色或多种颜色的组合，常常与企业标志、品牌标志、标准字等配合使用，被广泛应用于企业广告、包装、建筑物、服饰、办公用品及其他公共关系用品中。标准色是企业 VIS 策划中重要的设计要素之一。

2．企业标准色的设计要领

（1）传达企业理念、精神。企业 VIS 的各个要素设计都必须围绕企业理念这个核心来展开，标准色也不例外，要充分反映企业理念的内涵，传达企业理念、体现企业精神、展示企业形象。如 IBM 公司采用蓝色作为标准色，传达出 IBM 公司生产经营高科技产品的经营理念，体现 IBM "开拓、创造、顺应时代潮流"的精神，展现 IBM 高科技的"蓝色巨人"形象。

（2）突出企业风格、个性。企业在设计标准色时，必须考虑如何体现企业的风格和个性。企业标准色反映企业理念、精神，又要突出企业风格、个性，还要尽量避免与同行业企业标准色重复或混淆。为了达到上述要求，企业可以采用单色、双色和多色作为标准色，但一般不超过三种颜色。例如：海尔集团采用蓝色作为企业标准色，既容易使人联想到大海，把海尔拓宽海外市场、争创国际名牌的企业目标联系起来，又能体现海尔集团以现代科技生产具有海尔特色的产品群。又如：麦当劳用红色与黄色组合成企业标准色，红色表示奋发向上的企业精神，黄色体现出该企业经营汉堡包、薯条、麦乐鸡等食品的特色，具有鲜明的个性化。

图 6-11 中所展示的企业——中天微，是国内一家以芯片研发为主的高科技企业，2018 年被阿里巴巴正式收购。该企业进行了完整的品牌形象规划与设计，其中企业标准色以蓝色和灰色为主。蓝色象征创意、未来，灰色象征科技。色彩的科学组合，彰显出企业的睿智、创新特征。

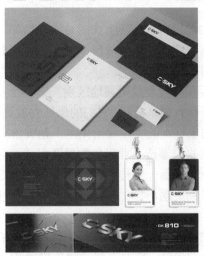

图 6-11　中天微科技公司标准色彩应用示例

（3）吻合公众心理、情趣。企业标准色的选择与设计，应与消费公众的心理、情趣相吻合。首先要避免采用禁忌色，使得公众能够普遍接受；其次是尽量选择公众比较喜爱的色彩。部分国家和地区对色彩的喜爱和禁忌（见专题知识 6-5）。如美国 TCBY 连锁店，以经营各种酸奶为特色，所有连锁店的分店一律以绿色和灰黄相间搭配，象征天然与健康，与顾客喜爱绿色环保食品的情趣和追求健康的心理相吻合。

（4）适应国际潮流、时尚。随着全球经济一体化进程的加快，许多公司都已经走上国际化经营之路。因此，企业标准色的设计要适应国际潮流和时尚。现在世界上的企业标准色正由红、黄系列渐渐转向蓝、绿系列，体现出一种理智、高科技、环保的色彩特征。

（五）企业象征物设计

1. 企业象征物的概念

企业象征物，也称吉祥物，是指企业为了强化企业的性格，诉求产品特征，借助于漫画式的人物、动物、植物、非生命物以及风景的具象化视觉效果，塑造企业形象识别的造型符号。企业象征物通过幽默、滑稽的造型捕捉社会公众的视觉焦点，往往比抽象的企业标志、品牌商标、标准字更具视觉冲击力。因此，选定特定形象作为企业象征物，容易唤起社会公众的亲和力，从而达到有效塑造企业形象的目的。

2. 企业象征物的特点

（1）象征性。企业根据自身的情况和 CIS 战略的需要，选择合适的人物、动物、植物、非生命物及风景等作为企业的象征物，并通过一贯的、长期的、反复的宣传使用，在社会公众的心目中，逐渐形成企业或品牌的象征。如麦当劳快餐连锁店的象征物"麦当劳叔叔"是友谊、风趣、祥和的象征，象征着麦当劳永远是大家的朋友，时刻准备着为儿童和社区发展贡献力量。

（2）亲和力。企业象征物一般选自活泼可爱的人物、动物；或具有吉祥寓意的图案、漫画；或是亲切可感的风景；或是人们熟悉且喜欢的植物等，是企业信息传播的诸多设计要素中，最有亲和力的要素，容易唤起社会公众的亲切感，容易获得较好的视觉效果，给社会公众留下深刻的印象。

（3）通俗感。企业象征物的题材首先应考虑的是宗教信仰、忌讳和风俗习惯，大多数企业的象征物源自家喻户晓、耳熟能详的童话故事、民间传说、典故或成语故事等，容易唤起社会公众的回忆，增强记忆的效果。

（4）个性化。一个企业要和其他企业明显地区别开来，企业的象征物必须个性化。如同样是快餐连锁店的麦当劳公司和肯德基公司，它们的象征物就具有鲜明的个性特征，"麦当劳叔叔"是友谊、风趣、祥和的象征，而"山德士先生"则突出家传秘方的迷人风味。

（5）统一性。企业的象征物是塑造企业形象的重要组成部分，它和企业的标志、标准字体、标准色一样，是连接企业、商品、宣传、促销和服务环节等方面的纽带，具有统一企业整体形象的特点。社会公众看到生动形象、亲切可感、独具个性化的企业象征物就如同接触到企业统一的整体形象。

（6）传播性。企业象征物以具象化的造型符号，传播企业的经营理念和精神。在当今的信息社会，企业象征物有独特的优势，它具有极佳的传播功能。

第四节　企业听觉识别系统（AIS）的开发

随着社会的发展，科技的进步，全球经济一体化进程的加快，CIS 的理论及其策划也在不断发展和完善。在 CIS 中的三个基本识别系统——理念识别系统（MIS）、行为识别系统（BIS）和视觉识别系统（VIS）日臻成熟之时，一种新的 CIS 的子系统——听觉识别系统（AIS），已经迅速发展，逐渐完善，现在已经成为现代 CIS 型企业的第四张王牌。许多 CIS 的专家对此予以高度的重视，如万力在其主编的《名牌 CI 策划》一书中做了精辟的论述。本节就企业 AIS 的开发做简单的介绍。

一、企业 AIS 概述

（一）企业 AIS 的概念

AIS 是英文 Audio Identity System 的简称，是指听觉识别系统。

企业 AIS 即企业的听觉识别系统，是指以听觉传播力作为感染体，将企业理念、产品特色、服务内容、风格个性、企业规范等抽象语意转换为具体符号，以标准化、系统化的有声语言传播给社会公众，从而达到塑造企业独特形象，凸显企业个性的一种经营技法。它是 CIS 的重要组成部分，是现代 CIS 型企业塑造良好企业形象的重要手段之一。

（二）企业 AIS 的功能

1. 识别功能

听觉识别与视觉识别系统同样传递信息，但由于有声语言传播方式往往与企业 MIS 相脱节，使得听觉识别系统常常被视为视觉识别系统的一部分，仅仅作为 CIS 的补充内容而存在，其实这是误导。在现实生活中，人们通过听觉可以识别"风声、雨声、读书声""男声、女声""蝉鸣鸟叫""狗吠鸡啼"等。同样，企业反复播放"企业团队歌曲""主体音乐""广告词""宣传口号或标语"等，社会公众通过听觉可以识别此歌曲、音乐、广告词、口号或标语是属于哪个企业的，自然而然会联想起该企业的形象。可见，听觉识别系统与其他三个基本识别系统一样具有很强的识别功能。

2. 记忆功能

传播理论认为，人从外界所获取的信息中约80%来自视觉，故在CIS中以视觉传播为主；但其余约20%的信息中，听觉发挥的作用最大。企业AIS就是通过企业内外部的各种传播媒体，把企业歌曲、主体音乐、广告词、广播宣传口号或标语，传递给社会公众，并经过反复播放，使社会公众对企业熟悉记忆，产生好感，留下深刻的印象，从而提高企业的知名度、美誉度，树立起良好的企业形象。

有学者对人的视力和听力有机结合的视听系统进行考察，结果表明，视听有机结合的整体记忆功能优于视和听的单独记忆功能或简单相加的记忆功能。因此，企业在设计AIS时要与VIS有机结合起来，以产生更佳的记忆功能。

3. 感情定式功能

企业AIS是经过精心选择或刻意创造的歌曲、音乐、广告词、广播宣传口号或标语，适合本企业的经营管理特点，经过企业内外的各种传播媒介反复播放，使社会公众和企业员工增进好感，产生对企业的厚爱和偏爱的感情定式。对企业内部员工来说，无论他们在什么情况下听到自己的企业歌曲、音乐、广告词、广播宣传口号或标语等，都会产生一种特有的亲切感和荣誉感；对企业外部的社会公众来说，通过企业AIS熟悉某个企业，当听到某首企业歌曲、某段音乐、某句广告词、某条宣传口号或标语，就会立即联想到该企业及其产品。在选择商品和服务时，也会很快做出心理反应。由此可见，企业AIS具有感情定式功能。

（三）企业AIS的构成要素

一般来说，企业AIS由企业歌曲、主体音乐、广播广告词、广播宣传口号或标语、企业（品牌）名称和听觉识别手册等要素构成。

补充知识6-5

听觉、视觉记忆功能比较见表6-3。

表6-3 听觉、视觉记忆功能比较

记忆保持率 视觉结合与否	记忆保持时间 3小时后	3天后
听	70%	10%
视	72%	20%
听视结合	85%	65%

二、企业 AIS 的要素设计

（一）企业歌曲设计

企业歌曲设计是指把企业经营理念、企业精神等写成歌词，谱上曲，作为企业歌曲，用艺术形式向员工灌输。企业歌曲又可以分为企业团队歌曲和企业形象歌曲。

（1）企业团队歌曲。企业团队歌曲主要用于企业内部，向员工灌输企业的理念、精神，通过企业传播媒介的反复播放、集体合唱、个人熟唱等形式，强化团队精神。如日本松下电器公司首创社歌（即公司歌曲）。每天清晨，全日本 87 000 多名松下电器公司的员工整齐列队，齐声歌唱。松下以此形式向员工灌输企业理念、企业精神，从而达到强化企业团队精神的目的。日本其他企业纷纷效仿松下的做法，现在日本大多数企业都有企业团队歌曲。

（2）企业形象歌曲。企业形象歌曲主要用于企业外部，提高企业知名度，使社会公众增强对企业的信任度，从而达到树立企业良好形象的目的。

（二）企业主体音乐设计

企业主体音乐是经过精心挑选或刻意创造，适合本企业经营管理理念、方针、策略和风格特征的音乐。如企业广播广告播放时的前奏音乐、大型活动的礼仪音乐等。其目的是吸引社会公众和提高员工工作效率。

许多企业将企业主体音乐作为一种习惯风俗固定下来，形成了企业特有的文化环境，以振奋企业员工的奋斗精神。听企业主体音乐的感觉就像我们在国际体育比赛中，听到奏响《义勇军进行曲》时的感受一样，非常激动和自豪，具有很强的鼓舞性。

（三）企业广播广告词

企业广播广告词是企业 AIS 的重要构成要素之一。广告词首先要将企业的经营理念、方针和社会价值观不断地、完整地通过大众媒体传播给社会公众，使社会公众在反复收听中增加对企业的认同感；其次，要简练、上口、入耳，不含糊其词，诉求点要独具特色，力排其他竞争者。如康师傅方便面的广告词："香喷喷，好吃，看得见。"这些广告词，简练、上口、入耳，再通过广告媒体的反复播放和传播，几乎是家喻户晓，使康师傅方便面在激烈的市场竞争中立于不败之地，并塑造出良好的企业听觉形象。

（四）企业广播宣传口号或标语设计

企业广播宣传口号或标语设计是指把企业的哲学、理念、精神、价值观等内容用广播口号或标语的形式表达出来，通过广播媒体反复播放，在社会公众中产生潜移默化的作用。如北京四通集团的宣传口号："小到一颗螺丝钉，四通服务无微不至。"广州天心制药厂的口号："天心，天心，制药精心"；广州白云山制药总公司的口号："白云山，白云山，爱心满人间"；美国 IBM 公司的口号："IBM 就是服务"；广东核电合营有限公司（大亚湾核电站）的口号："发展核电，造福人类""以核养核，滚动发展""以安全为中心，以质量为基础，以计划为龙头""人人都是一道屏障""保护环境，造福社会"等。这些企业通过独具创意的口号，扩大企业知名度、美誉度和信任度，凸显企业形象，展示企业风采。

案例 6-4

为了我们的共同心愿
——北京当代商城之歌

王衡 词
雷蕾 曲

（乐谱）

几千年的沧桑 铺着一条路，朱颜斑驳的古老文明 鼓舞着一代情，
世纪之交的岔路口上，奏响了呼唤未来的 当代乐章，
日月作证，星晨相伴，一年三百六十五天，
手拉着手，心连着心，为了我们的共同心愿。
天天敞开，坦诚的胸怀，我们把闪光的年华奉献！
手拉着手，心连着心，为了我们的共同心愿！

（五）听觉识别系统手册设计

企业进行 AIS 策划时，要制定《企业听觉识别系统手册》，供企业全体员工学习和贯彻。《企业听觉识别系统手册》是企业建立和推进 AIS 的依据，它的内容主要包括：企业 AIS 在 CIS 中的地位、作用、应用原则、规范和有关图表，以及企业歌曲、主体音乐、广播广告词、广播宣传口号或标语等。

（六）企业（品牌）名称设计

企业（品牌）名称设计除了遵循个性化、民族性、名实相符的原则之外，还要遵循音形义统一的原则，使企业（品牌）名称好认、好念、好记、好看，具有强烈的听觉冲击力，使人们听、说后不易忘怀。因此，在设计企业（品牌）名称时，要强调读感，以朗朗上口、响亮悦耳为宜。同时还要注意与企业理念、企业精神等内容相协调，赢得社会公众的认同，从而提高企业的知名度和美誉度。企业（品牌）名称的具体设计要求前已述及，在此不再赘述。

本章小结

企业识别系统（CIS）由 MIS、BIS、VIS 和 AIS 四个子系统组成。

企业 MIS 的作用主要包括统一思想、心理定式和行动导向等方面的作用；企业 MIS 的构成要素主要包括：企业哲学、企业精神、企业道德、企业目标、企业宗旨、企业作风等。

企业 BIS 由企业内部和外部行为识别子系统构成；企业 BIS 的内部识别子系统主要由企

业的组织管理、员工教育培训、员工工作环境、员工福利待遇、良好股东关系和员工行为规范等要素构成；企业 BIS 的外部识别子系统主要由企业的市场营销、公共关系和公益活动等要素构成。

企业 VIS 由基本要素、应用要素和辅助要素构成；企业 VIS 的基本要素主要包括：企业名称、企业品牌标志、标准字、标准色、企业宣传标语和口号等；企业标准字设计的一般程序包括：调查研究、确定造型、选定字体、装饰笔画、排列组合五个方面。企业 AIS 的功能主要有识别、记忆和感情定式功能；企业 AIS 的构成要素有企业歌曲、主体音乐、广播广告词、广播宣传口号或标语、企业（品牌）名称以及听觉识别手册等。

复习思考题

概念题

MIS　　BIS　　VIS　　AIS
企业理念　　企业哲学　　企业精神　　企业道德　　企业目标　　企业宗旨
企业标志

简答题

1. 企业精神的设计方法有哪几种？
2. 简述企业理念的主要来源。
3. 企业 BIS 中的内部和外部识别子系统的构成要素各是什么？
4. 企业标志以其构成要素划分，可分为几种？各举 1~2 例说明。
5. 企业商标与企业标志有何区别？
6. 企业象征物的特点是什么？

案例分析题

1. 美国通用食品公司每逢圣诞节分送礼品给每一位股东的举措给我们什么启示？
2. 松下电器公司是怎样教育、培训员工的？

第七章 企业形象的 CIS 战略（下）

> **学习目标**
>
> 通过本章的学习，了解相关案例，了解广域 CIS 战略是一种超越传统 CIS 战略内涵的组织识别系统；明确广域的 CIS 战略对于创建更符合我国国情的中国式 CIS 战略有着极其重要的现实意义；掌握广域 CIS 战略的概念、层次、结构与应用。

第一节 广域 CIS 战略

一、广域 CIS 战略的概述

（一）广域 CIS 的含义

广域 CIS 中的 "C" 不只是指 Corporate，而是包括 "4C"，即 Country、City、Community、Corporate 四个形象主体的第一个字母。故广域 CIS 是指国家、城市、社区和企业识别系统。

（二）广域 CIS 战略的概念

广域 CIS 战略是指以全方位满意理论（CS）为指导，通过一系列同一化、标准化、个性化、模式化的设计和运作，来塑造组织整体形象的一种经营技法。组织整体形象包括内部存在形象和外部认知形象。广域 CIS 战略所塑造的组织内部存在形象是指全面设计与推进所建立的主体具备的现实形象，是主体所拥有实证特征。广域 CIS 战略所要树立的外部认知形象是指将主体的内部存在形象向内外传达而在主体内外所形成的形象。

（三）广域 CIS 战略的应用范围

广域 CIS 战略的应用范围很广泛，不仅应用于国家、城市、社区和企业等组织整体形象的塑造，而且广泛应用于社会团体的形象塑造，只是没有上升到理论层面探讨而已。例如，国际奥林匹克运动委员会就是较早运用广域 CIS 战略塑造"国际奥委会"整体形象的范例之一，"友谊、和平、进步"和"更快、更高、更强"的奥林匹克精神就是国际奥委会 MIS 的重要组成部分；奥运会的章程、竞赛规则和有关规定，就包含了国际奥委会的 MIS 和 BIS；蓝、黄、黑、绿、红五种颜色的"五环"会徽和会旗是国际奥委会 VIS 的核心内容，"五环"会徽既是"五大洲"的象征,又是五大洲人民"团结、友谊"的象征,如图7-1所示;奥运会的会歌和宣传口号,则是国际奥委会的BIS。又如:《中国共产党章程》中总纲部分阐述的党的性质、最高理想、最终目标、行动指南(或称指导思想)、根本宗旨等,就是中国共产党的MIS;党员的条件、权利、义务、组织制度、组织机构以及党的纪律等,就是中国共产党的BIS;党徽为镰刀和锤头组成的图案,标准色是金黄色,党旗为旗面缀有金黄色党徽图案的红旗,她们是中国共产党的象征和标志,如图7-2所示,党的各级组织和每一个党员都要维护党徽党旗的尊严,要按照规定制作和使用党徽党旗,这就是中国共产党的VIS;中国共产党各级组织召开"党代会"或其他重要会议奏的《义勇军进行曲》和《国际歌》以及不同时期的宣传口号和标语、弘扬的主旋律等,就是中国共产党的AIS;事实上,中国共产党在其诞生之日起就导入了CIS战略,经中国共产党人多年来的努力,中国共产党在中国人民的心中树立起"立党为公、执政为民"的良好的执政党形象。再如:中国共产主义青年团的团章、团徽、团旗、团歌及宣传口号、标语等都包含了中国共产主义青年团的MIS、BIS、VIS和AIS。此外,各行业协会或俱乐部的章程、会徽、会旗和宣传口号等都是该组织的MIS、BIS、VIS和AIS。限于篇幅,关于社会团体形象的CIS战略本书不做具体讨论。

图 7-1 奥运会会徽

 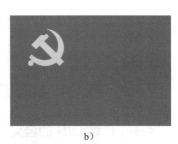

a) b)

图 7-2 中国共产党党徽与党旗

a)党徽 b)党旗

综上所述,广域CIS战略的应用范围应包括一切社会组织。因此,广域CIS战略概念中的"组织"应是包括国家、城市、社区、企业和社会团体在内的一切社会组织。

(四)中国导入广域CIS战略的原因

中国导入广域CIS战略的原因有以下几种。

1. 适应CIS理论发展的需要

广域CIS已经超越了传统CIS的内涵。当前发达国家的CIS,不是单纯满足于企业形象塑造,而是运用于国家形象、城市形象、社区形象和社会团体形象的塑造之中。

例如,新加坡通过导入CIS战略,从政治、经济、文化、教育等领域进行系统性规范律令,以MIS、BIS、VIS和AIS等塑造良好的国家形象,不仅使经济迅速发展,成为"亚洲四小龙"之一,而且成为世界公认的政通人和、国泰民安、有令必止的现代化国家。

我国目前的CIS还主要用于企业形象塑造,但国家、城市、社区和社会团体形象塑造也开始起步。如中国在国际上树立了崇高、和平、公正、正义,追求协调发展的良好的国家形象;在国内树立起"执政为民"的良好政府形象。

再如深圳市南山区导入广域 CIS 战略，对城区规划、产业结构、文明建设等城区各方面进行设计，以建立社会主义市场经济新体制与建立综合性、多功能、现代化的国际性城市为 CIS 设计理念，以国际城市形象管理为导向，以城市管理法制化、现代化、规范化、科学化为特征，强化城区市民的文明意识，改善投资环境，完善城市市区功能，促进经济发展和社会进步，不断提高"三化"（净化、绿化、美化）和"三优"（优美环境、优良秩序、优质服务）水平，提升海滨城市独特的形象魅力，以旅游业为龙头发展第三产业，提高南山区的形象。南山区被评为创建国家卫生城市先进单位，在物质文明和精神文明方面均取得显著成绩，实现了"形象推动，文化兴区"的城市形象 CIS 战略预期目标。

此外，广州市海珠区南华西街是较早导入广域 CIS 战略的社区之一，通过 MIS、BIS、VIS 和 AIS 来塑造良好的社区形象，南华西街被评为"全国社区精神文明建设工作先进单位""广东省文明单位""广州市精神文明红旗单位"，同时，被中央文明办、民政部定为"全国创建文明社区示范点"等，南华西街成为我国闻名的优秀社区，党和国家领导人及外国友人曾多次到南华西街视察。

因此，从理论超前角度来看，传统 CIS 概念已经不适应新的形势，有必要进行"扩容"。

2. 导入世界最先进的管理技术和模式的需要

众所周知，传统的 CIS 注重视觉识别系统，而相对忽视其他识别系统。我国的企业既未经过严格的美国式理性管理训练，也未受过日本式的人性化管理熏陶，正处于摸索阶段。我国企业要"冲出亚洲，走向世界"，仅靠传统的 CIS 是不行的。我国企业最缺乏的是科学管理。广域 CIS 战略是以先进的科学管理理念为指导的，塑造组织整体形象的一种经营技法。导入广域 CIS 战略，就必须要导入国际最先进的管理技术和管理模式。

3. 加快我国与国际接轨步伐的需要

当前的国际企业管理已由数量、质量和形象时代发展到目前的满意时代，我国的企业管理目前正处于由质量时代向形象时代过渡的时期，需要形象战略来塑造我国名牌和创建世界名牌。我们必须紧跟世界经营管理战略的发展步伐，必须有思维超前、理论超前的意识，必须全面推广 CIS 战略，提升国家、城市、社区、企业和社会团体的整体形象，以加快与国际接轨的步伐。

4. 建立具有中国特色 CIS 战略的需要

建立具有中国特色 CIS 战略，我们必须采取科学的态度，除认真研究传统 CIS 产生的原因、理论体系和分析企业导入传统 CIS 战略成功先例之外，还要认真研究广域 CIS 战略的内涵、理论体系和国外导入 CIS 战略的成功先例，借鉴国外导入先进 CIS 战略和广域 CIS 战略的成功经验，同时要吸取我国传统思想文化中的优秀成分和国外思想文化的精华，根据中华民族特有的社会结构和审美心理，以我国的国情为基础，大胆创新，才能获得成功。可见，导入广域 CIS 战略也是建立具有中国特色 CIS 战略的需要。

（五）广域 CIS 的构成

广域 CIS 主要由国家识别系统、城市识别系统、社区识别系统和企业识别系统四个子系统所构成。每个子系统又由 MIS、BIS、VIS 和 AIS 四个子系统所构成。如图 7-3 所示。至于社会团体的识别系统本书不做讨论。

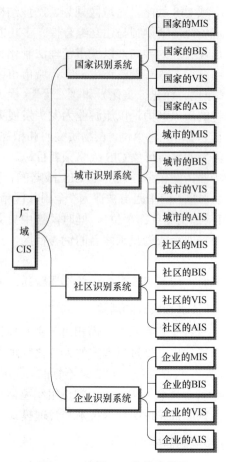

图 7-3　广域 CIS 的构成简图

二、国家识别系统

（一）国家识别系统的概念

国家识别系统，又称国家形象识别系统（Country Identity System），包括国家的 MIS、BIS、VIS 和 AIS 四个子系统。

（二）国家形象 CIS 战略的概念

国家形象的 CIS 战略，是指通过国家的 MIS、BIS、VIS 和 AIS 来塑造一个国家的存在形象和认知形象的战略。

（三）国家形象的 CIS 构成要素策划

1. 国家的理念识别系统（Country-MIS）策划

国家的理念识别系统是国家的基本精神所在，是国家文化在意识形态领域中的再现，也是整个国家形象识别系统运作的原动力和实施的基础,它属于国家的最高决策层次,被称为国家的"心"与"脑",是国家形象识别系统的灵魂。完整的国家形象识别系统的建立,有赖于国家理念的确立。国家的理念识别系统主要包括国家的哲学、指导思想、宗旨、精神、道德、作风、根本任务、战略目标等要素。

在进行国家的 MIS 策划时,要根据本国民族特点、宗教信仰、风俗习惯、道德水准、经济发展、社会进步、科学技术、文化水平等方面情况和物质文明、政治文明、精神文明的程度进行精心设计,而且要随着本国国情的变化不断赋予新的内涵,使之不断发展和完善。

目前,我国的 MIS 主要内容有:

(1) 运用马克思列宁主义哲学,建立科学的世界观、人生观和价值观。
(2) 我国是工人阶级领导的、以工农联盟为基础的人民民主专政的社会主义国家。
(3) 我国的根本制度是社会主义制度。
(4) 我国的根本任务是沿着中国特色社会主义道路,集中力量进行社会主义现代化建设。
(5) 中国各族人民将继续在中国共产党领导下,在马克思列宁主义、毛泽东思想、邓小平理论、"三个代表"重要思想、科学发展观、习近平新时代中国特色社会主义思想指引下,坚持人民民主专政,坚持社会主义道路,坚持改革开放,不断完善社会主义的各项制度,发展社会主义市场经济,发展社会主义民主,健全社会主义法治,贯彻新发展理念自力更生、艰苦奋斗,逐步实现工业、农业、国防和科学技术的现代化,推动物质文明、政治文明、精神文明、社会文明、生态文明协调发展,把我国建设成为富强民主文明和谐美丽的社会主义现代化强国,实现中华民族伟大复兴。
(6) 我国坚持独立自主的对外政策,坚持互相尊重主权和领土完整、互不侵犯、互不干涉内政、平等互利、和平共处的五项基本原则,坚持和平发展道路,坚持互利共赢开放战略。

我国的 MIS 对于我国在国际事务中确立崇尚和平、公正、正义、谋求建立国际政治经济新秩序的、良好的国家形象和在国内行政管理中树立起"执政为民""科学管理""协调发展"的良好政府形象起着非常重要的作用,使我国在国际上的知名度、美誉度和在国内的信任度不断提升。

不同的国家有不同的理念。例如,美国人崇尚英雄的观念代代相传,使个人英雄主义的价值观念深入人心。1945 年晚秋时节,美国首都华盛顿的国会山回荡着众议员林登·约翰逊的慷慨宣言:"我们必须保持强大!必须有足够的军事实力履行我们对全世界的道义责任。我们现在最崇高的职责,就是要保证未来。我们必须有强大的警察力量,保护我们免受罪犯的侵害;有强大的陆、海、空军,以履行我们担任世界警察的诺言。"从此以后,美国人"毅然"承担起"世界领袖"的责任与"世界警察"的义务。美国在国际事务中,维护着以美国利益为中心的世界秩序,在世人面前展现出"世界警察"的形象。

2. 国家的行为识别系统(Country-BIS)策划

国家的行为识别系统主要包括国家的宪法、法律、政权制度、经济体制和道德规范等。

一个国家的行为识别系统的作用主要是规范行政行为、民事行为、经济行为、政治行为、文化行为、道德行为等。

例如,《中华人民共和国宪法》(以下简称《宪法》)是我们国家的根本大法,具有最高的法律效力。全国各族人民、一切国家机关和武警力量、各政党和社会团体、各企事业组织,都必须以《宪法》为根本的活动准则,并且负有维护《宪法》尊严,保证《宪法》实施的职责。我国制定的《民事诉讼法》《刑法》《婚姻法》《教育法》《合同法》《公司法》《税法》《证券法》《银行法》等一百多部法律,用来规范全国人民的政治行为、经济行为、文化行为、道德行为等。此外,我国还制定了《行政诉讼法》及各种法规,来规范国家机关的行政行为。我国行为识别系统的建立,目的是实行依法治国、以德治国、依法行政,建设社会主义法治国家,在世界上树立起法治国家的形象。

世界上各个国家或地区均不同程度地建立起国家行为识别系统,制定出适应本国国情的宪法、法律和法规,以此规范本国国家机关和本国人民的行政或政治、经济、文化、军事、道德等方面的行为,在国内外树立起法治国家的形象。

3. 国家的视觉识别系统(Country-VIS)策划

国家的视觉识别系统主要包括国徽、首都、国旗;军队的军徽、军旗、军衔、军服;公安、警察、法院、海关等的标志和服装;国家标志性的建筑物、风景名胜、文物古迹等。

世界上每一个国家或地区均有自己的视觉识别系统。此处以我国为例加以说明。

我国的国徽:中间是五星照耀下的天安门,周围是谷穗和齿轮;我国的国旗是"五星红旗";我国的首都是北京。这些都是中国的标志。每当看到鲜艳的五星红旗在国际政治、经济、体育、文化等舞台上冉冉升起、高高飘扬时,每一个炎黄子孙心里都特别激动,因为它是中国的象征。军队是国家机器,军徽、军旗、军衔、军服(包括海、陆、空三军的男女服装)的设计和制作,从视觉方面塑造国家形象。事实上,军队的形象也代表着国家形象,军威展示国威。公安、检察、法院、海关的标志和服装,均从视觉方面塑造国家形象。此外,把我国的故宫、颐和园、圆明园、十三陵、万里长城、秦始皇兵马俑、敦煌壁画等制作成宣传画册和电视纪录片,通过宣传媒体,从视觉上塑造中国文明古国的形象。

4. 国家的听觉识别系统(Country-AIS)策划

国家的听觉识别系统主要包括国歌、标识(或称主体)音乐、广播宣传口号、广播电台和电视台等。

国歌是一个国家的听觉识别系统中最重要的组成部分。在国家领导人互访中的欢迎仪式上一般都要奏两国的国歌;在重大国际体育比赛的颁奖仪式上都要升国旗、奏国歌,因为国歌也是国家的象征。

主体音乐也是国家听觉识别系统的重要部分。例如,我国中央电视台(CCTV)在晚上播放"新闻联播"节目时的前奏音乐;再如我国中央人民广播电台在早上广播"新闻和报纸摘要"节目时的前奏音乐。

广播宣传口号、广播电台、中央电视台等也是国家的听觉识别系统的重要组成部分。

三、城市识别系统

（一）城市识别系统的概念

城市识别系统，亦称城市形象识别系统（City Identity System），包括城市的 MIS、BIS、VIS 和 AIS 四个子系统。

（二）城市形象 CIS 战略的概念

城市形象的 CIS 战略，是指通过城市的 MIS、BIS、VIS 和 AIS 来塑造一个城市的存在形象和认知形象的战略。

（三）导入城市形象 CIS 战略的作用

一个城市通过导入城市形象的 CIS 战略，可以强化城市精神理念，累积城市的形象价值，提高城市的知名度和美誉度，增强城市招商引资的吸引力，推动城市的经济发展和社会进步。导入城市形象 CIS 战略具体说来有如下几方面的作用：

1）有利于形成城市的凝聚力和向心力。
2）有利于提高城市的知名度、美誉度。
3）有利于城市物质文明、政治文明和精神文明的建设。
4）有利于改善城市的投资环境，吸引国内外投资者来该市投资办企业，促进城市的经济发展，吸引各类优秀人才，增强城市的核心竞争力。
5）有利于政府与市民和其他社会公众沟通，充分表达民意，增强市民与其他社会公众对政府的信任感，树立全心全意为人民服务的良好政府形象。
6）有利于城市强化形象意识，成为一种积极的精神动力，鼓舞、激励市民团结拼搏，奋发向上，为树立和维护城市的良好形象而共同努力。

（四）城市形象的 CIS 构成要素

城市形象的 CIS 由城市的理念识别、行为识别、视觉识别和听觉识别要素构成。这些构成要素在塑造城市良好的形象中均起着重要作用，因此，城市在导入城市形象的 CIS 战略时，对城市的 MIS、BIS、VIS 和 AIS 要进行精心设计和策划，以塑造良好的城市形象。

（五）城市形象的 CIS 策划

1. 城市的理念识别系统（City-MIS）策划

城市的理念识别系统主要包括城市的共同价值观、城市精神、城市发展目标、城市风尚、城市道德规范和文化个性等。

在策划城市的 MIS 时，要根据城市的市情进行精心设计，尤其是新兴城市，具有很大发展潜力的城市，更要重视城市 MIS 的设计。因为城市理念是城市的灵魂，是城市的原动力，是城市形象策划的核心。

例如，广州市以建设"现代化国际大都市"为目标理念。广州人精神："稻穗鲜花献人民。"

这是古代传说和时代精神的融合，其寓意是：广州人把创造出来的物质财富（稻穗）和精神财富（鲜花）献给祖国，献给人民，其实质是一种奉献精神。广州市风："团结、友爱、求实、进取。"广州城市形象表述词："千年羊城，南国明珠。"

又如，广东省河源市是一个新兴的地级市，以建立"生态旅游城市"为目标理念；上海市以建设成为"21世纪的世界金融中心"为目标理念；而香港特别行政区首任行政长官董建华在施政纲领中为香港设定了"安定、自由、幸福、有责任心、亲和"的目标理念。这些城市根据自身的特点和优势确立城市的理念，激励全体市民众志成城，为实现城市既定的目标而努力奋斗。

2．城市的行为识别系统（City-BIS）策划

城市的行为识别系统是指在城市理念的指导下，逐渐培养起来的、全体市民自觉遵守的行为方式和准则。

城市的行为识别系统由城市内部和外部行为识别子系统构成。城市内部行为识别子系统主要由城市的组织管理、市民教育培训、市民行为规范等要素构成；而城市外部行为识别子系统主要由城市政治、经济、文化等方面的交流合作、友好往来、城市形象广告、展览会、博览会、文体盛会和社会公益活动等要素构成。

例如，广州市民文明公约：热爱祖国，建设羊城；关心集体，服务人民；艰苦创业，务实求新；遵纪守法，维护安定；崇尚科学，破除迷信；急难相扶，家和睦邻；美化环境，健康身心；文明礼貌，团结奋进。广州社会公德守则：礼貌待人，举止文明；见义勇为，乐于助人；热心公益，济困扶贫；遵守秩序，保护环境；爱惜公物，节约寸金；讲究卫生，美化羊城。广州市职业道德守则：爱岗敬业，开拓进取；求利讲义，公平竞争；优质服务，便民利民；钻研业务，精益求精；遵章守法，诚实守信；办事公道，清正廉洁。这些行为规范对于塑造广州市良好的形象起着重要的作用。

城市行为识别系统的策划要注意如下几点：

（1）必须善于挖掘富有个性的地方文化内涵，以吸引外界的兴趣和关注。如广州市一年一度的"迎春花市"；广东增城的"荔枝节"；广东自贡的"灯会"；山东潍坊的"国际风筝节"；黑龙江哈尔滨的"冰雕节"；浙江杭州的"丝绸节"；贵州贵阳的"芦笙节"；辽宁大连的"国际服装文化节"等。通过这些活动大张旗鼓地宣传本市的地方文化精髓和地方特色产品，吸引八方来客，既可以提高城市的知名度、美誉度和市民的现代意识，又可以增强城市招商引资的能力，带动城市经济的发展和社会的进步，从而达到塑造城市良好形象的目的。

例如，北京平谷成功取得了2020年世界休闲大会的举办权，北京市政府希望借此机会向世界推荐和宣传北京平谷的休闲生态特色，因此本届世界休闲大会的会徽就成了展示北京平谷特色及展现办会理念的重要载体。如图7-4所示。

会徽以"剪纸桃"为主元素，将中国特色、北京平谷特点和休闲健康文化巧妙结合，在彰显东方文化的同时，凸显平谷"中国桃乡"的美誉，同时传递出健康、吉祥之意，寓意"幸福平谷"。

图 7-4　北京平谷 2020 年世界休闲大会会徽

桃亦指旺盛的生命力,这与"休闲提升生命活力"的诉求相吻合。世界休闲大会召开的 8 月恰逢秋桃成熟时,以桃为会标,可谓"寄情于景、融情于物",容易引起观者共鸣。会徽中巧妙融合了会议召开的时间——2020 年,使得会徽更具独特性和记忆点。会徽的顶部隐含汉字"人"与"阳光"图形,传达出世界休闲组织的理念——推进休闲,让人类更幸福。

(2) 必须善于借助申办或承办大型的、国际性的体育盛会,引起国内外的广泛关注,提升城市国内外的知名度。

例如,2008 年北京奥运会取得圆满成功,塑造了一个"新北京"的形象,进一步提升了北京在国内外的知名度和美誉度。

2008 年北京奥运会形象与景观工程是通过对 2008 年北京奥运会和残奥会形象元素的设计开发和一体化的应用管理,创造 2008 年北京奥运会和残奥会独特、完整而具有一致性的视觉形象。2008 年北京奥运会基本形象元素主要包括奥林匹克五环、北京奥运会会徽、色彩系统、主题口号、二级标志、吉祥物、体育图标、核心图形以及一组图片形象等。它们是奥林匹克精神和本届奥运会举办理念的象征,是营造 2008 年北京奥运会形象与景观的基础,向全世界充分展示出具有文化传统和人文精神的"新北京"形象。

下面以 2008 年北京奥运会会徽、主题口号、吉祥物为例加以说明。

2008 年北京奥运会会徽——"中国印·舞动的北京"如图 7-5 所示。"舞动的北京"是一种形象,展现着中华汉字所呈现出的东方思想和民族气韵;"舞动的北京"是一种表情,传递着华夏文明所独具的人文特质和优雅品格。借中国书法之灵感,将北京的"京"字演化为舞动的人体,在挥毫间体现"新奥运"的理念。手书"北京 2008"借汉字形态之神韵,将中国人对奥林匹克的千万种表达浓缩于简洁的笔画中。当人们品味镌刻于汉字中博大精深的内涵与韵味时,一个"新北京"诞生了。

北京 2008 年奥运会、残奥会主题口号是:"同一个世界 同一个梦想"(One World One Dream),如图 7-6 所示。它集中体现了奥林匹克精神的实质和普遍价值观——团结、友谊、进步、和谐、参与和梦想,表达了全世界在奥林匹克精神的感召下,追求人类美好未来的共同愿望。同时,它充分展示出"新北京"的人文精神和城市形象。

图7-5　2008年北京奥运会会徽　　　图7-6　2008年北京奥运会和残奥会主题口号

福娃是2008年北京奥运会吉祥物，如图7-7所示。其色彩与灵感来源于奥林匹克五环，来源于中国辽阔的山川大地、江河湖海和人们喜爱的动物形象。福娃向世界各地的孩子们传递友谊、和平、积极进取的精神和人与自然和谐相处的美好愿望。福娃是五个可爱的亲密小伙伴，它们的造型融入了鱼、大熊猫、藏羚羊、燕子以及奥林匹克圣火的形象。每个娃娃都有一个朗朗上口的名字："贝贝""晶晶""欢欢""迎迎"和"妮妮"，在中国，叠音名字是对孩子表达喜爱的一种传统方式。当把五个娃娃的名字连在一起，你会读出北京对世界的盛情邀请"北京欢迎你"，从而充分展示出"新北京"友好城市的形象。

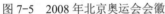

图7-7　2008年北京奥运会吉祥物——福娃

2008年北京残奥会会徽，如图7-8所示。它以天、地、人和谐统一为主线，由红、蓝、绿三色构成"之"字形。红色，寓意着太阳，具有浓重中国特色的"中国红"，体现了"人文奥运"理念；深蓝色，寓意着蓝天，代表着高科技，体现了"科技奥运"理念；绿色，寓意着大地，代表着环保，体现了"绿色奥运"理念。它以书法的笔触表现出一个运动的人形，仿佛一个向前跳跃的运动员，又如一个正在鞍马上凌空旋转的运动员，体现了运动的概念。"之"字有出生、生生不息之意，也有到达之意，其字形曲折，寓意历经坎坷最终达到目标，获得成功。2008年北京残奥会会徽把中国的文字、书法和残疾人奥林匹克运动精神融为一体，集中体现了中国传统文化和现代奥林匹克运动精神，体现了"心智、身体、精神"和谐统一的残疾人奥林匹克运动精神，体现了中国传统文化中"天人合一"的思想，具有深厚的中国传统文化底蕴，表达了现代人崇尚科学，追求运动的和谐，人的自身与自然、社会和谐发展的理念。

2008年北京残奥会会徽"天地人"以汉字作为会徽图案，北京2008年奥运会会徽"中国印·舞动的北京"以印章作为会徽图案，"中国字"和"中国印"都是中国传统典型的文化元素，充满了中国文化特色，两个会徽在思想上和艺术风格上遥相呼应，相得益彰，突出了"人文奥运"的理念，从而充分展示出"新北京"的文化城市形象。

2008年北京残奥会吉祥物，如图7-9所示。残奥会吉祥物设计方案的灵感来自中国古老的农耕文明。牛，扎扎实实、勤勤恳恳、坚韧不拔、永不言败，牛的良好形象蕴含着残疾人运动员自强不息和顽强拼搏的精神，与残奥会运动员奋发向上的品格以及北京残奥会"超越、融合、共享"的理念相契合；牛，朴实、乐观、勤奋，体现了一种积极的生活态度，奥林匹克运动会提倡一种积极向上的生活哲学，残奥会更倡导身体残疾的人们和健全人一样，享有在赛场上比赛的权利，并将这种精神延续到生活当中，做生活的强者，为社会的进步增添力量；牛是与人类最亲近的动物之一，它友好、忠厚、富有亲和力，在世界文明的长河中，田园牧歌是人们对和谐生活的向往与礼赞，牛的形象广泛出现在文学艺术作品描绘的自然、舒缓、诗意的田园生活中，体现出人们对人与自然和谐相处的憧憬与希望。残奥会吉祥物设计方案吸收了中国民间版画、年画与玩具的造型与设计风格，并结合现代卡通造型的特点，体现了传统民族风格、大众情趣与时代气息的完美结合，从而充分展示出"新北京"的既有古代文明，又有现代文明的城市形象。

图7-8　2008年北京残奥会会徽　　　图7-9　2008年北京残奥会吉祥物

又如，广州市取得2010年第16届亚运会的主办权后，在中国、亚洲乃至全世界开展会徽、吉祥物、主题口号、体育图标等一系列的征集活动，引起国内外的广泛关注，塑造了一个"动感广州，感动世界"的城市形象，进一步提升了广州市在国内外的知名度。

2010年广州亚运会会徽，如图7-10a所示。一轮放射十六道光芒的红日——"亚奥理事会会徽"位于右上方，主体为抽象的五羊雕塑，是广州最具象征意义的城徽，"五羊"底座是"第十六届亚运会"的英文标识、广州拼音、阿拉伯数字2010，共同构成2010年广州亚运会会徽。会徽有"亚运光芒照耀羊城""体育健儿争当领头羊"的含义。专家认为，该设计图案能够脱颖而出，在于它整个设计富有激情，视觉冲击力强，而且包含了广州标志性的文化符号"五羊"。2010年广州亚运会会徽,充分展示出广州具有岭南文化特色、富有体育激情、美丽的城市形象。

2010年广州亚运会吉祥物名为乐羊羊,如图7-10b所示。它由五只不同颜色、形态各异的羊组成,名字分别是"阿祥""阿和""阿如""阿意"和"乐羊羊",把五只羊的名字连在一起会读出"祥和如意乐洋洋",传达出广州人民对亚洲以及世界人民的美好祝愿:吉祥、和谐、幸福、圆满和快乐!乐羊羊诚挚地发出邀请:广州欢迎您!展示出广州"祥和如意,和平友好"的城市形象。

a) b)

图7-10 2010年广州亚运会会徽和吉祥物-乐羊羊

a)2010年广州亚运会会徽 b)2010年广州亚运会吉祥物

再如,美国亚特兰大承办1996年第26届奥运会使该市成为国际旅游热点;韩国首尔承办1988年第24届奥运会,使首尔名扬天下;上海市承办首届东亚运动会,天津市承办第43届世乒赛等,都引起了海内外的广泛关注,许多城市借申办或承办大型体育盛会的契机,加大城市基础设施和环境建设的投资力度,加强城市的管理,规范市民的行为,促进城市物质文明和精神文明的发展,提升城市的知名度和美誉度。

(3)必须善于利用地理或其他优势,承办形式多样的国际性活动。如:上海市承办"APEC"会议;海南省博鳌承办"世界经济论坛";广州市承办春、秋季"中国进出口商品交易会";深圳市承办"高交会";珠海市承办"国际航展";云南省昆明市承办"世界博览会";广西南宁市承办"东盟会议"等,都可以提升该城市的国际知名度和城市的综合竞争力,以此推动城市的经济发展和社会进步。

总之,"文体搭台,经贸唱戏"已成为城市行为识别系统策划的重要手段。

3. 城市的视觉识别系统(City-VIS)策划

城市的视觉识别系统主要由城市的别称、市徽、市旗、市花、象征物、公共指示系统、交通标志、富有特色的旅游景点、标志性建筑物等要素构成。

在进行城市的视觉识别系统策划时应注意如下几个方面:

(1)集中某一形象传播,显示城市的特征。对城市的视觉元素而言,集中某一形象传播是最经济、最有效的视觉识别策划手段。如广州市至今已有 2000 多年的历史，是我国华南地区最繁荣、历史最悠久的大都会，勤劳、勇敢、聪明的广州人民创造了灿烂的岭南文化和现代文明。"五羊塑像"是传说中的广州的象征，如图 7-11 所示，"木棉花"（又名"英雄花"）是广州市花，象征广州是一个英雄城市。

图 7-11　广州五羊塑像

因此，广州又有羊城、穗城、花城的别称。广州市在 2004 年申办"2010 年亚运会"时，就抓住这一形象进行视觉识别的策划和传播，展示出广州具备悠久的历史和灿烂岭南文化特征的城市形象，收到极佳的效果，广州市的国际知名度得到显著的提高。再如，新加坡以"狮子塑像"为象征物，故有"狮城"的别称，具有独特的视觉识别效果。

（2）以标志性建筑物来展示城市的独特形象。建筑规划和建筑物被称为城市凝固的音乐，是人们对城市的第一印象，对于城市导入 CIS 战略进行 VIS 策划有着重要意义，是展示城市形象的重要视觉元素之一。如巴黎的埃菲尔铁塔、悉尼的歌剧院、北京的"天安门"、上海的"东方明珠"，广州塔、马来西亚吉隆坡的"双子塔"等，都是从视觉识别方面展示城市独特形象的标志性建筑物。

（3）统一城市的视觉识别系统。统一城市的视觉识别系统对于塑造良好的城市形象非常重要。心理学研究表明，人们感受到的外界刺激有 83% 来自视觉。CIS 专家普遍认为，视觉识别系统设计已成为城市导入广域 CIS 战略的重要组成部分，是塑造城市形象信息传达的最佳手段。因此，在导入城市形象 CIS 战略时，要十分重视城市视觉识别系统的设计。

> **案例**
>
> **杭州青山湖科技城城标设计**
>
> 杭州青山湖科技城是浙江建设科技强省和创新型省份的重大工程，也是杭州城西科创大走廊、杭州国家自主创新示范区的重要组成部分。青山湖科技城是高端产业和高新企业的集聚地，是企业总部、中介机构、现代服务业的集聚地，致力于把科技城建设成为国际

先进、国内一流的科技资源集聚区、技术创新源头区、高新企业孵化区、低碳技术示范区、体制改革试验区,成为"科技新城、品质新区"。

2015年,杭州青山湖科技城为了进一步打造新城独特形象,扩大新城的影响力,通过向社会广泛征集后,推出了具备鲜明特征的城标(如图7-12所示)。

图7-12 杭州青山湖科技城城标

城标设计以"青山湖"汉字为主元素,将其与"芯片"造型相结合,在彰显青山湖科技城的科技特征同时,也寓意其科研创新之核心领地特征。错落有致的线条表达出青山湖科技城集高端智慧于一体,充满蓬勃向上的发展动力。竖立着的带节点线条,恰似青山湖中生长的水上森林景观,静谧而富有生机。

城标宛若一枚印章,在传递"一座城市、一个印记"的同时,也表达了青山湖科技城集现代科技与传统文化于一体、融东方文化与世界情怀于一身的特征。

城标中渐变的蓝色,源自青山碧水之色,同时也是曙光之色。在彰显青山湖科技城的科技与生态特色同时,也传递出科技引领未来的理念。

4. 城市的听觉识别系统(City-AIS)策划

城市的听觉识别系统,主要由市歌、城市主体音乐、城市宣传口号和标语、城市宣传片解说词、市广播电台和电视台等要素构成。

城市的听觉识别系统已成为塑造城市形象的第四张王牌。虽然城市导入广域CIS战略起步较晚,许多城市还在探讨之中,但也有许多城市早已形成了听觉识别系统。广州市委、市政府就非常重视塑造广州的听觉形象,组织和开展形式多样的群众性精神文明建设活动,策划和制作许多宣传口号和标语,例如,"微笑在广州""友爱在车厢""美在花城""羊城新风传万家""爱我中华,爱我广州""可爱的广州我的家""广州是我家,清洁靠大家""广州市歌大家唱""科技兴市""教育强市""赶上亚洲四小龙""基本实现现代化""建设现代国际大都市""全面贯彻'三个代表'重要思想""全面落实'科学发展观'""建设全面小康社会"等,对塑造广州市的良好形象都起着重要作用。尤其是2004年"广州申亚"的宣传口号和宣传电视片,从听觉方面塑造出"动感广州,感动世界"的良好形象。再如,北京市申办2008年奥运会的"新北京、新奥运"等宣传口号,展示出北京市的新形象。

四、社区识别系统

（一）社区识别系统的概念

社区识别系统，亦称社区形象识别系统，英文是 Community Identity System，它包括社区的 MIS、BIS、VIS 和 AIS。根据我国目前对社区定义，社区主要是指城市的街道、生活小区、学校等。

（二）社区形象 CIS 战略的概念

社区形象的 CIS 战略是通过社区的 MIS、BIS、VIS 和 AIS 来塑造社区的存在形象和认知形象的战略。

（三）社区形象的 CIS 构成要素

1. 社区的理念识别系统（Community-MIS）策划

社区的理念识别系统，主要包括社区的共同价值观、社区精神、社区风尚、社区宗旨、社区道德规范和文化个性等。

社会的理念是社区的灵魂，是社区的原动力，是社区形象策划的核心。因此，导入社区形象的 CIS 战略时要注重社区的 MIS 策划。

我国的社区规划和建设正处于初始阶段，社区形象的建设尚处在引入阶段，至于如何推广社区形象建设，还处在探索阶段。然而，广州市海珠区南华西街在导入社区形象的 CIS 战略方面则先行了一步，在全国树立了榜样，曾被评为"全国社区精神文明建设工作先进单位""广东省文明单位"和"广州市精神文明红旗单位"，同时，被中央文明办、民政部定为"全国创建文明社区示范点"。下面简单介绍南华西街的理念识别系统：

1）南华西街人的共同价值观："爱国爱街、社会优先、敬业乐群、和谐发展、公私分明、义利并举、遵章守法、共育文明。"

2）南华西街精神："团结、理想、热爱、拼搏、开拓、超越自我"（1985年），现在发展成为："与时俱进、科学发展、求真务实、团结拼搏、为民造福。"

3）南华西街的街风："团结、理想、热爱、拼搏、开拓。"

4）南华西街人社区建设的行动指南（或称宗旨）："热爱南华西，建设南华西，造福南华西。"

5）南华西街理想社区的"六有"："老有所养，壮有所用，青有所学，幼有所校，婴有所托，残有所辅。"

南华西街的理念识别系统，全面具体地体现出南华西街的精神风貌和社区的特点。

2. 社区的行为识别系统（Community-BIS）策划

社区的行为识别系统是指在社区理念指导下，逐渐培养起来的、社区居民自觉遵守的行为方式和道德规范。

社区的行为识别系统由社区内部和外部行为识别子系统构成。

社区内部行为识别子系统主要包括社区的组织管理、和睦的邻里关系、生活和工作环境，以及社区居民道德规范等。

社区外部行为识别子系统主要包括社区政治、经济、文化等方面的交流合作、友好往来、社区公益性活动、社区文化性活动等。

广州市南华西街主要从如下几个方面构建社区的行为识别系统。

（1）以创新社区党建工作为重点，充分发挥党组织在社区精神文明创建中的战斗堡垒作用。南华西街坚持以社区党建为重点，不断创新社区党建工作机制，加强党组织自身建设，充分发挥社区党员的示范凝聚作用，增强了社区党组织的影响力、渗透力和战斗力，把社区群众团结、凝聚在党的周围，把党的方针、政策和创建高标准文明社区的各项任务落到实处。

（2）以创新社区服务载体为基础，推动社区文明建设再上新台阶。南华西街党工委、办事处坚持以"立足基层，服务社群，提高居民生活质量"为指导思想，努力建设高标准社区服务配套设施，抓好社区服务队伍建设，加快完善社区便民利民、帮困救济、医疗保健和敬老养老等服务体系。

（3）以解决群众关心的"热点""难点"问题为切入点，大力弘扬团结友善、扶危济困的良好道德风尚。南华西街党工委、办事处坚持全心全意为人民服务的根本宗旨，把社区居民群众所关心的、迫切需要解决的"热点""难点"问题，如失业人员再就业问题，群众看病保健问题，弱势群体生活困难问题等，作为工作的切入点和重点，为群众排忧解难，切实做到上为国家分忧，下为百姓解愁。

（4）以创新社区环境为依托，营造安全、文明、整洁、舒适的社会氛围。南华西街党工委、办事处以"弘扬文明新风，共建美好家园"为主题，深化群众性精神文明创建活动，为社区居民营造安全、文明、整洁、舒适的生活环境。如通过社区环境综合治理、开展创建绿色社区的活动和安全文明小区活动等，增强居民群众对社区的认同感和归属感，以及"住社区、爱社区、建社区"的意识，让居民群众安居乐业。

（5）以创新社区文化活动为载体，不断提高社区文明程度。南华西街党工委、办事处坚持从满足群众的精神生活实际出发，贴近群众，尊重群众，整合社区资源，精心策划，开展形式多样的具有南华西街特色的群众性文化体育娱乐活动，引导居民拥有健康、科学文明的生活方式，提高居民素质和社区文明程度。如创新公民道德教育形式，营造文明和睦的新民风、新家风；加强文化活动阵地建设；积极开展丰富多彩的社区文化活动，繁荣社区文化，提升社区文明程度等，取得了显著的效果。

南华西街通过构建社区的行为识别系统，有效地塑造出良好的社区形象。

3. 社区的视觉识别系统（Community-VIS）策划

社区的视觉识别系统主要由社区的区徽、区旗、标准字、标准色等要素构成。

如广州市南华西街的街徽：以"南"字汉语拼音首字母"N"为轮廓的街道标志，标准色为绿色，代表"绿街"，反映该街区文明建设的特点；街徽中间的图形是金黄色的牛——取牛的勤奋、奉献之意，象征南华西街人勤恳创业、求实进取，甘为人民做贡献的"孺子牛精神"。如图7-13所示。

作为社区之一的学校，其视觉识别系统比较完善，主要由校徽、校旗、校章、校服、学校名称的标准字等组成。

如广东轻工职业技术学院的校徽是"手"与"白鸽"的融合体，其设计理念是："手"体现该院高职教育的特色，培养技能型、动手能力强的应用型人才；"白鸽"既象征该院正在"腾飞"，朝着更高、更远的目标奋进，也象征该院学子在广阔天空中展翅高飞，飞向理想的彼岸。标准色是绿色，意味着该院生机勃勃、欣欣向荣。此外，以著名画家、书法家关山月书写的院名为标准字，字体繁简结合、俊逸流畅、颇具特色。学校参加大型的文体比赛、公益活动和群众性活动，都要求参加者举校旗、戴校章、穿校服等。学校将校徽、标准字应用于办公用品、教师名片、学生证、对外宣传品、学校大门、标志性建筑物、校车等上面,从视觉识别方面提升学校的知名度、美誉度,塑造良好的学校形象。图7-14是应用在信封上的中山大学校徽和标准字。

图7-13　广州市南华西街的街徽　　　　图7-14　中山大学校徽及标准字

4. 社区的听觉识别系统(Community-AIS)策划

社区的听觉识别系统一般由社区的区歌(如街歌、校歌等)、主体音乐、宣传口号和标语等要素构成。

听觉识别系统已成为塑造社区良好形象的重要手段。如广州市南华西街通过党政集体创作了街歌《南华西街之歌》《这是我们的家》和《人民公仆赞》等10首街区形象歌曲以及"热爱南华西,建设南华西,造福南华西""我爱门前一条街""我爱店前一条街""我爱校前一条街"等宣传口号,从听觉识别方面塑造了良好的社区形象。

现在很多学校都有校歌。学校也通过校歌和宣传口号展示学校良好的听觉形象。如原广东白云学院校歌的歌词:"理想职业从白云开始……"对塑造该院良好的形象起着很重要的作用。

补充知识

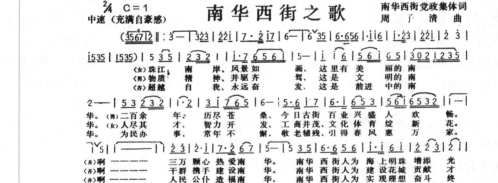

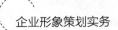

五、企业识别系统（Corporate Identity System）

此内容已在第五章、第六章中阐述，在此不再赘述。我们将在以下的三节中给大家介绍几例中外优秀的 CIS 实例。

第二节　中国 CIS 战略典型案例

虽然中国企业导入 CIS 战略起步较晚，但是自全面系统导入 CIS 战略以来，经过企业管理专家、教授、CIS 专家和企业家的积极呼吁和推动，具有中国特色的 CIS 战略模式正在形成。由廖为建、吴伯林、谭昆智、陈大海等执笔的《蓝色宪章——广东核电合营有限公司理念与行为识别系统》和广东核电合营有限公司的《中国广东核电视觉识别系统手册》是一套具有完整性、系统性、同一性和颇具中国特色的 CIS 战略。广东核电合营有限公司的 CIS 战略是中国企业导入 CIS 战略的典型案例，本章将介绍这一案例，并探讨中国式 CIS 战略的特点和发展趋势。

蓝色与金色的价值组合：大亚湾电站的 CIS

——广东大亚湾核电站的 CIS 战略简介

一、大亚湾核电站 CIS 的整体结构

CI 是 Corporate Identity 的简称，完整的 CI 应该是一个不可分割的系统，即 CIS（Corporate Identity System），通常译为"公司识别系统"。

公司识别系统包括公司经营理念、行为活动、视觉传达等实体性与非实体性的整体传播系统，其中又以标志、标准字、标准色、公司精神口号等基本要素为主要的识别要素。大亚湾核电站公司识别系统 CIS 由下列 3 个子系统构成（注：本书介绍的 CIS 由 MIS、BIS、VIS 和 AIS 四个子系统构成）：①理念识别系统（Mind Identity System，简称 MIS）。②行为识别系统（Behavior Identity System，简称 BIS）。③视觉识别系统（Visual Identity System，简称 VIS）。

相对于一般的 CIS 系统，大亚湾核电站公司识别系统 CIS 又有自己的独特之处。公司的理念识别系统 MIS 与行为识别系统 BIS 的规范性内容全部集合在《蓝色宪章——广东核电合营有限公司理念与行为识别系统》当中。视觉识别系统 VIS 的内容，全部集合在《中国广东核电视觉识别系统手册》当中。两者组合之后，形成了"蓝色与金色的价值组合"，最终整合成广东核电合营有限公司（大亚湾核电站公司）识别系统 CIS 的全部。

二、《蓝色宪章》的标题释义

宪章：

宪章——典章制度，行为规范。《汉书·萧望之传》："作宪垂法，为无穷之规。"

公司的文化大纲——文化基调和风格。

公司的形象大法——形象特征和规范。

蓝色：

科技、理性

安全、环保

创造、探索

蓝天、大海——大亚湾文明

蓝色，是大海的颜色

蓝色，是天空的颜色

蓝色象征着环保和清洁

蓝色象征着安全和宁静

蓝色象征着广阔和深邃

蓝色象征着希望和生命

蓝色象征着探索和追求

蓝色象征着科技和理性

蓝色象征着开拓和创新

蓝色象征着进步与文明

蓝色以它特有的鲜明形象和个性魅力，引导着核电人追求卓越、创造奇迹……

蓝色与金色的价值组合：

《蓝色宪章》之蓝色＋公司标志之金色＝蓝色与金色的价值组合。

我们用海洋一般的蓝色来标识大亚湾文化，寓意着安全文化是核电文化的基调，寓意着科学理性是我们文化的基本色。

我们用太阳一般的金色来标识公司的目标取向，寓意着大亚湾人创意无穷、追求卓越，寓意着我们的事业如日中天、前景灿烂辉煌。

蓝色与金色的价值组合集中表达了我们的核心理念：承诺安全，追求业绩！

安全与业绩是核电企业永恒追求的目标。"承诺安全，追求业绩"是核电得以安全经济运行的两个驱动轮。只有安全才有核电的一切。只有业绩才有核电的生存和发展。

公司向公众庄严承诺：在公司的所有运作中确保"安全第一"，尽公司的所有努力去追求一流业绩。

三、《蓝色宪章》的体例及语言风格

经过较为全面、深入、细致的调查研究，整合、提炼、确认了公司的主要精神、主要特色、主要经验。在《蓝色宪章》的行文过程中，始终贯穿、强调、突出这种精神、特色和经验。

《蓝色宪章》共分五章二十七条，力图对公司各个部门、方方面面的主要精神、主要特色、主要经验做客观的、准确的、深入的、全面的反映和表达。

充分注意典章制度、行为规范的表述特色，所以行文时力争做到提纲挈领、纲举目张、条分缕析、要言不烦。

语言力争做到自然、朴素、准确、简练，并且尽可能地使用大亚湾人喜闻乐见的语言，尽量避免学究化和华而不实。

四、《CI 手册》是公司 VIS 管理的最高规则

《CI 手册》是一本阐述公司 CI 战略基本观点与具体作业规范的指导书，是 CI 整体内容的导向，能确保 CI 运行作业的水准，公司可以参照手册中的规则来检查自己的管理体系，可以说《CI 手册》是公司极重要的智慧资产。

下面以理念识别系统 MIS、行为识别系统 BIS 与视觉识别系统 VIS 为线索，分三大部分介绍广东核电合营有限公司（大亚湾核电站公司）的识别系统 CIS。

第一部分　企业理念识别系统（MIS）

企业理念识别系统（MIS）的主要内容有：
事业领域与形象定位。
企业愿景、使命、战略和目标。
经营理念与管理哲学。
组织的价值观念和文化系统。
确定组织的形象个性和内涵……

第一章　企业定位

第一条　性质

"性质"的含义

"性质"是一个事物区别于其他事物的本质特性。企业的性质即体现于企业的组织、产品、事业领域中的本质特性，使本企业区别于所有其他企业，从而具有独特的社会身份和社会形象。

广东核电合营有限公司由广东核电投资有限公司和香港核电投资有限公司合资组成，负责广东大亚湾核电站的建设和运营。

广东大亚湾核电站是中国第一座百万千瓦级的大型商业核电站，是技术密集、人才密集、资金密集、高起点的核能源企业。

第二条　愿景

"愿景"的含义

"愿景"就是本组织的长期愿望及未来状况，它是组织发展的蓝图，体现组织永恒的追求。其时间跨度覆盖企业的整个有效生命周期。

"愿景"的具体含义：发展核电，造福人类。

第三条　使命

"使命"的含义

"使命"就是本组织为实现愿景而做出的承诺，即对自身和社会发展所做出的承诺。

企业使命是企业的存在宣言，它阐明了企业存在的理由和根据；体现了企业存在的意义和重要性；提示了企业生存的目的和方向。

一切为了用户、股东、员工和社会的利益，确保持续安全、可靠和经济发电，成为广东核电发展的基地，争当中国和平利用核能的楷模。

第四条 战略

"战略"的含义

"战略"是指为落实与实施愿景和使命而制定的总体方针、总体原则、总体规划、总体部署,其中可以包含基本的政策导向、组织特征、规划边界、实施原则、评估机制等。

以安全生产为中心,保持可持续发展的能力。面向市场,参与竞争,以核养核,滚动发展。

第五条 目标

"目标"的含义

"目标"是为实现使命和战略而采取的具有特定对象、衡量标准和预期结果的行为指南。每个目标都可以被看成是组织行动计划和焦点,并成为员工的行为动力。目标所包含的对象、标准和结果可以是定量的,也可以是定性的,并且能够在愿景的时间框架内进行适当的调整和改变。

造就一流队伍,追求一流管理,实现一流业绩,争创世界一流核电站。

第二章 企业理念

第六条 核心价值观

"价值观"的含义

"价值观"是指组织内部的人们对本组织及其相关的人、事、物的意义及其重要性的基本评价与共同看法,以及这种评价和看法的取向和标准。

企业价值观决定了企业最需要注意和重视的事情,它应为组织内所有层次的所有人们所熟知、所认同。它是不可侵犯的、不可动摇的。

"核心价值观"是企业在长期实践中形成的具有广泛共识并渗透到组织各种职能活动中的基本取向和标准。核心价值观对全体人员的所有日常行为都具有引导和约束的作用。

安全发电

追求卓越

以人为本

团队精神

第七条 企业精神

"企业精神"的含义

"精神"指人的意识、思维活动和一般心理状态。"理念""精神"和"意识"是同一意义的概念,都是物质世界在人脑中的反映。"企业精神"就是人们在企业实践基础上产生的认识、观念、思想等企业意识形态。

更高、更严、更优

更高:更高的目标;更高的业绩追求;更高的社会回报;更高的社会责任感和历史使命感。

更严:更严明的要求;更严格的管理制度;更严密的安全生产措施;更严谨的工作态度和办事作风。

更优:更优秀的人才;更优良的团队;更优质的服务;更优美的环境。

第八条 安全文化

安全第一,质量第一

风险指引，保守决策

人人都是一道屏障

安全高于一切，安全文化是我们企业文化的核心。

健全严格的规章制度，形成良好的个人行为规范，营造人人关心安全、注重安全的氛围。不断向更高的核安全水平迈进。

第九条 质量文化

质量是核电企业的生命

质量是干出来的

一次把事情做好

零失误、零缺陷

质量是核电企业的生命，没有质量就没有生命。人是质量活动的主体，质量是干出来的，不是检查出来的。

我们倡导"零失误、零缺陷"，一次把事情做好。

第十条 成本文化

降低成本，提升公司核心竞争力

增强全员成本意识

遵循科学合理投入原则

优化资源利用，降低发电成本，运用成本优势，参与市场竞争。倡导开源节流，反对浪费，在保证核电安全的前提下科学、合理地使用各种资源，降低电价，回报用户和社会。

第十一条 管理方略

"管理方略"的含义

"管理方略"是管理者在长期的管理实践中对管理经验进行反省，形成关于管理的本质和规律的基本认识和基本看法，形成管理决策的价值取向和管理行为的基本原则，形成管理的基本方针、方法和策略。

决策管理

目标管理

规范化与程序化

问题管理

风险管理

内控管理

人本管理

第十二条 经营理念

"经营理念"的含义

"经营理念"是经营者在经营实践中形成的关于企业的发展以及企业与社会外界之间关系的基本认识、基本看法，它引导着企业的经营方向和经营行为。

稳健经营

居安思危

参与竞争

持续发展

第二部分　企业行为识别系统

企业行为识别系统（BIS）的内容极为丰富，大致可以分为两个方面：内部行为规范和外部行为规范。

内部行为规范的主要内容有：业务培训、员工教育（包括服务态度、应对技巧、电话礼貌及工作精神）、组织结构、管理导向、运作流程、人事政策、培训制度、奖惩制度、福利政策、职业道德、行为准则、沟通方式、公司礼仪、文化活动、环境规划、工作环境及研究开发项目等。

外部行为规范的主要内容有：市场调查、市场推广、宣传广告、公关活动、促销活动、售后服务、物流处理、招聘方式、竞争策略、协作方式、公共咨询、社会服务、公益文化活动、环保措施、展示规则、外交活动以及与各类公众的关系等。

第三章　企业行为规范

"行为规范"的含义

"行为规范"是为保障管理的科学性和有效性而制定的，是人们在管理活动中都必须遵守的行为原则、标准和模式。

企业的行为规范体现了管理者及员工在长期的管理实践中形成的基本经验，反映了企业管理活动的基本规则和基本特征，体现了某一企业区别于其他企业的特有的行为方式。因此，企业的行为规范体现了企业的行为个性，是企业理念的活动展示，是整个企业的动态识别，它从行为的各个操作层面表现企业的形象特征。

第十三条　企业制度

　　领导体制
　　按照国际规范运作
　　产权明晰
　　权益均衡
　　科学治理

第十四条　安全管理

　　安全文化，自我完善
　　明确责任，严守规范
　　高度透明，经验反馈
　　保守决策，冗余保障
　　内外监督，评估改进
　　应急待命，常备不懈

第十五条　质量管理

　　严格执行质量管理大纲
　　以绩效为中心，以全员参与为基础
　　独立监督，缺陷跟踪
　　量化质量管理评价指标

第十六条　生产管理

　　逐级授权，统一指挥

　　　　计划牵头，管好接口
　　　　项目管理，团队作业
　　　　授权上岗，全员培训
　　　　发现问题，滚动管理
　　　　业绩标杆，动态管理
　　　　遵守程序，明星自检

第十七条　环境保护
　　　　保护环境，造福社会
　　　　坚持环保方针，执行环保制度
　　　　环保创优，和谐发展

第十八条　财务管理
　　　　与国际接轨，市场化运作
　　　　稳健理财，防止资金风险
　　　　设计财务模型，提供决策依据
　　　　严格预算约束，完善控制程序

第十九条　审计管理
　　　　独立审计
　　　　依法审计
　　　　增值审计
　　　　全方位、全过程审计

第二十条　成本管理
　　　　分级管理，控制成本
　　　　资源共享，规模效益
　　　　点面结合，优化结构
　　　　成本文化，全员参与

第二十一条　人力资源
　　　　以人为本，人尽其才
　　　　严格定编，多种用工
　　　　深化改革，健全激励
　　　　"三线"培养，人力开发

第二十二条　行政管理
　　　　一流管理，一流服务
　　　　用心服务，顾客满意
　　　　顾客参与，持续改进

第二十三条　信息管理
　　　　统一规划，统筹开发
　　　　网络通畅，信息共享
　　　　决策支持，过程优化
　　　　完善文档，强化安全

第二十四条　市场关系
　　降低成本，参与竞争
　　信守合同，实现双赢
　　商业道德"三、四、五"
　　追求长期效益

第二十五条　公共关系
　　注重周边关系，关注公众利益
　　加强沟通合作，争取理解认同
　　维护企业形象，树立核电品牌

第四章　精神文明与职业道德

第二十六条　精神文明
　　思想政治工作
　　民主管理，企务公开
　　精神文明创建活动
　　廉政建设
　　文体生活

第二十七条　职业道德
　　安全质量，最高标准
　　热爱核电，奉献核电
　　积极进取，先精其技
　　遵纪守法，秉公办事
　　团结协作，顾全大局
　　文明礼貌，注重形象

第五章　企业口号

　　发展核电，造福人类
　　以核养核，滚动发展
　　安全发电，追求卓越，以人为本，团队精神
　　承诺安全，追求业绩
　　安全第一，质量第一
　　安全与质量是我们一切工作的核心
　　以安全为中心，以质量为基础，以计划为龙头
　　一切按程序办
　　人人都是一道屏障
　　一次把事情做好
　　零失误，零缺陷
　　反不良工作习惯，反习惯性违章
　　让制度成为个人的习惯

求实的工作态度，严谨的工作作风，相互交流的工作习惯

没有最好，只有更好

更高，更严，更优

一流的队伍，一流的管理，一流的业绩，一流的核电站

稳健经营，让利于民

保护环境，造福社会

第三部分　企业视觉识别系统（VIS）

企业视觉识别系统（VIS）大体上分为两个部分：

A　　VI基础设计系统

B　　VI应用设计系统

A——00　VI基础设计系统

基础设计系统是视觉识别系统中的中心内容，是企业对外传达信息、表现视觉形象、凸显企业个性和精神之核心。

它包括企业标志、标准字体、标准色、辅助色和辅助图形、企业名称及其规范组合等。

A——01　企业标志实体

M100　Y100

M20　Y100

双色线形渐变

角度90度

色彩调和：中间点50

广东核电标志释义：

起源：采用"广东核电"英文缩写GNP为设计元素，以人性化的象征图形"白鹭"作表现手法，力求表达"安全""环保"和"亲和力"的核电行业特征，寓意人类和平利用核能，核电是一种安全、可靠、清洁和有发展前途的朝阳产业。

造型：直线、斜线和弧线配置构图，形成曲直刚柔对比，富有极强的视觉冲击力和韵律的节奏感。腾飞的白鹭造型象征企业勇于创新，追求卓越，走向世界的雄心壮志。

色彩：红黄渐变的色彩，体现了核电人充满活力、奋发向上的精神风貌。

A——02　黑白渐变图　　反白体　　轮廓图

黑白渐变图用于传真等单色情况

反白图用于深色背景

空心图用于霓虹灯制作或其他特殊情况

K10至K40双色线渐变

角度90°

色彩调和：中间点50

A——03　企业标志标准制图法

企业标志乃是企业的姓名，它可以配合企业字体同时出现而构成完整的视觉识别。在使

用过程中应严格遵守识别组合范例。

方格制图法可以了解整体的造型比例、线条粗细、空间距离等，并可借助此图快速绘制正确的企业标志。

方格制图法主要应用于制作招牌、建筑广告、看板等大型设计项目。

A——04　企业标志方格制图法

企业标志方格制图法（略）

A——05　企业标准色彩、辅助色彩

企业色彩是企业基础设计系统中最富有感性的要素，它和标志符号的共同应用可以唤起人们对企业识别最强烈的感受。

企业标志色是为增强企业的识别性而制定的专用色彩。

以标准色为基调的色阶范围规划为辅助色系，以增强企业视觉的活力。

A——06　企业标准色彩、辅助色彩

企业标准色彩、辅助色彩（略）

A——07　企业标准中文字体及方格制图法

企业标准中文字体配合企业标志同时出现，构成完整的视觉识别。在使用过程中应严格遵守识别组合范例。

方格制图法可以了解整体的造型比例、线条粗细、空间距离等，并可借助此图快速绘制正确的企业符号。

方格制图法主要应用于制作招牌、建筑广告、看板等大型设计项目。

A——08　企业标准英文字体及方格制图法

企业标准英文字体及方格制图法（略）

A——09　企业指定印刷字体

企业指定印刷字体主要用于企业文献的正文及事务用品宣传物、户外广告、所有信息传播媒体、广告促销及平面印刷等。

所指定的字体用以体现企业的卓越精神，塑造企业的理念宗旨和文化品位。无特殊情况均需按此指定字体执行。

企业标准英文全称

企业指定中文印刷字体

企业指定英文印刷字体

A——10　企业标识组合

在企业形象核心对外传达并统一的同时，将公司标志、字体、色彩完美组合，以扩大企业对外传达的信息量。

为更有效地将基础设计要素展开和确保企业标识视觉诉求力，在应用设计项目过程中，公司资料等要素的组合不得超越所规定的范围，从而使企业形象能够被正确认知。

在大多数应用设计项目的基本规定之外，也特意设定系统扩展之规定，使其富有弹性。主要应用于企业文档及促销宣传中。

A——10、A——11　企业标识组合范例（标准）

企业标识组合范例（标准）（略）

A——12、A——13 企业标识组合范例（横式）

企业标识组合范例（横式）（略）

A——14、A——15 企业标识组合范例（竖式）

企业标识组合范例（竖式）（略）

A——16 企业标志单色表现

标准组合单色表现

考虑渐变色彩在具体应用当中可能出现的工艺、材料等受限问题，特设计标志单色表现。为保持标准色彩的统一性，原则上尽量少用、不用。

A——17 企业标志

标准组合底色表现

为丰富企业标志的表现形式，特设计企业标志及标准组合不同底色的表现形式。

请根据具体环境选择与实际情况相协调的表现形式。

A——18 企业标志组合

最低尺寸限制

为确保企业标志及其元素组合的完整和准确，避免在运用中产生模糊不清的表现效果，特规定其最小使用尺寸。

A——19 标识组合

错误使用范例

企业标识是企业视觉识别的主体，为了确保企业形象的完整统一，树立永久牢固的视觉符号，请严格遵守正确的标识造型。

在企业长久而广泛的使用过程中，应绝对避免随意的修正及"美化"，以防止标志的人为变调。

文字过大

文字过小

文字位置不当

A——20 色彩错误使用范例

色彩最能表达一个企业内在和外在的特质，为避免混用，以下列举几种可能发生的错误范例，以引起使用者的注意。

凡违反《CI手册》的组合或视觉效果，均禁止使用。

A——21 吉祥物

白鹭被称为吉祥和美的化身。以卡通形式表现的白鹭作为广东核电的吉祥物，是核电的环保大使。

吉祥物主要用于一些企业文化活动，起到活跃气氛的作用。

吉祥物名称为"兰兰"。

A——22 企业标识图案

企业标识图案主要用于企业的商品包装及其他促销活动，从而体现广告的个性，代表企业对外产生的扩散效果，是企业营销的组成部分。

B——00 VI应用设计系统

应用设计系统是以基本要素为基础的应用设计，广泛用于企业各种媒介物上，透过企业全方位的整体传播系统达到统一识别的目的。

应用设计系统所含的项目最多，层面较广，而且效果也最直接，具有强烈的传播力和感染力。

在实际运用中，务必正确使用基本要素，保证基本形和色彩的准确。

B——01　企业识别宣传用旗（企业正式旗，企业活动用旗）

B——02　企业识别宣传用旗（挂旗，桌旗，立杆旗）

B——03　企业名片（55mm×90mm）　磁卡（85mm×55mm）　工作证

B——04　企业信纸（210mm×285mm）　便笺纸（142.5mm×210mm）　留言纸（148.5mm×105mm）

B——05　传真纸（210mm×285mm）　国内信封（110mm×220mm）　国际信封（110mm×220mm）

B——06　小信袋（160mm×230mm）　大信袋（230mm×325mm）

B——07　档案袋　资料袋　文件夹

B——08　企业公文纸（210mm×297mm）

B——09　单据

B——10　票据

B——11　证书

B——12　名片夹　计算器　座牌（座签）　桌牌

B——13　水杯　咖啡杯　一次性杯　胶带　广告伞　雨伞

B——14　手袋　笔　钥匙扣

B——15　路牌　环境监测牌　告示牌　广告牌

B——16　车类指示牌

B——17　办公室牌　楼层指示牌

B——18　楼牌　应急集合牌　户外导向牌　户外指向牌

B——19　企业公共识别符号

B——20　户外广告牌　灯箱

B——21　展厅背景牌　展板　门厅背景牌

B——22　企业建筑物外观　标识规范

B——23　企业不干胶贴

B——24　工作服　服务员春秋装、夏装

B——25　T恤衫　广告帽　安全帽　徽章　领带

B——26、B——27　企业车体识别应用规范

B——28　电视广告、台历、书刊封面识别落格

B——29　报纸广告识别落格

B——30　标准色色样

资料来源：《蓝色宪章——广东核电合营有限公司理念与行为识别系统》《中国广东核电视觉识别系统手册》。(转引自吴柏林主编的《公司文化管理》一书，第315～336页。)

第三节 美国 CIS 战略典型案例

美国 IBM 公司的 CIS 战略简介

美国国际商业机器公司（International Business Machine Corporation，简称 IBM）率先设计导入企业识别系统。IBM 公司创建于 1924 年，开业伊始，IBM 公司就实行了标准化的统一管理，员工服饰也在统一之列。进入 20 世纪 50 年代，计算机新技术沉重地打击了 IBM 公司的传统老产品，在市场和效益急剧滑坡的危难之际，小托马斯·沃森于 1955 年接替父亲就任 IBM 公司总裁。上台不久，小托马斯·沃森就制定和实施了一系列战略改革的新决策和新举措。

第一，集中全公司的人力、物力、财力设计开发新一代电子计算机的硬件系统，特别是软件系统和网络技术。IBM 电子计算机系统既能综合网络中各个计算机提供的数据，进行总体的监督和控制，又能连续不断地接收和存储各种瞬间变化的数据，进行同步的实时处理和控制，单机技术和联网动手技术设计组合更新的标准模块系统部件技术，大大简化了电子计算机的装配程序和操作程序，从而提高了计算机生产制造和使用操作的标准化、便捷化、舒适化。凡是 IBM 公司的客户，所有电子计算机都可以超越企业界限而统一联网。不仅把单机系统万一发生故障可能造成的损失降到最小限度，而且各个企业因此不必另设辅机、配机系统。

第二，推行全天候、全方位、全球性的限时维修服务，特别是售前、售中、售后全过程的系列化、联网化、伙伴化优质服务。

20 世纪 50 年代，IBM 公司既销售又出租电子计算机，向客户提供业务咨询、人员培训、软件开发、保养维修等各种服务；20 世纪 60 年代，IBM 公司又协助客户制定企业发展规划，承接企业发展过程中所必需的计算机设备和技术的开发业务，不仅可以以旧换新，而且可以在旧的基础上更新，避免企业有设备和技术因为不断更新而闲置的后顾之忧。20 世纪 70 年代以来，IBM 公司还提供客户没有的设备、技术、人才，客户则利用自己的设备、技术、人才，共同开发、研制、应用企业发展中所必需的计算机设备和技术，为企业节省不必要的更新投资。

第三，高屋建瓴地构建导入企业 CI 战略，并且切实地在企业生产经营的整个过程中进行推广。IBM 公司以视觉传达设计策略，把企业标志和商品品牌高度地统一起来，从企业生产经营的独特运行实态、行为方式、发展战略出发，又先后设计开发了以设计领先、创造名牌为主题的理念识别系统。

IBM 公司专门设立了企业识别设计中心，主持企业识别系统设计、导入、实施、管理的重大工程。设立了决策机构——CI 指导委员会，直属公司设计中心，由首席设计顾问艾略·诺伊斯亲自主持，CI 委员会不仅通过识别系统，而且通过设计中心在美国和世界各地的分支网络，具体地实施和管理企业识别系统。IBM 同时聘请了各方面第一流的设计专家组成顾问团，由 CI 专家保罗·兰特担任总顾问，指导和监察企业识别系统的设计、导入、实施、管理，并且参与和审定企业识别系统的战略设计和方案设计。艾略·诺伊斯亲自制定了 IBM 公司设计开发企业识别系统的指导性纲领。他明确指出："IBM 公司参与市场竞争、开发世界市场,必须有意识地在消费者心目中留下一个具有视觉冲击力的企业形象标记。也就是说,必须设计一个企业识别标识,足以体现公司的开拓精神、创造精神和鲜明个性。"他还深刻地指出:"IBM 公司的企业识别系统是富于灵活性和坚实性的,充分体现了 IBM 公司经营哲学的优异性和时代性,不仅要确立企业识别系统,而且更要使其能够适应环境的变化,又保持其完整、统一的形象,这就是 IBM 的 CI 战略。"

IBM 公司的企业识别标志是公司简称,IBM 同时为品牌标志,以横向矩形造型的 IBM 三个字母并列组合字体图形为造型,以蓝色为标准色彩。第一,IBM 是公司全称的简化,不仅明确利落,便于辨识和记忆,而且同时指称了企业及其产品,不是注重于产品,而是植根于企业。第二,字体图形模拟了电子计算机和横式造型形象,以及 IBM 公司设计开发的联网技术,M 字母的体量恰好是 I 和 B 两个字母的体量之和,强调 Machines(机器)的字首 M,实际上强调了 IBM 公司是专业生产和经营电子计算机及其联网技术的高新科技企业。第三,企业识别标识饰以清新、明快、干净的蓝色,既展现了 IBM 公司及其产品、技术、服务的高品质和高品位,又展现了电子计算机和联网技术无限广阔的发展前景。整个企业识别标志极富指称力、感染力、冲击力,生动地塑造、渲染、传播了 IBM 公司及其产品的一流名牌形象。

从企业识别系统标志出发,IBM 公司设计开发了以企业识别标志变体、产品内外包装、标牌路牌、办公用品、产品目录、经营报告书、展示场所、主题歌曲、广告传播、公关礼品为重点的视觉识别系统。公司主题歌《IBM 永远前进》唱道:"这是我们的精神,带给我们名声!我们强盛,我们将更加强盛,我们不会失败,因为为人类服务是我们神圣的信念。每一个地方都知晓我们的公司和我们的产品,我们的信誉犹如宝石闪烁发光。我们已经开创了局面,我们有信心去攀登新的顶峰,IBM 永远向前!"

以企业识别标志为中心,以视觉识别系统为基础,IBM 公司同步设计开发了行为识别系统和理念识别系统。行为识别系统突出和规范了 IBM 公司生产经营独特行为方式的三大基石:全过程的优质服务活动,人情味的企业文化建设,主动型的公共关系交流。理念识别系统强调和规范了 IBM 公司生产经营独特发展战略的三大基石:设计领先、集约经营的根本战略,尊重个人、绩效卓越、服务至上的主导原则,开拓、创造、顺应时代潮流的企业精神。

从 1956 年到 1978 年,IBM 公司设计、导入、实施、完善企业标志和企业识别系统,差不多用了 23 年时间。正是企业识别系统的导入,企业形象战略的实施,IBM 公司迅速发展成为全世界规模最大、产品品质最好、市场占有率最高的电子计算机生产经营企业之一。

现代工业设计和企业识别设计一起抓,名牌战略和企业 CI 战略一起抓,IBM 公司创造的辉煌业绩震动了美国和欧洲,震动了世界。自 20 世纪 60 年代以来,美国各大企业纷纷效法 IBM 公司,导入以企业标志为中心的企业识别系统。

第四节 日本 CIS 战略典型案例

一、马自达公司 CIS 战略简介

日本在 20 世纪 50 年代中期从美国引入现代工业设计,在 20 世纪 70 年代实现了国民经济的起飞。在日本企业界,马自达公司第一个设计开发和导入实施企业识别系统。20 世纪70年代以来，马自达公司扩展了设计开发中心，大力推进新产品总体设计和批量产品生产设计，以大曲率曲线和小圆弧过渡相结合的设计方式，进一步更新和完善楔形设计。一方面，大幅度减少了穿越车底的气流及其逆向运动所造成的阻力和竖向运动所造成的振荡，更加显著地改善了汽车在高速行驶时燃油的经济性、安全操纵的稳定性、安全行驶的可靠性。另一方面，动态地突出全车线条、色彩的对比和变化，强化和深化全车刚劲坚挺的风格美和灵巧自如的神采美。马自达公司还把新的设计方式延伸到汽车发动机、轮转机械以及车内空间等各个方面。

马自达公司原为东洋工业公司，其商标是个圆环，中间为松田英文名首字母m。m的两根边线分别向上和向下延伸，与圆环相接，常常使人误认为hn。这就严重影响了企业及其产品的知名度和销售额。从1975年起，马自达公司公司决定逐步导入企业识别系统，实施企业形象战略。1984年5月，企业员工和社会公众全面地认同了企业识别系统，也就是全面地认同了企业识别系统所表现和展示的企业生产经营独特的发展战略、行为规范、运行实态。于是，东洋工业公司正式改名为马自达公司，并实行以下战略。

第一，切实加强企业识别系统的开发和管理。马自达公司从一开始就专门成立了CI行动委员会，以总经理为主任，各部门和所属企业负责人为委员，决定和处理有关重大问题。行动委员会下设9人筹划小组，由行动委员会委员、企业策划部长和各类专业人员组成，主持有关日常工作。CI行动委员会授权委托一流水平的日本帕奥斯设计公司代理企业识别系统的设计和导入，马自达公司把规范编制的企业识别手册作为企业基本的规章制度和培训教材，并且通过全员培训，逐步地把企业识别系统推广和应用于企业经营的各个方面和整个过程之中。

第二，精心地设计开发企业识别标志。企业识别标志的专用品牌标准名称为MAZDA，不但明确地指称了企业，而且明确地指称了企业生产经营的所有产品。西亚是人类文明的发祥地之一，西亚文明在世界上较早地开发了铁器以及利用牛畜力的交通工具。阿弗拉·马自达是西亚文明中的创造之神，在西亚诸神中至高无上，代表了智慧、理性、和谐。阿弗拉（Ahura）的原意是上神，马自达（MAZDA）的原义就是智慧。马自达这个名称象征了源自古代铁器交通文化的现代汽车交通文化。马自达公司识别系统标志为字体图形，以大曲线和小圆弧相结合的现代构成设计方法，把M、A、Z、D、A五个字母等体量并列组接。其中M、Z、D三个字母大写粗黑字体，两个A字母小写粗黑字体，Z字母的上下两条横线同斜撇之间分开，体现了企业作为市场和客户的联系中介，必须提供优质产品、技术、服务的经营宗旨。整个字体图形的形象造型同马自达汽车的形象造型整体一致，无论稳定感、可靠感、依赖感还是立体感、动态感、速度感，都非常强烈有力，形象地表现和展示了企业及其产品设计领先、创造开拓的新面貌。企业识别标志的标准色彩为钴蓝色，不仅清新、明朗、轻快、舒畅，而且直观地表现和展示了企业及其产品的高新科学技术含量和现代审美文化内涵。

自20世纪50年代由机械设备转产轿车、货车以来，马自达公司始终强调，每一辆汽车都必须做到同生态环境友好相处，每一辆汽车都必须尽可能地确保安全和舒适。20世纪70年代，马自达公司重新制定和实施了企业生产经营的三大战略性主导原则："创造的进取性、高度的品质感、丰富的人本性。"企业识别系统正是通过企业名称、标志图形、标准色彩及其标准组合，把三大战略性主导原则具体地转化为既直观可感又亲切动人的企业识别形象。

第三，企业开发以企业识别标志为中心的视觉识别系统。根据20世纪70年代以来企业生产经营全球化新战略的目标和要求，马自达公司首先开发了视觉识别系统，并且把视觉识别系统分成基础系统和应用系统。视觉识别基础系统主要包括了五大基本项目：企业识别系统标志及其变体，所属部门和企业的标准名称，产品和部件的标准名称日语、英语、阿拉伯数字等，企业标准字、标准色彩及其色块、色带。例如：企业识别标志为正型，企业识别标志变体为负型、反黑、反白三种，并且同标准色彩以及其他色彩变体组合使用。视觉识别应用系统主要包括了八大基本项目：办公事务用品、标识和路牌、车辆和船舶、容器和包装、制品和部件、建筑物和设备、制服和制帽、广告和产品手册。根据具体应用的环境、条件、目的、作用的不同，设计开发了两大主要类型的标识路牌；一种是识别性标识路牌，另一种是服务性标识路牌。识别性标识路牌又细分为三大主要类别：一是基本式标识路牌，由辅助性图形变体、蓝色矩形与企业标识标志组合构成；二是落地式标识路牌，由蓝色矩形与反白企业识别标志组合构成；三是栏杆式标识路牌，主要横置在办公楼、营业厅、加油站、维修服务网点等建筑物上，由蓝色矩形与反白企业识别标志变体组合构成。

为了规范视觉识别系统及其基本项目的开发和应用，马自达公司编制了视觉识别系统的企业识别手册。标准实例和禁忌违例并举，图例标示和文字说明并茂。不仅编制了视觉识别基础系统分册和视觉识别应用系统手册，而且编制了视觉识别基础系统和应用系统基本项目的CIS企业树，令人一目了然。后来，为了海外导入企业识别系统的需要，专门编制了一本海外版的视觉识别系统手册。

第四，以企业识别标志为中心，视觉识别系统为基础，设计开发了行为识别系统和理念识别系统。行为识别系统特别强调了以智能化促进社会文明进步的奋斗步伐，突出领先世界的创新活力和员工培训两大项目。马自达公司投入巨款，建立了以广岛、横滨、加利福尼亚、密歇根、黑森五大基地为主的设计开发网络，以广岛、北海道两大基地为主的性能测试网络，以广岛、东京、名古屋、大阪、福冈、埼玉六大基地为主的员工培训网络。理念识别系统特别强调了以高科技创造新价值的发展战略，突出了跨越世纪的总体战略和社会责任两大项目。马自达公司大力设计开发了保护环境、防治污染的新一代绿色汽车。1991年，马自达公司研制成功世界上第一台氢燃料转子发动机。随后，又推出了这种发动机的轿车 HR-X。1984年10月，马自达公司一次提供了上亿日元，设立了由日本科技厅和文部省主管的马自达财团，无偿赞助海内外科技开发项目、教育发展事业、保护环境工程。此外，马自达公司还设立专项资金，赞助国际文化交流事业、体育运动、汽车比赛。

导入企业形象战略，马自达公司如虎添翼，年销售总额突破50亿美元、100亿美元大关。1991年，全公司销售总额和利润分别高达193.2亿美元和1.9亿美元。马自达626连续7年荣获同类型"世界最佳汽车"殊誉。

二、日本番茄银行CIS战略简介

日本番茄银行是一个以日本冈山县为大本营的区域性银行。在改制为一般综合性普通银行之前，其规模共计有54家分店，员工约1000余人，存款则约达4082亿日元。

但在 1989 年 4 月，山阳相互银行的一次改制和行名变更行动引起了日本及全球金融界的瞩目和研究。原因在于这是第一家以蔬果为名称及导入 CI 战略的金融机构，而在启用这个新名称之后，该银行在第一个营业日就创造出 630 亿日元的存款额，而且营业首月的新开户数即达到前一年度总开户数的 90%。

本章小结

广域 CIS 是指国家、城市、社区和企业等识别系统；广域 CIS 中的"C"是指 Country、City、Community、Corporate 四个形象主体的第一个字母。广域 CIS 主要由国家识别系统、城市识别系统、社区识别系统和企业识别系统四个子系统所构成；每个子系统又由 MIS、BIS、VIS 和 AIS 四个子系统所构成。

美国式 CIS 战略的主要特征是：鲜明的视觉化和突出的个性化。美国 CIS 战略是视觉型的 CIS 战略，即是 VIS 型的 CIS 战略。

日本式 CIS 战略的主要特征是：坚持以认知企业理念为核心的原则和坚持以人为本的原则。日本式 CIS 战略是企业文化型的 CIS 战略。

复习思考题

概念题

广域 CIS　　国家识别系统　　城市识别系统　　社区识别系统

简答题

1．导入广域 CIS 战略的主要原因是什么？
2．导入城市形象的 CIS 战略有哪些作用？
3．城市行为识别系统的策划应注意什么？
4．广州市南华西街从哪些方面构建社区的行为识别系统？

案例分析题

1．广东核电合营有限公司的 CIS 战略有哪些特点？
2．广东核电合营有限公司的 CIS 中缺少了 AIS，请你为该公司设计一套 AIS（包括企业团队歌曲、主体音乐、宣传口号与标语、广播广告词、听觉识别手册等）。
3．美国式的 CIS 战略有何特点？
4．日本马自达公司导入 CIS 战略比欧美国家的企业导入 CIS 战略有哪些方面的突破？

第八章
CS 战略

> **学习目标**
>
> 了解20世纪80年代末90年代初兴起的CS战略，即顾客满意战略。比较分析CS的意义，重点分析CS的核心——顾客满意的构成。了解CS的实施途径。

第一节 CS战略的含义

CS是1986年由一位美国心理学家所创造的。当年，一家美国市场调查公司以CS理论为指导公布了顾客对汽车满意程度的排行榜，1989年瑞典据此建立了"CSI（Customer Satisfaction Index）"，即顾客满意指标。后来，日本丰田、日产两大汽车公司分别导入CS战略，拉开日本CS战略导入的序幕。日立公司、高岛屋百货公司等很多企业先后成为本行业CS战略的先锋和旗帜。1991年，美国营销学会召开了第一次CS会议，讨论如何以CS营销战略来应付竞争日益激烈的市场变化。自此以后，CS在全球发达国家流行开来。进入20世纪90年代后，CS理论和方法在发达国家不断发展和完善，受到了管理界的广泛重视。

研究顾客满意战略，根据企业特性制定顾客满意发展战略，从而有效帮助企业提高顾客满意度具有非常重要的意义，但我国关注并研究顾客满意战略的时间还是比较晚的。直到20世纪90年代中期以后，顾客满意战略才在我国学术领域被关注及重视，并逐渐开始形成一个理论体系，成为市场营销学当中的一个重要理论。近些年来，各类企业也开始关注和重视顾客满意战略，尤其是服务行业和高科技产品行业，它们研究市场环境的变化，建立顾客导向型企业，从而取得了一定的成功。

案例 8-1

2017年快递服务满意度调查结果出炉 顺丰速运总体满意度最高

国家邮政局对外公布了关于2017年快递服务满意度调查结果。调查结果显示，用户对于快递业的服务总体满意度略有下降，公众满意度保持上升势头。2017年快递服务总体满意度得分为75.7分，较2016年下降0.1分；其中，公众满意度得分为80.8分，上升0.3分，快递服务的公众评价向好；时测满意度得分为70.7分，下降0.4分，快递时效水平4年来首次下降。

据了解，国家邮政局委托专业第三方于2017年对快递服务满意度进行了调查。2017

年快递服务满意度调查范围覆盖50个城市，包括全部省会城市、直辖市以及19个快递业务量较大的重点城市。测试对象为2016年国内快递业务总量排名靠前且服务水平较好的10家全网型快递服务品牌，包括邮政EMS、顺丰速运、圆通速递、中通快递、申通快递、韵达速递、百世快递、天天快递、宅急送快运和快捷快递。调查由2017年使用过快递服务的用户对受理、揽收、投递和售后4个快递服务环节及16项基本指标进行满意度评价，共获得有效样本85 501个。

调查显示，快递企业总体满意度最高的是顺丰速运，满意度最低的是快捷快递。值得一提的是，韵达快递和百世快递总体满意度上升较为明显。

公众满意度方面，在涉及评价的4项二级指标中，受理环节满意度得分为84.6分，较2016年上升1.4分；揽收环节满意度得分为84.4分，较2016年上升1.2分；投递环节满意度得分为81.1分，较2016年下降0.1分；售后环节满意度得分为75.4分，与2016年持平。

在涉及评价的16项三级指标中，用户满意度较高的指标是揽收员服务、普通电话受理、查询服务、揽收质量、上门时限、网络下单、送达质量、派件员服务。满意度有所上升的指标是签收信息反馈、网络下单、快递费用、上门时限和普通电话受理。满意度有所降低的指标是投诉服务。

在受理环节，普通电话受理、统一客服受理、网络下单满意度得分分别为86.7分、82.8分、83.9分，与2016年相比均有改善。各快递企业在普通电话受理服务方面差异较小，服务均达到较高水平；各快递企业在统一客服受理方面差异较大；网络受理作为一种新型受理方式得到用户认可，但仍有进一步提升空间。在受理环节表现较好的企业有顺丰速运、中通快递和韵达快递。

在揽收环节，上门时限和快递费用满意度得分分别为84.2分、82.4分，较2016年有所上升；揽收质量和揽收员服务满意度分别为85.8分、87.6分，较2016年略有上升；在揽收环节，各企业服务差异较小，大多数企业均有上升。

在投递环节，签收信息反馈满意度得分为79.6分，较2016年上升2.4分，进步明显；时限感知、送达质量、送达范围感知以及派件员服务满意度得分分别为78.2分、83.3分、79.0分、83.1分。投递环节表现较好的企业有顺丰速运、中通快递和邮政EMS。

在售后环节，查询服务表现最好，满意度得分为86.5分，相较2016年上升0.4分；投诉服务满意度得分较低，为50.3分，较2016年下降1.1分。售后环节表现较好的企业有顺丰速运、韵达快递和中通快递。

在不同区域中，我国中部地区服务表现最好，中、西部得分继续上升，表明"快递向西、向下"成效继续显现。大区方面，东北地区满意度得分较高，西北、华中地区上升明显。用户对城市寄往农村或偏远地区快递服务的满意度得分为74.7分，较2016年上升0.4分。2017年快递公众满意度得分居前15位的城市是长春、洛阳、哈尔滨、石家庄、大连、郑州、沈阳、青岛、济南、太原、长沙、宝鸡、兰州、西宁和北京。

2017年度调查中，还对部分与快递服务紧密相关的事项进行了抽样调查。

从下单方式来看，用户对网络化的新型下单方式给予肯定，其中网络平台使用的满意度得分为82.8分，较2016年上升1.9分；在手机客户端使用方面，用户的满意度为85.0分，较2016年上升2.6分。

对于快递价格问题，用户逐渐趋于理性。81%的用户可以接受快递涨价，其中55.4%

的用户认为物价上涨快递价格理应上涨，48.4%的用户接受快递涨价是因为其能在一定程度上维持快递网点人员的稳定性，43.3%的用户因快递员生活状况需改善接受涨价。

调查还显示，快递企业在特殊时段的应对能力不断增强。2017年，用户春节月使用快递的公众满意度得分为77.3分，较2016年上升0.4分。其中，57.6%的用户认为春节期间可以放假，但要保证适当的运营比例。"双十一"期间，五成以上的用户认为快递时效跟平时差不多或比平时快。

（资料来源：王嘉，中国质量报，2018年2月1日，第007版。）

一、什么是 CS 战略

顾客满意（Customer Satisfaction，简称 CS）的指导思想是将顾客需求作为企业进行产品开发或者服务设计的源头，在产品功能设计、价格设定、分销促销环节建立以及完善售后服务系统等方面以顾客需求为导向，最大限度地使顾客感到满意。其目的是提高顾客对企业的总体满意程度，营造适合企业生存发展的良好内外部环境。企业要及时跟踪研究顾客对产品或者服务的满意程度，并以此为根据设定改进目标，调整营销措施，在赢得顾客满意的同时树立良好的企业形象，增强竞争能力。

顾客满意战略（Customer Satisfaction Strategy，简称 CSS）是以顾客满意为核心、以信息技术为基础而发展起来的一种现代企业管理的观念和手段。顾客满意战略应紧密围绕顾客需求这一中心开展整个企业的经营活动。根据这一特点，应该将顾客满意战略的理念引入现代企业的整个经营管理的过程中，将顾客满意策划的方法运用到产品或者服务的全寿命周期中，同时坚持全过程、始终面向顾客、持续改进的原则。

CS 战略是一种有效的经营战略，它将"顾客就是上帝"这一常用口号与经验上升为涉及企业产品的设计、制造、销售、服务等环节的企业经营管理理论，目的是为了让顾客能完全满意自己的产品和服务，综合客观地测定顾客的满意程度，并根据调查分析的结果，从企业整体来改善产品、服务以及企业文化。它要求企业通过发掘自身经营范围内的产品和服务，向顾客满意的标准逼近，实现其经营个性化，做到让顾客在接受该产品和服务后达到满意状态。可以说，CS 能够使企业经营彻底走向顾客导向，它是构成企业竞争力的实质内容，使顾客感到 100%满意，从而效益倍增的革命系统。

二、CS 战略的产生背景

（一）经营与竞争环境的变化

经营与竞争环境的变化是 CS 经营战略出现的第一个原因。随着社会生产力的发展，社会为人们带来了极为丰富的物质资源，商品质量问题已经不再是消费者选择商品时的唯一考虑因素，仅仅依靠提高生产力和生产质量带来的竞争力已经很难再为企业带来额外的利润。服务经济时代已然降临，提升服务质量和维持顾客量势必成为企业增加利润的有效途径。

（二）质量观念与服务方式的变化

质量观念与服务方式的变化是 CS 经营战略出现的第二个原因。传统的标准认为，凡是符合用户要求的就是合格产品。现代意义上的企业产品是由核心产品（包括产品的基本功能因素）、有形产品（质量、包装、品牌、特色等组成）和附加产品（提供信贷、交货及时性、安装使用方便及售后服务组成）三大层次构成的。进入后工业发展时期，传统判定产品质量好坏的标准已经不再适用，只有产品的所有附加价值都达到理想标准，才能称得上是合格的产品。后工业社会发展时期，服务方式也从传统的单一化服务转变成全方位的系统化服务，系统化服务的地位愈来愈变得举足轻重起来。

此外，由于信息传递的便捷，企业在价格、质量、款式方面进行竞争的余地日渐缩小；而随着收入水平的提高，顾客在消费时对这些因素的重视程度日渐降低，而愈加追求个性化及心理满足。这使得企业必须提高立足点，放宽眼界，将注意力更多集中在人的问题上。顾客满意质量观是以人为出发点和中心的，围绕着调动企业及顾客的积极性、能动性，使企业不断地满足顾客要求，从而实现顾客满意，提高顾客的生活质量。同时，以顾客满意为理念将质量标准和判定权从企业一方转到顾客一方，反映了消费者的地位在不断提高。

（三）顾客消费观念和消费形态的变化

顾客消费观念和消费形态的变化是 CS 经营战略出现的第三个原因。在理性消费时代，物质不很充裕，消费者大多着眼于产品是否经久耐用，较多考虑的是质量、功能与价格三大因素，评判产品用的是"好与坏"的标准。后工业社会发展时期的到来带来了市场竞争环境的变化，同时也促使了消费者消费观念发生转变，消费者选择商品的评价标准已经不再是产品是否耐用，价格是否便宜，而是从"比较性价"过渡为"比较满意度"。一种产品的设计是否美观及具有创意、品牌是否知名、操作性能是否能为生活带来便利和售后服务是否完善这些标准逐渐衍生成新的评价尺。

三、实施 CS 战略的意义

（一）顾客满意既是企业的出发点又是落脚点

任何企业在提供产品或服务时，其目的在于使其提供的产品或服务得到顾客的认可，并让其乐于接受。这就要求企业了解顾客需要什么样的产品和服务，对产品和服务有什么样的要求——再精美的产品，顾客不需要，也不会得到顾客的认可。因此，企业只有掌握了这个出发点，才能为顾客提供满意的产品或服务。企业的落脚点也应在于使顾客满意，只有掌握了"顾客满意"这个原动力，企业才能得到长足的发展。

（二）顾客满意使企业获得更高的长期盈利能力

CS 经营战略在采取各种措施做到令顾客满意的同时，企业也获得许多具有竞争力的、导致企业长期盈利的优势。

1．减少企业的浪费

在企业保证顾客满意度的过程中，企业会越来越了解顾客，常常会准确地预测到顾客的需求和愿望。这样，企业就不用花更多的时间和精力去做市场研究，新产品的研制和生产也会少走不少弯路，在很大程度上减少了企业的浪费，压缩了成本。

2. 价格优势

满意的顾客往往愿意为令自己满意的理由而额外付出。联邦快递（FedEx Express）提供昼夜服务，这使得它的价格即使比竞争者高也会为顾客所接受。当然，顾客的额外付出并不是无限度的，付出多少取决于满意度之外的一些因素，如全面的竞争环境、顾客的价格敏感度、购买类型和公司地位等。

3. 更高的顾客回头率

满意的顾客比不满意的顾客有更高的品牌忠诚度，更可能再次购买该产品或者购买企业的其他产品。与上述的价格优势结合起来，重复购买率高将导致更多的收入，最终使企业获得更多的利润。

4. 交易成本低

每个销售人员都知道，成交一次重复购买比说服新顾客购买容易得多。越高的顾客忠诚度意味着销售的花费越低，对于重复购买，销售人员只需向顾客推荐应该买哪种产品，多少钱，而不是费时费力地向顾客推荐为什么要买本企业的产品。

5. 沟通成本低

满意的顾客乐于将自己的感受告诉别人，诸如朋友、亲戚，甚至于其他的顾客。研究表明，这种口头宣传的广告比其他沟通方式更加有效，并且几乎不需要成本。

（三）顾客满意使企业在竞争中得到更好的保护

满意的顾客不但忠诚，而且这种忠诚能够长期保持，他们不大可能转向其他产品或为了更低的价格抛弃原来的供应商。即使在企业出现困难时，这些顾客也会在一定范围对企业保持忠诚，这给企业提供了缓冲困难的时间，能够最大限度地降低对企业产生的影响。

根据调查数据显示，一个满意的顾客能带来 8 笔潜在交易，而其中至少有一笔交易会成功；一个不满意的顾客能妨碍 25 个顾客的购买意向，最终可能导致交易失败。争取一个新顾客的消耗成本，是维持一个老顾客成本的 6 倍。"现代营销学之父"菲利普·科特勒认为，顾客满意对保持顾客是十分重要的。满意的顾客更容易持续购买产品，对产品价格的变化不敏感，对产品的升级换代和附加产品的购买意愿更高，会自愿向其他消费者介绍产品，宣传产品服务并潜意识地避免其他同类竞争品牌，也更愿意为自己满意的产品或企业提出改进意见从而获得更满意的产品或服务。

（四）顾客满意使企业足以应付顾客需求的变化

顾客的需求随着时代的发展在不断变化，如何抓住这一变化并去满足不断产生的新需求，是许多企业在发展中遇到的问题。顾客满意最大化对解决这一问题具有现实意义。因为，以令顾客满意为目的的企业，平时所做的工作能够预测到顾客需求的变化，而且满意的顾客一般也会给企业改变做法的时间。瑞士航空公司一直以来都具有较高的顾客满意度，但在适应顾客的新需求，如制订常客计划、加大头等舱座位等方面都落后于竞争对手，然而顾客仍乘坐它的航班，同时在这些方面提供了大量的反馈信息。

(五)顾客满意是企业永恒追求的目标

满足是人类社会的一种基本愿望,是人类永无止境的自我追求。因此,满足顾客的需求和愿望也是企业永恒追求的目标。进入 21 世纪,越来越多的企业关注"顾客满意"的战略意义。各国的专家、企业家、管理人员都在探索如何使自己的企业尽快占领 21 世纪质量的制高点,许多大型企业在制定 21 世纪的质量战略,并将"顾客满意"作为质量战略的核心,作为其支撑其他内容的"纲"。"满足顾客的要求和期望"将取代质量合格或服务达标而成为企业所追求的最高目标。把握趋势才能把握成功,从而把握未来。在这个竞争非常激烈的时代,只有把握住这种趋势和方向,正确确立自己的发展战略目标,才能在竞争中立于不败之地。

四、CI 与 CS 的区别

CI 是以"企业中心论"为出发点和战略重点的。众所周知,企业营销观念主要经历了生产观念、推销观念和顾客观念三个大的阶段:与生产观念相适应的是理性消费,消费者关注产品与服务"有没有",质量"好不好";这一阶段产品与服务的品牌、质量对消费者的吸引力较大。与推销观念相适应的是感觉消费。消费者对产品与服务的评价是"喜欢不喜欢",品牌形象对消费者的吸引力更大。与顾客观念相适应的是感情消费,消费者把"满意不满意"作为对产品与服务的主要评价标准,追求产品与服务带来的物质满足、心灵满足和个性魅力,这一阶段的个性化、针对性经营对消费者更有吸引力。依这种分析,CI 仍然停留在推销观念阶段,重视通过有效的 CI 表达,推销产品与服务,推展形象,千方百计让顾客识别企业,喜欢企业,追求的结果是市场占有率和利润最大化,反映的是企业价值,未能跳出"企业主导理念"的怪圈。由于 CI 所反映的营销文化明显落后于时代,加之很多企业在具体操作中的失误,造成 CI 有形无魂,只成为企业包装术,其效用不断递减,顾客已经反感令人眼花缭乱的视觉冲击和广告宣传,同时也将企业带进陷阱,由重经营变为重形象,由重商品质量变为重商品包装,由重服务质量变为重服务形式,造成"一流形象、二流产品、三流市场"的不正常局面。

CS 以"顾客中心论"为出发点和战略重点。CS 把顾客"满意不满意"作为衡量各项经营活动和管理活动的唯一尺度,围绕顾客进行产品开发、生产、销售、服务。这种立足于顾客的营销策略,追求的结果是贡献,反映的是顾客价值,通过为顾客创造价值,实现企业价值。尤其是 CS 把顾客进行科学分层,即分为忠诚层顾客、游离层顾客和潜在层顾客,把重点放在巩固老顾客(忠诚层顾客)上,不断吸引游离层和潜在层顾客,在经营中不是毫无目标地去扩大市场,这就保证了企业对顾客研究的细化和服务的针对性。同时,CS 对"顾客满意"也强调全过程和差异性,追求顾客在消费了企业提供的产品与服务之后的满足状态,追求在顾客总体满意的基础上,因人而异,提供差异服务。另外,CS 也强调在满足顾客全方位的需要的同时,满足社会需要,即一方面要满足顾客物质需要和精神需要,另一方面还要强调维护社会利益、社会道德价值、政治价值和生态价值。这些理念都是与具有高文化属性的市场经济相适应的,反映的是一种积极企业营销文化。

总之,从 CI 到 CS,从营销文化层次上分析确实是一个巨大变革,是一场营销文化的革命,CS 比 CI 具有更为进步和实用的价值。但我们并不能因此而简单认为应由 CS 替代 CI。

因为这不是简单的替代问题，而应是结合，实现优势互补，应在建立以顾客为中心营销文化的基础上，以 CS 为基本策略，同时吸收 CI 中有效的经营理念和传播手段，实现 CS 与 CI 的有机结合，这样的实践效果会好些。

第二节　顾客满意的构成

一、顾客满意的分类

顾客满意可以从以下几种不同的角度进行分类。

（一）据顾客需要得到满足时的情绪反应划分

根据顾客需要得到满足时的情绪反应，可以将顾客满意分为如下几类：①满足，是指产品可以接受或容忍。②愉快，是指产品带给人以积极、快乐的体验。③解脱，是指产品解除了人们的消极状态。④新奇，是指产品带给人以新鲜和兴奋的感觉。⑤惊喜，是指产品令人出乎意料的高兴。因此，虽然都是满意的顾客，其满意的水平可能是大相径庭的。

（二）根据市场营销系统的不同层次划分

从这个角度可以将顾客满意分为如下几类：企业满意，是指顾客对企业的经营理念、运行状况和从中获得的所有利益的主观评价。比如，企业是否履行了社会责任；是否尽可能多地从顾客利益角度出发考虑问题；在获取企业利益的同时，是否兼顾了社会利益等。如果企业的表现没有达到顾客的期望，顾客就会对企业感到失望、不满；市场营销系统满意，是指顾客对市场营销系统及运行状况和从中所获得的所有利益的主观评价。比如，广告是否真实、清晰，内容是否健康；销售渠道是否畅通；包装是否美观，标志是否清楚等。顾客对整个营销系统是否满意，关系到顾客对营销系统和营销人员是持否定和怀疑的态度，还是持肯定和信赖的态度；产品、服务满意，是指顾客对某一具体产品或某项特定服务及其利益的主观评价，即对产品的质量、功能、设计、品位、价格等是否满意，对服务的绩效、完整性、方便性等是否满意；人员满意，是指对所接触企业人员的可靠性、反应性、保证性、移情性方面的评价；形象、环境满意，是指顾客对与使用、利用产品或服务相关的环境、氛围的感受、评价。

在这四个层次的顾客满意中，顾客对产品或服务的满意是根本，但也不能忽视顾客对营销系统、企业以及消费的环境、氛围的看法和评价。如果顾客对广告持怀疑和不信任的态度，或对企业总体印象很差，要想赢得顾客对产品或服务的满意往往要付出更大的努力。即使获得了顾客对产品或服务的满意，这种满意也会大打折扣。同样，虽然产品、服务本身对顾客具有较大的潜在价值，而消费的环境、氛围往往也会对其价值的发挥产生不可忽视的影响。

（三）根据购买过程的不同阶段划分

以此可以将顾客满意分为如下几个方面：购前满意，是指对产品、信息的可获得性以及购买前，如通过广告、宣传等促销、推销活动与企业人员、产品及其信息的直接或间接的接触过程中是否满意的评价；购中满意，是指在购买过程中，对不同商品或商店的比较、挑选中所产生的是否满意的评价；使用满意，是指在使用和消费产品的过程中，对产品是否达到了预期的功效，以及生产厂家所提供的服务、保证是否达到了承诺的主观评价；用后满意，对有些产品或服务在其被使用、利用过后，顾客对用后产品的处置过程中所付出的成本，对社会、环境的影响，以及该产品对新的生活价值追求的影响状况的评价。

顾客购买产品，不仅要求产品使用后能达到顾客的预期，满足顾客的需要，而且在信息搜寻、产品购买和选择过程中，同样也要求获得愉快的体验。同时，在使用或利用过后，往往希望尽可能地降低对用后产品的处置成本以及对环境、资源有效利用的负面影响。有时还会期待对后续生活、消费有所贡献。只有全面考虑顾客的需要，才能使其形成整体的满足感。

二、影响顾客满意的因素

（一）顾客的期望

顾客在进行消费之前，心中就持有产品应达到的一定的标准，从而形成对产品的期望。在购买产品之后，根据产品的使用情况，顾客会形成对产品功效的实际认知，并将产品的实际功效同自己的期望相比较，判断自己的满意程度。如果产品的实际功效与顾客的期望相吻合，顾客就会感到满意；如果产品的实际功效优异，超过了顾客的期望，顾客就会十分满意，甚至感到惊喜、兴奋；而如果产品的实际功效没有达到顾客的预期，顾客就会产生不满，甚至抱怨。例如，一位顾客到快餐店用餐，他可能对那里的服务抱有快捷、方便、干净等期望，如果碰到满座或食物送错等情况，他就会感到失望、不满。

顾客的期望受许多因素影响，主要包括以下5个方面。

1. 产品、服务属性

影响顾客期望的产品属性包括产品的必要属性和表层属性。从顾客的期望角度来说，必要属性是指顾客期望存在的并认为理所当然应当存在的那些产品属性。例如，顾客干洗衣服，肯定希望衣服能洗得干净、整洁、不变形、不变色等。由于这些都是顾客预期应该具备的，因此，当达不到这些标准时，顾客就会特别注意它，就会感到恼火和不满意。而即使具备了这些标准，甚至更好，顾客也只有中性的感觉。充分属性是指顾客未曾期望，以至会感到惊喜的那些产品属性。因为这些属性超出了顾客的期望，所以，如果不具备的话，不会引起任何的消极影响，但如果具备了，就会产生积极的效果，会提高顾客满意度。比如为用户上门取送衣服、将用户遗忘在衣服中的物品如数归还、在很短的时间内将顾客的衣服洗好等。因此，产品仅具备了必要属性，只能避免顾客的不满，要想真正获得顾客的满意，还要在充分属性上下功夫。

产品的必要属性和充分属性不是固定不变的。顾客的需求在不断变化，产品的必要属性和充分属性也在不断变化，某些去年还是"期望之外"的充分属性，今年可能已经成为"必须具备"的必要属性。比如，电视刚刚问世时，能放出图像并伴有声音就足以让消费者感到兴奋了，如果还能具备其他功能或服务，消费者就会感到非常满意；而现在，清晰的图像、优质的音响效果几乎成为一种必需，更多的功能、更漂亮的外观、品牌的声誉等，则更多地体现出了充分属性的特点。另外,因目标顾客的生活方式、价值取向不同,对于产品的必要属性、充分属性的认识也会有所不同。

2．促销因素

企业怎样宣传自己的产品,用什么方式与顾客沟通,也是顾客对产品的期望。如果企业言过其实地宣传自己的产品或服务,导致顾客的期望超过了产品的实际功效,顾客发现自己吃亏上当,必然会产生严重的不满;如果企业实事求是地宣传自己的产品或服务,顾客的预期必然与产品的实际功效接近,顾客不仅会对企业的产品感到满意,而且还会因为企业讲实话而对企业也感到满意,增强对企业的信任;如果企业宣传自己的产品或服务时稍留有余地,那么,产品的实际功效必然超过顾客的预期,顾客就会因感到惊喜而对企业格外信任。美国一家旅馆曾推出一个促销计划:凡给旅客带来麻烦和问题,旅馆愿意免费提供一晚的住宿。结果,由于这一促销计划提高了众多旅客对旅馆服务质量的预期,引发了大量的顾客不满,致使旅馆无法兑现其承诺,进而又增加了顾客的不满度。

3．环境因素

消费者看到或听到的别人消费的体验、经验、经历,是影响期望形成的重要因素,如果产品的口碑较好,顾客对其期望也会较高,可能会容易接受较高的产品价格。

4．竞争产品的影响

顾客在期望形成的过程中,会充分利用过去的经验和现有一切可能的信息,尤其是关于同类产品的使用体验和有关这些产品的信息。如果竞争产品的质量、功能、特性等属性达到较高的标准,顾客也会对同类产品产生较高的期望。

5．顾客特征

由于顾客追求的生活价值不同,对同一产品会有不同的要求和期望。比如,有些顾客对产品较为挑剔,要求较高,有些顾客对产品较为宽容,期望低一些。比如,在吃的方面,南方人比北方人似乎有更高的期望;在穿的方面,年轻女性更讲究,要求更高等。另外,顾客自身的知觉、学习的特性,以及其曾经的经验、体验是形成期望的重要依据。

（二）顾客对产品的实际认知

顾客购买产品后,在使用过程中,对产品的质量、功能、特性等进行体验和判断,形成对产品的实际认知。顾客对产品的实际认知受以下因素的影响:

1．产品的品质和功效

顾客对产品的认知建立在产品的实际品质和功效的基础上,一般来说,两者是一致的,但有时在一些内外因素影响下,顾客对产品的实际认知与产品的实际表现也会出现不一致的情况。如果顾客感到产品货真价实,那么,不管原来预期如何,顾客迟早会调整其预期,逐步对产品产生满意感;相反,如果顾客感到产品实际品质很差,即使原来对产品预期很低,顾客也会产生不满的情绪。

2．顾客对产品的态度和情感

顾客对产品的评价并不完全以客观的认知因素为基础,往往带有一定的感情色彩。建立在过去经验基础上的态度和情感，对顾客的认知有很大的影响。所谓的"爱屋及乌"就反映了顾客的态度、情感对认知的影响。

3．顾客对产品的期望

如果顾客对某一产品或服务有特殊的期望，在产品的消费过程中，就可能会比他人更刻意地去体验能够证实其期望的产品属性或服务项目，而没有持这种期望的顾客，则可能对这些产品属性或服务项目熟视无睹，印象不深。

（三）产品的效用

效用是指商品或服务满足顾客需要的能力。它反映的是商品或服务与人的心理感受之间的关系，是顾客消费商品或服务时所感受到的满足程度。顾客之所以购买某种商品，主要是由于该商品具有能满足其某种需要的效用。他得到的这种商品越多，他的需要就越能得到满足，总效用就越大，但是，随着这种商品消费数量的增加，其效用的增加逐渐减少，呈现出递减趋势，这种现象称为"边际效用递减"现象。

所谓边际效用，就是在一定的时间内，最后增加一个单位消费时所增加的效用。由边际效用递减规律可以看出，顾客对某一商品或服务是否感到满意，满意程度的高低，主要取决于商品或服务给顾客所带来的边际效用的大小。人们在消费过程中，往往都追求商品所带来的最大满足程度。当顾客初次消费某种新的、未曾消费过的商品时，在求新、求奇等动机的影响下，顾客所得到的满足程度最大，即边际效用最大，对新消费的满意感最强。但是，随着同一商品消费数量或使用次数的增加，顾客对新商品逐渐熟悉，新商品给顾客所带来的新鲜感逐渐消失，在这种情况下，再增加这一商品的消费，虽然商品给顾客带来的总的满足程度在增加，总效用在增加，但顾客每使用一次商品或每消费一单位商品所带来的边际效用在不断降低，顾客对商品的满意感在逐渐下降。当随着消费数量的增加，边际效用降为零时，此时再增加该商品的消费，不仅不会增加顾客的满意感，甚至还会引起顾客的反感、不满。

当顾客的某种需要得到相对满足后，又会产生另一种新的需要，由这种新的需要所引起的动机就会成为主导动机，占据主要地位，原有的需要便退居次要地位。此时，如果继续增加原有商品的消费，边际效用就会降低，顾客感觉到的满足程度就会下降。如果原有需要消失后，还继续增加消费的话，就会使顾客感到厌烦。

我们也可以把顾客所期望的能够给他带来最大边际效用的产品，看作是顾客心目中的"理想产品"。这种理想产品可能是现实中的某种产品，也可能是某种不存在的虚拟产品，它代表了顾客对所购买产品的期望。如果顾客期望所购买的产品达到理想产品的效用水平，而产品的实际效用低于这一水平，顾客就会对此感到不满；如果顾客期待的产品效用远远低于理想产品的效用水平，而实际购买或消费后，发现产品的实际效用介于两者之间，顾客就会对产品极为满意。产品的实际效用越接近理想产品的效用水平，顾客对产品的满意度就越高。

（四）顾客让渡价值

顾客让渡价值是指顾客购买的总价值与顾客购买的总成本之间的差额。顾客购买的总价值是指顾客购买某一商品与服务所期望得到的一组利益，它包括产品价值、服务价值、人员价值、形成价值和环境价值等。顾客购买的总成本是指顾客为购买某商品所消耗的货币成本、时间成本、精神成本和体力成本的总和。

顾客满意和顾客让渡价值是紧密相关的。顾客购买商品时，总希望把各项成本降到最低限度，而同时又希望能从中获得尽可能多的实际利益，得到最大的顾客让渡价值，使自己的需要得到最大限度的满足。因此，在购买活动中，顾客购买的总成本越高，所得到的顾客让渡价值就越小，顾客的满意度就越低；顾客购买的总成本越低，所得到的顾客让渡价值就越大，顾客的满意度就越高。

需要指出的是，不同的顾客对于顾客购买的总价值和顾客购买的总成本的重视程度及重视的侧重点是不一样的，收入水平低的顾客对货币成本非常敏感，收入水平高的顾客对时间成本或体力、精力成本非常敏感，或者对品牌非常重视。因此，即使顾客购买的商品或服务相同，但由于他们得到的顾客让渡价值不同，也会产生不同的满意程度。

案例 8-2

一个跟头"摔"出个 CS 战略
——品质概念发生变化带给我们的启示

宝钢是名列世界前茅的现代化冶金企业，从建厂那天起就按照国际化标准生产，生产的产品也符合国际标准，但这个与国际接轨较早的现代企业没曾想也撞过"南墙"。日本厂商要求不锈钢板上面涂漆，技术人员拿出国际技术标准，振振有词地讲：不锈钢不需要涂漆。日方只得另找能生产自己需要的产品的厂家。原来的老主顾小鸭洗衣机厂在这时也提出不再要宝钢的钢板。技术人员登门征求意见，问钢板哪儿不好。老师傅说：我拿在手里抖一抖感觉不好。技术人员拿技术标准对照全部合格，问对方还有什么意见。老师傅说："我没意见，我承认你的钢板好，但我不买行不行？你们符合国家标准，卖给国家好了。"意思是说，你们卖给我，就得符合我的标准。一句话点醒梦中人，以技术先进、产品质量高而自居的宝钢人进行了深刻的反思：与国际接轨首先应与国际优秀企业先进的服务理念和服务战略接轨，搞好文化对接，在服务文化取胜的年代，使顾客满意是企业活动的基本准则，企业必须向服务型企业转型。他们率先在全员中导入了 CS 战略，即顾客满意战略。企业的整个经营活动以顾客满意为方针，从顾客角度来分析消费需求；在产品开发上，以顾客的需求为源头；顾客需求和偏好什么样的产品就生产什么样的产品；产品价格制定考虑顾客的接受能力；销售点建立以便利顾客为准则；售后服务使顾客最大限度地满意，通过满足顾客需求来实现企业经营的目标。宝钢以顾客满意为导向，完成了向顾客导向型企业的转轨。在当今已处于买方市场竞争激烈生意难做的情况下，宝钢以买方市场的思维创造了卖方市场（产品供不应求）的神话，使"飞走的小鸭（包括挑剔的日本厂商）又飞回来了"。当时有个宜昌分厂连年亏损，急需 6 亿资金注入。总部没注入一分钱，只派了几个人，进行顾客满意理念战略的培训。变盲目按照自己的方案生产（库存越多亏损越大）、坐等顾客上门买货，为主动走访客户、了解顾客多元化需求，按照有价值的订单生产送货上门，虽然没有注入一分钱，却做到 3 个月扭亏，6 个月盈利，随之效益不断攀升，踏上了健康发展的道路。该厂干部员工深有感触地说：注入理念比注入资金更重要。

点评：一个企业在发展过程中难免摔跟头，在激烈变革的时代尤为如此，可叹的是许多人在不断地摔跟头之后，还困在原有的思维方式中怨天尤人，眼睁睁地看着市场丢失和企业衰败而束手无策或牢骚不断。宝钢的可贵之处在于摔了跟头之后，能清醒地进行系统的反思，与时俱进更新观念，实施文化转型，率先导入CS战略，按照CS战略的要求，进行机制的整合与流程的再造，把CS战略的要求渗透到各个环节，较好地完成了转轨变形，踏上了现代企业发展的快车道。

由此，我们得到的启示是：入世接轨首先是文化理念接轨，而且这种接轨是长期的、开放的、融合的、与时俱进的，只有掌握最先进的理念才能抢占市场制高点。观念不变原地转，观念一变天地宽，观念一变才能大发展，学习改变观念，观念影响思路，思路决定出路，出路决定命运，观念更新了，企业就有了生机和活力。

当今是客户选择时代，是服务制胜、文化制胜的时代，是经济文化服务一体化的时代，任何行业、任何企业单位都应尽快完成向服务型企业的转型，都应按照现代服务理念完成观念整合和机制流程的再造，建设与时代接轨的顾客（内部服务化）满意的内外高效运转的服务链。谁率先完成服务转型谁就掌握了主动。宝钢、海尔、小天鹅、三一重工等优秀企业之所以能健康、持续地发展，原因就在于此。因此，构建服务文化、打造服务型企业，已成为各个行业不容回避的战略课题。

市场环境的根本变化使传统的品质概念发生了根本变化，使"让顾客满意"成为经营的宗旨。市场经济中的利益驱动是"你想要什么我来适应你"，产品的品质已由过去的符合技术标准改为"符合顾客的需要"。在一定意义上讲，技术标准对顾客可能毫无意义，因为无论技术多先进，如果操作不便利，用着不称心，老百姓就不会买账，你生产出来的只能是令人敬而远之的库存和摆设。为客户服务的追求是无止境的，因此应实行顾客满意战略，企业的全部经营活动都要以顾客的需求为出发点，把顾客需求作为企业开发新产品的源头，不断创新，适时改进，提供符合顾客需要的高质量、高可靠性的产品，另外，也并非产品质量标准越高越好。考虑到产品更新换代，高于顾客需要的质量会造成一定程度的资源浪费，使产品价格过高，所以应以顾客满意为产品的质量标准生产出满足顾客质量要求的产品；当今流行的话是，买对的不买贵的，贵的并非就是最好的，合适的才是最好的。办事不由东，累死也无功，顾客不满意，再好的技术与设备也是没有任何意义的。企业的收入来自顾客，失去顾客，企业就失去市场，顾客满意，企业就赢得市场、获得发展机会，因此顾客满意就成为所有部门的行动指南。

（资料来源：陈步峰. 一个跟头"摔"出个CI战略[J]. 有色金属工业，2004（2）.）

第三节 CS战略的实施

CS战略与传统经营战略的最大区别在于对待顾客的态度不同。前者尊重顾客并站在顾客角度审视企业的经营活动，传统营销战略更多考虑的是如何卖东西给顾客而很少关注顾客的情感消费。CS战略的基本理念是：企业为顾客而生存，是社会服务组织。衡量企业是否真正成功的尺度掌握在顾客手中，企业卖产品只是形式，卖完善的服务、卖称心如意的服务、卖优质便利的服务才是实质。贯彻CS战略首先要识别顾客，客观地认识顾客的要求和期望，然后利用企业资源满足顾客，包括以顾客为本考虑产品设计开发；及时跟踪研究顾客的满意度，并据此设立改进目标，调整经营环节，建立科学的顾客满意流程，不断完善产品服务系统，最大限度地使顾客感到安心和便利；创造企业与顾客间彼此友好和忠诚的和谐氛围，体现出真诚与温暖，使满意的顾客成为忠诚的顾客，使潜在的顾客成为新的顾客；按照以顾客为中心的原则，建立灵活高效的企业组织，及时反馈顾客的需求和意见。

一、CS 战略与顾客满意流程

贯彻 CS 战略需要在企业内部建立一套科学的顾客满意流程。它是企业达到顾客满意必经的途径。所以顾客满意流程包括以下几个步骤。

（一）建立顾客满意的理念和战略

企业应建立顾客满意的经营理念，并在此理念指导下，制定以顾客满意为中心的经营战略（包括顾客满意的经营宗旨、目标和实施的步骤、措施）。经营战略对企业实现顾客满意具有指导意义，是首要要素。

（二）以顾客为导向的新产品开发

通过市场调查，掌握市场动向，了解市场和顾客的现实和潜在的需求，为企业调整战略、开发顾客满意的新产品和做好服务提供依据。力求从源头做好顾客满意的工作。

（三）以顾客满意为目标的质量体系

控制生产过程质量，为顾客满意提供产品基础；加强质量改进和技术创新，不断提高顾客满意度；提高销售和服务质量，确保企业实现顾客满意的目标；建立以人为本、以顾客满意为目标、以质量优先的企业文化，明确员工满意是顾客满意的基础；搞好质量经营，建立质量经营管理体系，以质量体系的有效运作来长期实现顾客满意的目标。

（四）寻找改进机会的顾客满意度调研

定期或不定期地进行顾客满意度调研、评价和分析，找出问题，寻找改进机会，提高顾客满意度。

（五）以顾客满意来实现顾客忠诚

以顾客满意为目标，不断提高产品质量和改进服务，以顾客满意来实现顾客忠诚。

综合看来，建立顾客满意模式，就是在进行顾客满意度调查和顾客消费心理分析的基础上，从顾客角度出发，针对企业的理念、行为、视觉、产品和服务，将其中卓有成效、为顾客所满意的观念、行为、制度与规范等进一步提炼，升华为标准化了的典型事项和要求，以此作为企业达到顾客满意的必经途径。其中企业理念满意的核心在于确立以顾客为中心。它具体表现在企业的经营宗旨、经营方针和经营哲学上，并贯穿于企业的质量观念、服务观念、社会责任观念、人才观念等诸多经营观念中。行为满意的建立，要通过企业的行为机制满意、行为规程满意等予以保障。视觉满意模式的建立，包括对企业标志、企业标准字和标准色的视觉满意、听觉满意。产品满意的建立，体现在产品质量、功能、设计、包装、价格满意等方面。服务满意的建立，则是要通过树立顾客至上的服务观念，建立完整的服务目标、服务满意度考核和强化服务满意的行为机制来实现。在以上顾客满意流程的五个子要素中，企业的理念满意处于核心和统帅地位，它指导并制约着其他子要素的运行和实施。

> **补充知识**
>
> **顾客满意度研究内容模型**
>
> 在现代的商业竞争中，企业已经非常重视顾客满意度，并且进行了大量的研究。由于我国整体市场水平的发展，很多企业包括一些专业的研究机构在进行顾客满意度研究的时候，都不能有效地把握实质，更多的是赶潮流、走过场。
>
> 那么，什么是顾客满意度研究？顾客满意度研究的目的是什么？顾客满意度研究应该研究哪些内容呢？
>
> **一、顾客满意度研究**
>
> 简单地说，顾客满意度研究就是通过对影响顾客满意度的因素进行分析，发现影响顾客满意度的因素、顾客满意度及顾客消费行为三者的关系，从而通过最优化成本有效地提升影响顾客满意度的关键因素，改变消费者行为，建立和提升顾客忠诚度，减少顾客抱怨和顾客流失，增加重复性购买行为，创造良好口碑，提升企业的竞争能力与盈利能力的一种研究方法。
>
> **二、顾客满意度研究的内容**
>
> 笔者认为，对一个产品/品牌/企业的满意度的认知或评价是建立在一个动态的系统中，因此，要有效地对顾客满意度进行研究，就必须在动态的系统中进行，这个动态的系统至少包含以下几个方面的内容。
>
> （一）产品/品牌/企业等多种因素互动影响
>
> 举个简单的例子，我们在地摊儿上买了一个指甲剪，没过多久，坏了，我们会认为很正常，地摊货嘛，没过几天我可能还会去同一家地摊儿买指甲剪；但是，假如我们在商场里买了一个指甲剪，没过几天坏了，我们会怎样？我们会大骂商场真"黑"。我们还会去同样的地方买指甲剪吗？肯定不会。
>
> 这个例子充分说明，消费者对于在不同地方购买的产品的预期是不一样的，同理，消费者对不同企业的产品、对不同品牌的产品所抱的期望也是不一样的，并且这些因素会相互影响，导致消费者的最终满意度是不一样的。
>
> （二）竞争对手与研究对象互动影响
>
> 在研究顾客满意度的时候，消费者是在开放的环境中生存，当竞争对手发生一些改变的时候，往往会影响消费者对研究对象企业的评价，同时，关注竞争对手的一大利益是可以充分了解企业在行业中的水平及与竞争对手相比存在哪些优缺点，为企业分辨哪些因素构成企业的短板，哪些可以构成企业的比较优势提供重大的参考价值。
>
> （三）研究模型
>
> 根据上述观点，笔者提出如下模型。
>
> 1. **顾客需求**
>
> 如果我们不了解顾客需求，就不可能得到顾客满意度方面的真实情况数据。而且我们知道，当：

事先期望>事后获得，顾客感到不满，抱怨产生了，继而转移阵地。

事先期望=事后获得，顾客感觉平平，作为一种经验累积，如果没有更好的产品/品牌，关系会持续下去，但难以持久。

事先期望<事后获得，顾客感到满意，形成良好口碑，形成忠诚客户。

因此，我们必须要了解顾客的期望值是多少。顾客的期望一般包括以下几个方面的内容：

（1）产品的核心价值。产品的核心价值主要指产品为购买者提供的基本效用和利益，也就是使用价值。衡量指标包括产品的质量、性能等能否达到消费者的期望。产品品质的竞争是最基础的竞争，在顾客满意时代这一点尤其重要，无论你的其他方面做得有多好，如果这一点不能做好，那么必然是本末倒置、买椟还珠，最终遭人耻笑。

（2）产品的附加价值。产品的附加价值是指产品的外在表现，如外形、重量、体积、视觉、手感、包装等。产品在市场上呈现的面貌，是购买者选购的依据，因此对产品的销售具有决定性的作用。这方面的评价指标主要为：产品是否美观、大小是否合适等。

（3）品牌价值。这主要指消费者对产品品牌的价值期望方面，如高档、中档、低档，男性、女性等方面的需求与期望。特别是对于存在母品牌与子品牌的情况，尤其注意对其进行研究。

（4）服务。它主要包括服务态度、服务技能、服务承诺、服务流程、服务措施等方面的内容。

（5）消费环境。它主要包括消费者对产品或服务的购买环境的评价，认为购买环境与品牌价值、方便性方面协调。

（6）产品定位。它主要指目标消费者对研究对象的定位，包括其产品价格是否合理、产品的品质是否与产品定位相一致等。

2．消费行为方面

根据社会营销观念，我们知道，不是所有的消费者需求都能得到满足和有必要得到满足，因此，了解消费行为能帮我们区分哪些消费者需求是必须满足的，而哪些消费者需求在现阶段是不必去满足的。消费行为研究主要包括以下两方面的内容：

（1）消费者的购买行为。它主要包括：

1）消费者购买决策行为如何？谁是购买者、谁是影响者、谁是决策者？

2）消费者在何时、何地购买？

3）消费者购买行为特征？指定购买、随机购买？

（2）影响消费者购买行为的因素。它主要包括：影响消费者购买的因素及最主要的影响因素。

综上所述，可根据顾客需求与顾客消费行为的综合分析，找出顾客的期望并且对顾客的期望加以分类，指出哪些是保健因素，哪些是激励因素。

3．顾客的评价

通过顾客对研究对象的评价，找到研究对象的顾客满意度水平，并且通过与行业内的主要竞争对手在各细分指标上的比较，得到研究对象在行业内的顾客满意度水平，同时找到与竞争对手相比的比较优势与短板，为企业的下一步工作提供决策基础。

（资料来源：源自网络，有删改。）

二、实现 CS 战略的途径

实现 CS 战略，可以从不同的出发点入手。

（一）从企业整体入手

1. 在企业文化层面上确立以顾客为中心，以顾客利益至上，以顾客满意为目标的经营理念

顾客满意理论中的顾客指的是内部员工和外部顾客（包括经销商、批发商、代理商、最终消费者和原材料供应商、合作者等），顾客满意包括员工和外部顾客的满意，顾客忠诚亦然。企业成功的机制在于顾客满意与忠诚，员工是使顾客满意和忠诚的关键人员。员工对企业的满意度和忠诚度是顾客对企业产品和服务满意度和忠诚度的基础，顾客满意度和忠诚度是员工行为的必然结果。没有员工的满意与忠诚，就不可能创造出令顾客满意的产品和超值服务，顾客自然就不满意、不忠诚，离企业而去。当员工满意与忠诚时，就会在与顾客接触中以极大的热情投入自己的智力资本，创造性地为顾客服务，并能及时发现顾客需求动向，及时提升产品和服务的附加值，紧紧抓住顾客的心，令其满意。联邦快递发现，当内部员工满意率提高到 85% 时，他们的顾客满意率高达 95%，并且企业的利润也就十分乐观。在这里，员工的态度决定着一切。因此，企业必须将顾客满意的经营理念渗透到员工的头脑中，体现在管理中，对员工忠诚，以他们研发的技术、制造的产品、提供的服务令顾客满意。

2. 让顾客参与产品设计与研发

企业以顾客为中心，经过市场细分、广泛的调研，了解目标公众的需求和价值，站在顾客的角度考虑产品开发、设计，提供个性化、人性化的高附加值的产品和服务，这么做是正确的，但必须让用户一起参与产品设计。利用互联网和 CAD 技术与顾客建立有效的沟通和信息交流，及时掌握顾客的各种需求信息和顾客价值，鼓励各种信息来源渠道对顾客信息库进行及时的更新。经过分析、总结，了解顾客的本质需求，并使顾客本质需求信息成为企业各个部门的共享资源。以此设计产品，才能提供令顾客满意的服务。依据用户的需要，吸收顾客参与产品设计的建议，设计开发出令顾客满意的富有人性化的超值商品和服务，自然就会赢得更多顾客的爱心。

3. 培育忠诚顾客

在餐饮业，满意顾客中品牌转换者的比例竟高达 60%~80%。这说明满意的顾客并不一定能成为忠诚顾客。而一个企业 80% 的利润来自 20% 的忠诚顾客，从忠诚顾客那里得到的收益是非忠诚顾客的 9 倍。忠诚顾客是通过企业不懈地提供超值产品或服务而取得的。要使顾客忠诚，企业最高管理层必须有长期不懈的决心和资金支持，要对企业忠诚顾客进行界定，要了解顾客的需求是怎样形成的、他们离去的原因是什么、买了谁的产品，以及购买别家产品的原因。培育忠诚顾客，防止顾客流失的措施可以从以下两点考虑：

（1）妥善解决顾客的投诉。专家指出：如果顾客投诉处理得好，82% 的投诉者会再度购买商品。妥善处理顾客投诉，要求企业建立一套良好的人性化的"投诉管理"制度：①树立"顾客的投诉，是给企业最好的礼物，对改善企业的经营管理有好处"的观念。②企业必须建立有效的投诉问题机制。③负责处理顾客投诉的部门应该轮换，以便各有关业务单位都能及时了解顾客的满意度,并获得处理顾客投诉的经验。④建立所有顾客投诉的信息、资料库,并让各有关部门和人员知道,这些投诉以及这些投诉的根源在哪里,等等。

(2)建立忠诚顾客数据库。只有通过数据库进行跟踪调查分析,才能确切知道企业拥有的顾客份额会增加多少,达到某一份额需要多久。忠诚顾客数据库的核心是关联数据库,它由一系列记录营销项目不同侧面的子库组成。忠诚顾客数据库可以为员工及时提供超值服务所需的资料;为收集所有与顾客有关的细节资料创造条件;强化同顾客的快捷联系,以便为其提供潜在需求的、似曾想到又非想到满足其期望价值的产品或服务。

(二)从 4P/4C 理论出发

1. 产品策略

消费者个性需求的满足。在传统营销中,企业通过市场调查后,便根据统计结果中出现频数最高的需求特征来设计、生产产品,最终将产品通过广泛的销售渠道推向各个细分市场。这种状况的形成,一方面是由于技术水平的限制,企业无法了解也无法满足顾客的独特需求;另一方面,也是由于传统消费者的需求还停留在较低的层次上,没有形成或意识到自身的个性需求。然而,在信息时代,企业所面对的消费者与传统的处于被动商品接受者地位的消费者有本质的区别,他们要求自己在市场中处于主动地位,要求供应商提供给他们个性化的商品,要求企业按照他们自己的意愿来设计和生产产品。先进科技的应用,使得消费者不仅可以接受信息,而且可以发出信息,形成生产者与消费者之间充分的双向信息交流,从而使生产者可以为消费者"量身定做",并且提供令顾客满意的全程服务和个性化服务。

全程服务是针对顾客的购物与消费每一环节所进行的细致而又深入的服务。全程服务就是消费者从购前、购中、使用到用后的整个过程。对消费者的细心呵护,使消费者与自己的品牌紧密相连,让消费者享受文化、享受服务、感受理念、感到受益,心甘情愿地接受你的产品或服务。令消费者每一个层面都感到完全满意,并能赢得客户的忠诚。在销售阶段,保证顾客得到及时、优质的服务,售前咨询培训参与,传递知识信息,创造购物需求,令顾客理性选择,帮助顾客购买自己实用、称心的商品;售中支持提供方便,最大限度地发挥商品功能,让顾客体味到温情和价值;售后增值反馈回访服务,使顾客感受到温馨和真情。在如今情感消费时代,人们追求"心理满足感和充实"的商品,是富有个性化的、高附加值的商品,追求价值观和意识多元化、个性化和无形的满足感。因此,企业不再将注意力投入于全体消费者的一般需求差异上,而是针对追求各异的个性消费者,量体裁衣,设计并开发企业的产品及服务项目,以适应当今个性化和多样化的消费趋势。关键在于建立顾客资料库与顾客信息反馈系统,进行客户关系管理,不断收集了解消费者的要求和偏好的变化,以及对企业新的期望,以便更好地为顾客提供个性化服务。

2. 价格策略/成本策略

以消费者接受为底线。由于经济的发展,人们生活水平有所提高,企业所采用的传统的低价格策略已经不是百试百灵了。顾客在购买商品过程中所追求的,已经由价格最低转变为最大的顾客让渡价值。但是,在实际交易中,限于不同顾客的知识水平,他们在购买某一特定的商品时,也许并没有实现顾客让渡价值最大的愿望,使争取得到最大顾客让渡价值的过程成为一个"试错"过程,但是,这一过程最终会成为逐渐逼近顾客让渡价值最大化的过程。

因为，几乎所有的顾客在重新购买时，都会通过总结自己积累的经验和知识，来增加其获得的让渡价值。需要指出的是，不同的顾客对于顾客购买的总价值和顾客购买的总成本的重视程度是不一样的，收入水平低的顾客对货币成本非常敏感，收入水平高的会对时间成本或体力、精力成本非常敏感，或者对品牌非常重视。因此，只有那些能够针对具体客户群提供比竞争对手的产品让渡价值更大的企业，才能长期保持住顾客，才会有"回头客"；也只有这一类企业，才可以最小的成本，达到顾客满意的效果。

3．渠道策略

方便顾客买。随着生活节奏的加快，消费者外出购物的时间越来越少，迫切要求快捷、方便的购物方式和服务。因此，为实现顾客满意，达到顾客价值最大化的目标，企业应在加强自身管理和建设的同时，加强对渠道的规范。通过宣传、组织学习、发行刊物等方式，将企业文化和企业的理念传给供应商、供应商的供应商、分销商和最终消费者。在整个供应链的配合下，使消费者真正感受到购物的便利性和舒适性，从而降低顾客的购买成本，提高顾客的转让价值，达到顾客满意的效果。

4．促销策略

强调双方的沟通。要在促销这一环节实现顾客满意，仅仅靠传统的宣传媒体是不够的。因为传统大众传媒的促销方式如人员推销、广告等，其信息流动是单向的，且流动速度在很大程度上受制于有关物理媒介的空间移动速度，在信息发送与反馈之间存在较为明显的"时滞"。因此，现在大多数企业都借助第五大媒体——网络进行促销。网络的实时性为企业与顾客提供了一个全新的沟通方式，几乎所有传统的促销方式都能在网上找到实现的方法。在网络上提供与产品相关的专业知识进一步服务消费者，不但可增加产品的价值，同时也可提升企业形象。网络促销除了将企业产品的性能、特点、品质以及顾客服务内容充分加以显示外，更重要的是能以人性化与顾客导向的方式，针对个别需求做出一对一的促销服务。所有这些活动的目的在于加强企业与消费者的深入沟通。

（三）充分利用新的信息技术手段

1) 通过信息系统的应用，企业可以有效地优化顾客价值链。

2) 鉴于以信息（知识）作为关键成分的产品或服务变得越来越有价值，由顾客参与创造的知识意见就变成了企业和顾客所共有的资产。在网络信息发达的当今社会，企业还可以与顾客进行直接沟通，了解顾客的基本需求，再结合实际情况，掌握生产方向，进一步对产品的细节部分进行研究讨论，对于双方的意见不合点，进行反复磨合改动，设计出让顾客满意的产品。比如，Linux 系统由于开放了源代码，吸引了世界各地众多计算机爱好者的参与，促使 Linux 性能迅速提高，而高性能的操作系统又使广大计算机爱好者受益。戴尔电脑公司借助互联网络开展直销方式，使顾客可以得到自己真正需要的电脑配置，而戴尔也创造了零库存生产的神话。

3) 借助于现代信息技术。企业可以让顾客直接参与价值的生产与分配。顾客可以在价值链的任一阶段介入。更有某些企业甚至将顾客变成了"雇员"。意大利汽车制造商菲亚特欲测试一下它的新车 Punto 的设计效果，在菲亚特网站邀请 3 000 多位潜在顾客参与评论打分，结果，菲亚特只用很低的成本就获得了目标顾客关于新车的见解，并设计出了真正反映顾客偏好的汽车。而对于顾客而言，他们也得到了自己真正想要的汽车。

4）企业可以把基本业务流程重新编排组织以满足顾客的需求。例如，不少家具公司向顾客提供可拼拆的家具，让顾客运回家自己装。这样看起来对顾客比较"麻烦"，但有的顾客更愿意接受因此带来的低成本。而且顾客还可以根据自己的需要或偏好来选择家具散件的配套与组合。这其实也是一个顾客介入的价值再创造过程。

5）实施数据库营销。现代企业的竞争实际上是信息的较量，谁拥有强大的信息就有可能胜出。数据库营销是建立、维系与使用顾客数据库与其他数据库如产品、供应商、零售商数据库的过程，以达到联系、处理与建立顾客关系的目的。顾客数据库的内容包含顾客过去购买的数量、价格、利润；顾客的购买周期；顾客采购决策成员的信息（年龄、生日、爱好等）；顾客的意见和反馈；竞争对手的详细信息等。通过庞大而精细的数据库的建立和分析，企业便能准确地掌握客户信息，确定企业的目标消费群，使企业的营销策略更具有针对性，从而提高营销效率和效果。企业还可以通过数据库找出高价值的顾客，更加有效地瞄准他们，并针对顾客的特殊要求量身定制产品和服务，从而与客户建立更加深入的客户关系，以提高顾客满意度与忠诚度。

综合案例

为什么日本的实体商业能抵挡得住电商经济的冲击？

近几年，接连倒闭的百货商店不计其数，从外资第一店的百盛到要关掉国内一半百货门店的万达，从英国老牌企业玛莎百货到中外合资的天虹百货，实体店的关店潮呼啸而来。

2016年上半年主要零售企业关店统计

业态	企业	城市	门店	面积	关店时间	开业时间
百货、购物中心	百盛	西安	东大街店	19 000m²	2016.06.11	1998.01.18
		重庆	大坪店	—	2016.03.31	1995
	摩尔百货	成都	天府店	30 000m²	2016.02.29	2002
	NOVO百货	重庆	大融城店	3 500m²	2016.02.25	2013.09
	来雅百货	泉州	中骏世界城店	35 000m²	2016.03.31	2014.05.31
	友谊商店	广州	南宁店	20 000m²	2016.04.26	2007.07
	华联商厦	成都	成都店	—	2016.06.28	1994.05.18
	天虹商场	深圳	深南君尚百货	20 000m²	2016.02.07	2014.06.19
	哈韩百货	长春	桂林路店	—	2016.01.15	2014.09.26
	喜乐地购物中心	长沙	万家丽路	80 000m²	2016.03.10	2007
	西单商场	北京	十里堡店	14 000m²	2016.01.10	2010.04
	南京八佰伴	南京	南京店	25 000m²	2016.05.16	2008.09.28
	世纪金花	银川	银川店	10 000m²	2016.04	2010.10.23
	金鹰商贸	合肥	宿州路店	80 000m²	2016.01.01	2010
	新华百货	银川	东方红店	46 000m²	2016.02.28	2011.09.09

这几年电商业异军突起，赚了个盆满钵满，而实体零售业却经历了一"劫"又一"劫"。

以天猫"双十一"为例，其交易额增长速度之快令人侧目。另外，更为尴尬的是，百货商场正沦为电商"试衣间"。很多顾客都会去实体店试穿，记住型号，然后到网上购买。网上销售没有人员费用、租金费用、水电费用等，负担很轻，价格优势强，这让实体店很难做。

但相比中国电商的热火朝天，我们的邻国日本则显得冷清很多。

比较繁华的商业区像大阪城、心斋桥、难波、天神桥、梅田等，一到节假日依旧人满为患，店面生意火爆，更不用说购物天堂东京了。

为什么日本的实体商业能抵挡得住电商经济的冲击呢？

在日本，大到一个综合购物商场，小到一家不起眼的路边摊，每一个经营者心中都有着自己的理念：开店不是要多多益善，而是要好到让自己满意。

一个购物中心可以花上15年才开业；一家寿司店可以经营150年，甚至250年，这在日本都很常见，在他们心目中没有做大生意和小生意的区分，而是在持续不断的专注中获得满足感。

日本人做商业中心，就像我们做博物馆、科技馆一样，先做展示设计，再做建筑设计。

以东京的六本木商业中心来说，从设计到开业前前后后用了15年时间。

在招商方面，日本人持有的也不是做房东的心态，而是本着共同经营的态度用心选择品牌入驻。

当然，这不是说时间长质量就一定好，但是用心做出来的东西和为了圈钱流水线似的生产出来的东西，带给消费者的体验一定是不同的。日本有一家豆腐店，做了几十年的手工豆腐，现在更是打造出了特有的视觉体系，推出了男前豆腐、"吵架至上汤豆腐小子"、豆乳的摇滚乐、厚炸豆腐队长等一系列别处无法复制的商品。男前豆腐扬名日本后，售价比最早高出四倍，更是推出了多种漫画主题的手工豆腐，各种跨界衍生品，俨然成为日本手工豆腐标志性的品牌。

实体店消费是一种体验，那种触手可及的感受是电商永远无法给予的，所以消费体验的好坏也在某种程度上决定了顾客的去留。

服务至上的精神在日本随处可见：东京的商场都会提供免费行李寄存服务，客人并不需要找自动存包柜，也不用担心行李太大柜子放不下，服务员会亲自帮你把行李拿到专门的寄存处，让客人可以安心购物。

此外，代客泊车取车、推婴儿车、为轮椅顾客启用专门电梯等免费服务都是日本百货店必不可少的配套项目。婴儿车和轮椅就在入口附近，旁边放着消毒纸巾。

甚至在顾客表达喜欢某个品牌时（非所逛品牌），店员都会告知区域内该品牌的店铺，并会拿地址与图册给顾客参考。

在专卖店买好东西，收银员会在小票上盖好章，然后用吸油纸按在上面，吸走油墨，防止染色到其他物品。将包装好的商品递给客人之后，收银员还要走出柜台送一小段，然后接到下一个排队客人手中的物品，并引到柜台，继续收款、盖章、吸油、送别的流程。

在餐厅就餐，营业区里的服务员一直在忙，却也能看到餐巾纸只剩半盒并及时塞满，保持整整齐齐，倘若看到酱油瓶、椅子偏离了原来的位置，也会及时复原。

如果碰到下雨天，日本商场会从顾客需求的角度出发，分别准备擦拭雨具与身体的毛巾，贴心又可再利用。

甚至那些具有坡度可以自动补货的货架、商业街间考虑太阳日照与阴雨天气设计的连廊，都在默默中传达着对顾客的尊重与体贴。

买好东西之后，如果不想拎着大包小包回家，还可以委托商场打包送货上门。这一服务并不局限于家电等大件商品,任何服饰、鞋子、皮包、日用品等都可以直接送到客人家中或酒店房间。

这即是日本商业的尺度,这个尺度唯一的标准是人——对人的尊重与关注。

所以,即便网上的商品稍微便宜一些,但是在实体店却可以享受到更多的服务,而这些服务足以说服日本人出门逛街。

虽然实体店形势一片大好,但是日本人也没忘了要与时俱进。近年来,日本的很多实体店都推出了电子商务平台和实体店同步销售的服务。消费者从电子商务平台上购买的商品可在该百货店的实体店取货,实体店内断货的商品也可通过电子商务平台选购。这种积极的态度为实体店筑起了一道坚实的防御工事,以应对时代的冲击。

(资料来源:微信公众号"海外眼"。)

本章小结

CS 战略与传统经营战略的最大区别在于对待顾客的态度不同。前者尊重顾客并站在顾客角度审视企业的经营活动,传统营销战略更多考虑的是如何卖东西给顾客而很少关注顾客的情感消费。CS 战略的基本理念是:企业为顾客而生存,是服务于社会的组织。衡量企业是否真正成功的尺度掌握在顾客手中,企业卖产品只是形式,卖完善的服务、卖称心如意的服务、卖优质便利的服务才是实质。贯彻 CS 战略首先要识别顾客,客观地认识顾客的要求和期望,然后利用企业资源满足顾客,包括以顾客为本考虑产品设计开发;及时跟踪研究顾客的满意度,并据此设立改进目标,调整经营环节,建立科学的顾客满意流程,不断完善产品服务系统,最大限度地使顾客感到安心和便利;创造企业与顾客间彼此友好和忠诚的和谐氛围,体现出真诚与温暖,使满意的顾客成为忠诚的顾客,使潜在的顾客成为新的顾客;按照以顾客为中心的原则,建立灵活高效的企业组织,及时反馈顾客的需求和意见。

复习思考题

概念题

顾客满意　　顾客满意流程　　顾客让渡价值

思考题

1. 什么是 CS 战略?
2. 可从哪些途径来实现 CS 战略?

技能实训题

1. 选择一家企业,进行顾客满意度调研。
2. 结合案例分析日本的实体商业能抵挡得住电商经济的原因。

第九章
企业形象的传播、巩固、更新与矫正

> **学习目标**
>
> 通过本章的学习,了解在正确定位和设计企业形象后运用公共关系的原理、方法和技巧进行形象的传播和巩固;明确在企业的不断发展中企业如何进行形象的更新;掌握在企业形象危机出现时如何化解危机,矫正形象。

企业形象经过正确的定位和设计确立之后,不能束之高阁或只是张贴于墙上作为一种摆设或装饰,而是要通过形象传播真正被内部公众理解,切实落实在内部员工的行动中;要被外部公众知晓和理解,提升企业在内外部公众心目中的形象。

第一节 企业形象的传播和巩固

一、企业形象传播策略

企业形象传播策略是指将形象传播到企业内外公众中的一系列方法和手段。传播形象是很重要的公共关系工作,形象设计出来,没有充分、有效地传播,那还是一纸空文,不能产生形象巨大效应,发挥它应有的价值。企业形象传播分为内部传播和外部传播。

企业形象的内部传播就是要让全体员工充分理解和认同企业所设计的企业形象,切实落实到员工的行动中。

企业内部传播方式:内部刊物、员工通信、广播、黑板报、会议、讲座、学习、讨论等方式。

案例 9-1

创造科学奇迹——杜邦企业新定位企业形象案例

杜邦公司由法裔移民 Eeuthere Irenee du Pont de Nemours 于 1802 年在美国特拉华州创立。20 世纪末,经过近 200 年不断发展的杜邦,从创业初期的一种产品——黑火药及 36 000 美元的资产发展成为如今世界上历史最悠久、业务最多元化的跨国科技企业之一。如今,杜邦及其附属机构服务于全球市场的食物与营养、健康保健、农业、服装和服饰、家居和建筑、电子和运输等领域,为提高人类的生活品质而提供科学的解决之道。

杜邦已经持续了近两个世纪的辉煌,在这一迈向第三世纪的重要时刻,杜邦公司为自己设定了新的目标,那就是要成为一家以科学为基础的可持续发展的公司。

调查显示，杜邦目前在人们心中仍是一家以发明伟大的原材料，生产传统化学品的"化学公司"。而从1935年使用至今的企业口号"生产优质产品，开创美好生活"专注的是杜邦的产品。为了更好地反映杜邦公司今后发展的方向，杜邦公司决定对其企业的定位进行调整，使其能反映出企业发展策略的转移以及企业形象的改变。

随着21世纪的临近，科学在各个方面都日益成为人们日常生活的一部分。杜邦在科学研究方面有相当长的历史，我们的调查资料显示，杜邦是为数不多的被公众认为具有科学实力的公司之一，而且目前杜邦正在将自己发展成为一个增长更快、知识含量更高的公司。杜邦意识到，一个能独特地表述公司精髓的新企业定位，对于加快公司发展进程极为重要。

因此，杜邦公司特别邀请了4家代理公司为杜邦的新定位进行设计。各相关公司为此做了大量的市场调查，并提出了相应的建议。最后"创造科学奇迹"脱颖而出。

杜邦公司充分认识到，企业的重新定位不仅仅是一个新的企业口号或一个新的广告运动。"创造科学奇迹"这个新定位需要付出长期的努力，它独特地描述了公司进一步发展的方向，是杜邦进行企业改革的一个重要部分。我们将它称为公司在200历史中的第三次自我重塑。

在近200年的发展进程中，杜邦一直领先于所处的时代，所创造的科技飞跃成为人类科技进步的里程碑，印证了人们对科学真谛的不懈追求，对人类的生产和生活均产生了革命性的影响。如掀起现代材料大革命的尼龙，20世纪20年代氯丁橡胶的首次合成以及20世纪60年代莱卡（Lycra）弹性纤维、诺梅克斯（Nomex）和凯芙拉（Kevlar）芳香族聚酰胺纤维的发明，20世纪80年代环保农药磺酰脲类的推出，1998年日服一次的抗艾滋病毒药物SUSTIVA的上市。杜邦人用科技的成就及技术的飞跃不断给世界带来科学奇迹。

现在这一新的定位，使杜邦公司的传统和未来得以保持一致，使杜邦的公司战略方向和可持续发展的使命相一致。

杜邦在世界各地的员工参加了选择"创造科学奇迹"为公司新定位的决策过程。在"创造科学奇迹"被选定为公司的新口号之前，杜邦在各主要国家，其中包括中国进行了调查，结果显示它为各个地区的员工所喜爱。许多员工说："它反映了公司的发明与创新及我们的未来，令我们因成为杜邦一员而感到自豪。"

为了推出企业的新定位，杜邦公司采取了一系列的宣传步骤来配合新定位的实施。最为突出的是在所有的对外宣传活动开始之前，公司首先与员工进行沟通，使每一位员工理解公司的新定位及新的发展方向。除了召开员工会议外，员工通信、公司内部网都刊登了有关的内容。下述有关推广新定位的具体时间的安排就能说明公司员工在这个活动中的作用：

（1）1999年3月：在公司上一年度年报上推出（内部）。
（2）1999年4月、5月：在杜邦杂志，各国或地区的员工通信中推出（内部）。
（3）1999年4月底：在美国、亚洲和欧洲推出印刷广告（外部）。
（4）1999年9月：在美国、亚洲和欧洲推出电视广告（外部）。

在我国，杜邦还展开了一系列的活动来更好地配合企业新定位在我国的实施：

1999年10月8日，由杜邦公司协办的"1999年上海科技节主题报告会"在新落成的上海国际会议中心举行。杜邦总公司副总裁，全球非织造物业务总经理彭定中博士在会上概述了杜邦为成为一家全球领先的科学公司所做的努力，其中包括在生物科技及材料科学方面的研究与发展。

1999年12月21日，杜邦公司与国家科学技术部举行新闻发布会，杜邦公司全球副总裁彭定中博士在北京宣布，杜邦公司将向国家科学技术部捐资300万元设立"杜邦科技创新奖",用于奖励在推动科技事业发展中做出突出贡献的本地科技人员。

1999年,杜邦还参与筹建中国科技馆二期工程的高科技材料展示区,宣传科普知识,展示杜邦高科技材料为人类生活带来的奇迹。

杜邦推出"创造科学奇迹"的新定位引起了较大反响,媒介的反应相当踊跃,各地的报纸、电台和电视台都做了报道。(数十家媒体做了相应的报道,其中包括CCTV的新闻栏目和北京人民广播电台的新闻等。)

(资料来源:http://www.prchina.com)

案例分析:从杜邦公司的案例中我们看到,杜邦不仅花巨资进行形象定位,而且在形象的传播中更是不遗余力。通过员工会议、刊物、内部网、通信等传播方式向员工充分传达新定位。

二、企业形象外部传播方式

企业形象外部传播的目的,是要让更多的外部公众知晓和了解企业的形象定位,从而产生对企业的好感、认同感和信心,进而支持企业。

企业形象外部传播方式包括:广告、刊物、会议、新闻发布会、沟通、公共关系活动等。相对于内部传播,外部传播在空间和方式上都使公共关系有了更大的运作空间。

在上述案例中我们同样可以看到,杜邦公司通过印刷、电视广告、新闻发布会、客户书和在中国地区推出的大型活动等传播方式很好地让外部公众了解了杜邦公司的新定位,对公司有了更好的形象认识。

企业形象在对内的宣传得到了员工的理解和支持,对外的推行得到了公众的认同和拥护之后,就可以说得到了很好的建立和推行。但是要使企业在公众心目中一直保持良好的形象,就需要不断地加以强化和修正,才能永葆青春。古人云:"祸兮福所倚,福兮祸所伏""打江山易,守江山难",由此看来,巩固形象并不是一件容易的事。

三、进行形象巩固的必要性

(1)企业之间的形象竞争非常激烈,每一个企业都必须不断地巩固和加强自身的形象,才能保持原有的形象地位,否则将落后。形象建设也如逆水行舟,不进则退。从世界著名企业发展的历史中,我们可以看到,曾有多少红极一时的名牌纷纷衰落了。才领风骚没几年,最终被人们淡忘了。即使目前排在全世界前50位的名牌企业,也无不几经风雨,不断地进行形象的巩固和更新,最后方才巩固形象成功。

(2)公众接受企业的信息为非选择性,企业若一段时期没有信息送达到公众那里,公众就会渐渐地淡忘企业,并会发出疑问:好久没有听到企业的声音,这家企业是不是不行了?

四、巩固形象的策略

(一)不断改进和提升产品和服务的品质,巩固形象

企业形象的巩固是以企业名牌产品不断推陈出新、不断进步为基本前提和必要保障的。

如果产品质量上不去，技术不更新，企业形象的巩固也就是一句空话。所以，企业形象的巩固必须包括产品质量水准上的提高与创新。

企业形象以质量为依托，如果质量水准难以提高，其形象迟早会落伍。寄托今天的质量优势，有可能成为明天的质量劣势。所有名牌企业都在进行质量水准提升的竞赛。名牌企业要抓住目前质量优秀、技术领先、人才济济、资金实力雄厚等优势，把质量优势提升到他人无法与之抗衡的水准，使名牌形象不断加强。

案例 9-2

海尔——提升质量创形象

海尔集团总经理张瑞敏先生有句名言："我们的企业，我们的产品是干出来的，而不是检查出来的，公共关系就是告诉人怎样去干！"

"宁可损失上万元，也不给用户添麻烦。"这是青岛海尔为实现"质量是企业永恒的主题"这一目标而提出的口号。1985 年，由于部分职工忽视产品质量，造成了 76 台冰箱不合格的严重后果。青岛海尔以此为突破口，举办了废品展览会。张总经理命令直接责任者自己用铁锤当众砸毁这 76 台冰箱。这一举措，使在场的千余名职工目瞪口呆。铁锤不仅砸毁了冰箱，而且彻底砸毁了青岛海尔的产品低劣意识，砸在了每个员工的心头，在员工中引起了强烈的反响，使青岛海尔从此走上了质量管理的路子。

青岛海尔以质量为根本，制定了"向质量要效益""靠质量起家，靠优质名牌发展"的质量管理目标，处处体现"质量至上，用户是我们的衣食父母"，使"假如我是用户""下道工序就是用户"的活动深入人心，他们实行了严格的"三检制"，成立了质检处，定员人数占全公司人数的 7.8%。

在此基础上，青岛海尔重视职工素质的提高。他们制订了 5 年教育计划和年度计划，实行全员培训，企业举办了 36 次近千人的培训，参加全国质量管理统考，有 913 人获得合格证书。公司共成立了 32 个学习小组，取得了 38 项成果，其中 6 项获青岛优秀成果奖，3 项获省优质成果奖，3 项获国家优秀成果奖。

强烈的质量意识和优秀的质量管理取得了巨大的效果。1989 年 12 月，轻工部主办的全国最优最劣售后服务单位评选活动中，青岛海尔以总投诉率为万分之零点四六、全国同行业第一的优异成绩获"双龙杯"奖。1990 年，海尔集团又获"国家质量管理奖"和"全国十佳企业优秀管理金马奖"。如今，海尔已经在国际、国内获得各方面的肯定和公认。海尔在国际竞争中 10 次中标，海尔是我国最先获得国际认证的家电企业，并获得美国、德国、加拿大等国家的各种认证。

（二）利用一切时机，进行企业形象的传播，巩固形象

巩固时期的形象传播活动有两种方式：低姿态传播方式和高姿态传播方式。

（1）低姿态传播方式是通过各种媒介，以较低的姿态，持续不断地向社会公众传送企业的信息，使企业形象潜移默化在公众的长期记忆系统中，一旦需要，公众就可能首先想到你、接受你。如节假日的宣传推广活动、大型建筑物上的霓虹灯形象宣传牌、参与社会活动等。

（2）高姿态传播方式是通过各种媒介，以较高的姿态传播方式，以求在公众心目中强化原有的形象。如举行盛大的周年庆典活动。

案例 9-3

"三菱电梯"与"三菱娃娃"

1988年的元旦前夕,上海三菱电梯公司举行了别开生面的周年庆典活动:凡在1987年1月1日出生的上海市婴儿都可得到三菱公司的一份生日礼物,前50名还可得到由公司总经理亲自赠送的礼品,这些婴儿将成为"三菱娃娃",三菱公司将在他们今后的成长道路中给予关心,优秀的学生将获得"三菱奖学金",成人后将优先成为三菱员工。

案例分析: 如此用意深远、充满情感的周年庆典活动产生了很好的新闻效应和社会效应。

第二节 企业形象的更新

企业形象的更新是通过内在企业理念、领导者观念、员工素质、质量水准和名牌产品的外观等方面的更新提高来完成的。

一、企业理念的更新

企业形象是以企业理念为内涵而建立的。企业理念要随着企业的发展、进步而不断地加以调整、修正,以创造出最能体现企业精神、企业价值观、企业目标的企业观念,最能征服公众的企业形象。虽然对企业理念的丰富、补充过程是十分艰辛的,但企业理念的更新带给形象的升级,就像人们刚刚发现原子弹的威力一样,是不可估量的。因此,企业理念的丰富是企业形象更新的基础。康佳集团正是因其不断更新的企业理念使企业不断有新的活力产生,使企业不停地向前发展。

案例 9-4

20世纪80年代初,康佳提出了"爱厂爱国、遵纪守法、团结协作、好学上进"的企业理念,强调团队精神和奉献精神。这激励康佳人在早期的市场竞争中求生存、求发展,随着改革开放的深入,1986年康佳对其理念进行了更新,提出了"质量第一、信誉为本;团结开拓、求实创新;员工至亲、客户至尊"的理念文化,充分表现了强烈的市场观和人的主体性,使员工在各种企业活动中受到了尊重,找到了友爱,增强了员工的归宿感,调动了员工的积极性、创造性,为企业发展找到了内在驱动力,使康佳集团进入第一次腾飞期。到了1995年,为了在激烈的市场竞争中获胜,康佳再次更新了其理念:"康乐人生、佳品纷呈",即为企业内外公众健康快乐的生活,不断奉献优秀的产品与服务。它体现了员工为社会的服务,这种个人价值的实现与企业的发展、社会的进步相统一的理念,反映了企业由生产型向经营型转变的新特质。康佳经过不断更新而形成的适应社会需要的新理念,培养了现代康佳人"爱国家、爱康佳"的康佳精神;树立了"我为你、你为他,人人为康佳、康佳为国家"的康佳风格;营造了"情感留人、待遇留人、事业留人"的康佳环境,为康佳集团成为中国彩电行业的龙头起到了巨大的推动作用,为康佳集团的国际化奠定了良好的发展基础。

案例分析: 由康佳公司的案例可以看到,企业理念的更新可以使企业定位、形象焕然一新,更受公众欢迎,也可以使老企业焕发生机,形象与时代同步。

二、领导者观念的更新

约翰·奈斯比特在他所著的《亚洲大趋势》中指出:"当代亚洲的强大与崛起,将造就一代企业巨人。他们将重塑现代人的灵魂,在唤醒个性意识,树立坚定信念和倡导苦干与献身精神方面,他们将以先驱者的姿态出现。"这些"巨人"就是现代企业朝气蓬勃、不断奋进,具有新思想、新观念的领导者。他们就是企业形象更新的核心主宰,他们决定着企业形象更新的方向和前途。因此,他们是否具有新的观念,是否从旧文化中脱胎换骨都直接影响着企业形象的更新。

案例 9-5

日本大型企业川崎钢铁公司就是在其领导者的不断改革下发展其企业形象的。西山弥太郎作为川崎钢铁公司首任总经理,"长期执政"达 16 年之久,他的积极进取精神,冲破阻力不断开拓的企业作风,曾给当时的日本经济界留下深刻的印象。然而,随着公司规模的不断扩大,川崎钢铁公司的形象及企业文化反倒越来越淡漠了。公司在一次对子公司内 7 000 多员工进行公司形象的民意测验中发现,子公司大都对川崎钢铁公司没有太深印象。这一结果让公司的领导八木靖浩十分惊讶,他决心对原有企业文化进行更新,重塑公司形象。他以原企业文化中的那种开路先锋为基础精神,以力求创新、加强团结、尊重信赖、自由开放、不断上进为主要内涵,形成企业的新名牌文化。八木靖浩不仅亲自通过卫星通信网向分布在日本各地的子公司员工宣布了川崎钢铁公司的新的企业文化体系,而且还以开放的形式向社会介绍了"谋求不断发展、与时代同步、革新经营"的新的企业文化理念。在更新后的名牌文化的支撑下,企业员工心往一处想,劲往一处使,不但重塑了企业良好的社会形象,而且也大大提高了企业的认知度和美誉度。

三、员工素质的提高

被世界企业界誉为"经营大王""企业家之圣"的松下幸之助在总结其经营文化精华时说:"事业的成败取决于人""没有人就没有企业"。日本顾客在评价松下时提出:"别家公司输给松下电器公司,输在人才运用上。"可见,企业的人才——高素质的员工是企业发展、企业形象更新的主要推动力。因为一个人的能力是有限的,只靠领导者一个人的智慧指挥一切,即使一时取得了惊人的发展,也肯定会有行不通的一天。所以,发挥全体员工的智慧,运用全体员工的力量才是企业形象永葆青春的根本。

员工素质的提高首先要注重对其思想观念的引导、更新。"一切美好从今日开始"是广东今日集团的主体理念。这个理念引导了今日人致力阳光下的事业——为孩子们生产、开发各种不同的饮品,以他们的健康为己任,以他们的快乐为回报,以此发展自己独特的企业形象,使企业形象不断更新。

提高员工素质的另一个重要方面就是专业素质的提高。过硬的质量是名牌延伸的前提,只有良好的专业素养,才能保证形象的质量。许多国际知名的大企业就十分重视人才的培养,把这看成企业发展、文化延伸的保障。

> **案例 9-6**
>
> 松下电器公司总部设有教育培训中心,下属八个研修所和一个高等职业学校,分别培养不同层次、符合不同要求的人才。中央社员研修所,主要培训主任、课长、部长等领导干部;制造技术研修所,主要培训技术人员和技术工人;营业研修所主要培训销售人员和营业人员;海外研修所主要培训松下在国外的工作人员和国内外贸人员;在东京、奈良、宇都宫和大阪四个地区的研修所,主要负责培训地区工作人员。高等职业学校负责培训刚招收进来的高中毕业生。为了不断提高员工的专业素质,松下电器公司还有内留学制(即技术人员可以自己申请、经公司批准,到公司内办的学校或培训中心去学习专业知识)、海外留学制(即定期选派技术人员、管理人员到世界各地去学习)等一系列培养人才的计划。这既为公司的发展储存了后备军,也为企业形象更新提供了必要的条件。

四、质量水准的提高

产品都有特定的生命周期。如果一味死抱原产品不放,最终必定被市场淘汰。上海名牌奶糖"大白兔"早就进入了美日市场,然而渐渐地,"大白兔"不受欢迎了,在琳琅满目的糖果市场上消失了。因为一成不变的老配方、老味道、老形象、老包装根本无法跟上市场的变化和产品换代的需要。中国消费者是能感受到日本名牌电器的换代速度的,像索尼、东芝、日立、松下、夏普等,每年都会推出几款新品和几种新型号,令消费者时时感到其形象的更新。

企业形象要巩固、更新,其产品必须要建立在一定的档次之上,否则就会影响形象的巩固、更新。像江苏盐城的燕舞集团,在 20 世纪 80 年代初,其收音机、收录机曾非常有名气,也称得上是中国名牌了。然而,市场调查显示燕舞牌产品的认知度高,美誉度、和谐度低,产品返修率高,档次比较低。这对于企业形象来说无疑是危险的。果然,20 世纪 80 年代中后期,燕舞"消失了"。但 20 世纪 90 年代中期,档次较高的燕舞音响再次进入市场,给人耳目一新的感觉。

产品质量的创新,不仅可为企业带来滚滚的财源,也可巩固企业形象,加速形象更新,为企业形象的丰富、提升起到良好的推动作用。

五、名牌产品的外观更新

企业形象外观的更新也就是从包装到品位上的更新。一味地墨守成规、数年如一日,只能让消费者对其形象产生厌倦感,这是企业形象更新中的大忌。因此,更新形象是企业得以持久发展的关键,而形象更新又是创意的更新。一个形象创意的更新是否成功,主要取决于消费者的认同度,即公众对形象的心态。在市场经济条件下,公众就是市场,公众心态就是消费者对形象更新的要求。只有符合了公众心态的需求,才能得到公众的认同,才会拥有市场,企业形象更新也才能为企业带来光明的前程。企业形象外观上的更新主要包括包装上的改良和传播内涵的更新。包装是企业形象最直接的外在形态。随着企业形象的更新,与公众的要求相适应,包装要精心设计、精工制作,使包装文化、使用质量和消费效益达到"尽善尽美"。

早年在英国市场上畅销的两种封闭式铁皮包装的沙丁鱼罐头,一种是英国生产的,一种是葡萄牙生产的,但开启罐头时都十分困难。葡萄牙生产厂家首先改良了外包装,使用了拉环式开启包装，这使顾客不用任何工具就可以打开罐头，十分方便。这种外观的改良一下子吸引了更多的消费者，特别是爱吃沙丁鱼而又怕麻烦的消费者。这样，不仅开发了潜在市场，而且也把没有进行外包装改良的英国厂家挤出了市场，争取了更多的消费者，为葡萄牙厂家的生产和发展打开了光明的前途。

1993年春天前，法国白兰地生产厂家一改过去的酒瓶外观，把高档酒干邑白兰地装入一只定价310元的公鸡造型的玻璃瓶，推向中国市场。这年正是鸡年，这一改良后的外观引起了人们的注意，成了无声的推销员，激发了人们购买的欲望。许多顾客在货架上看见它后，都喜不自禁地争相购买。这种干邑白兰地成为鸡年人们探亲访友的首选礼品。无独有偶，马爹利公司在1994年年底也推出一种经过改良的瓶装酒。这种前所未有的酒瓶以24K纯金装饰，内装"马爹利金酒"。这种超豪华的包装象征着马爹利公司悠久的历史和非凡的造诣，在市场上大受消费者的欢迎，为公司的发展开辟了新路。

企业形象的外观改良使其外观更具个性、更有特色、更富内涵，也更能适应消费者的各种需求。满足了这些需求就等于开发了新市场，等于为企业的发展壮大铺平了前进的道路，为企业形象的传播、名牌产品的创立提供了广阔的天地。海阔凭鱼跃，天高任鸟飞。企业形象外观的改良创造了需求，也创造了企业的辉煌。

第三节　企业形象的矫正

当今世界危机四伏，天灾人祸频频发生，企业形象时时有发生危机的可能；加之现代媒体的高度发达，企业任何不良状况的发生几乎同时可以传播到世界各地的公众中，所以企业形象的危机管理刻不容缓，不论是形象的危机处理还是危机预防都显得非常重要。企业形象在发展中常常会遇到因自身失误损害了公众利益，导致了公众的不满，或公众对企业的认识不够全面有所误解，从而影响企业的认知度和美誉度，影响了企业的形象，此时就必须对形象加以矫正。

企业发展处于危难之际，形象面临严重挑战和损害，企业岌岌可危，企业处于公众舆论的极大关注中，这时，我们还是要通过传播与沟通，澄清事实，采取有力措施，挽救企业、挽救形象。

一、形象危机的特征

形象危机有很多特征，主要表现在以下几个方面：

1. 突发性

危机事件一般是在企业毫无准备的情况下突然发生的。这些事件容易给企业带来混乱和惊慌，使人措手不及，如果对事件没有任何准备就可能造成更大的损失。

2. 难以预测性

企业所面临的危机往往是在正常生产情况下难以预料的，它在某种程度上具有不可预测性，会给企业带来各种意想不到的困难。特别是那些企业外部的原因造成的危机，如自然灾害、国家政策的改变、科技新发明带来的冲击等，它们往往是企业始料不及并难以抗拒的。

3. 严重的危害性

形象危机，会对企业、对社会造成相当的损害。对企业来说，它不仅会破坏目前的正常生产秩序，使企业陷入混乱，而且还会对企业未来的发展、经营带来深远的影响，特别是发生了有人身伤亡的事故之后。从社会角度看，企业危机会给社会公众带来恐慌，有时还会给社会造成直接的物质损失，如产品不合格或是机毁人亡的事故，抑或污染公害，给人造成终生残疾或对生态环境造成不可逆转的破坏。

4. 舆论的关注性

现代社会，大众传播十分发达，企业危机常常会成为舆论关注的焦点、热点，成为媒介捕捉的最佳新闻素材和报道线索。有时候它会牵动社会各界，乃至在世界上引起轰动。所以说危机给企业带来的影响是非常深刻和广泛的。

二、形象危机的类型

常见的危机事件有重大工伤事故，意外性的火灾、偷盗、抢劫，消费者因权益受到损害的抱怨、投诉甚至起诉，舆论的负面报道，员工情绪强烈对立，因企业自身行为损害社会利益而受到的舆论攻击（如环境污染），以及被故意陷害、中伤等（美国强生公司的泰莱诺尔事件就属此类）。形象危机具体可分为以下五种类型。

1. 企业自身行为损害社会利益而引起的危机

例如美国联合碳化物公司的印度博帕尔邦毒气渗漏事件，苏联切尔诺贝利反应堆泄漏事件，及近年我国一些地方化工厂、造纸厂违规排污，造成周边区域水污染等事件。

随着人们生活质量的提升，对卫生、环保、绿色的要求日趋强烈，一旦社会企业在追求自身利益过程中，不注意公众、社会利益的保护，那也就是站在社会的对立面上，肯定要受到社会舆论的谴责和惩罚，而解决问题的唯一途径就是社会企业充分重视社会利益，并积极承担自身应尽的社会责任，事先采取积极有效的手段，减少企业在发展过程中对社会利益的损害。一旦事发，亦应迅速采取积极有效的手段，并在事后着重考虑如何设法补偿社会的损失、挽回企业的声誉，维持与社会公众的良好关系。正所谓解铃还须系铃人，一味地隐瞒事实真相，甚至置社会利益于不顾，结果只会是自取灭亡。

2. 意外灾难性事件而引起的危机

如 1990 年厦航飞机在白云机场发生的撞机事故，杭州著名购物中心天工艺苑火灾事故等。一般来讲，这类事故属于天灾人祸，企业主体的直接责任不大，关键在于处理是否及时、得当。因此，此类事故的处理要求：一是尽快做好抢救和善后工作，以最大限度减少事故带来的人身安全与财产设备损失，使受伤害的公众及社会有关方面感到满意，并对企业这种主动、认真、负责的行为表示理解与认同；二是及时做好舆论报道工作，将事实真相告诉给公众，消除谣言造成的危害，确保危机的处理有一个公正、有利的舆论环境。著名危机管理专家诺曼 R. 奥古斯丁曾说道："我自己对危机的最基本经验，可以用 6 个字概括'说真话，立刻说'"。

3. 企业内部原因引起的危机

如生产假冒伪劣产品，或产品中含有影响消费者健康的不合格成分以及企业内部员工行为损害消费者利益等。这类事件的直接后果是与消费者的直接对立，会使企业形象和产品形象受到直接致命的打击。如南京冠生园陈馅月饼事件、安徽阜阳劣质奶粉案等。

4. 舆论的负面报道引起的危机

这种负面报道有两种情况：一种是对企业损害社会利益行为的真实报道，如违章排污、生产的产品有质量问题或不符合卫生标准、内部员工有伤害消费者的言行等；另一种则是对企业情况的失实报道，它往往是由部分公众向媒体的投诉而引起的，也有部分是因为企业与传媒界的个别记者交恶而受到中伤。

传媒的舆论导向作用是非常显著的，在某种程度上讲，传媒宣传还起到树立某种社会评价标准的作用，往往直接影响着民众对某种社会现象的评价态度与关注程度，在美国，人们将舆论视为司法、立法、行政三权之外的"第四权力"，因此对任何一种舆论的负面报道，都必须引起足够的重视。

对前一种负面报道，企业的行为是，首先以负责的态度向公众表明对此类事件的改正决心，并主动采取行动，解决引起负面报道的有关问题，并对因此类事件而受到伤害的目标公众给予某种补偿，再进一步告诉公众，企业本身将以此为鉴，在内部制度健全、员工素质教育及外部承担社会责任各方面，完善下一步计划与决策安排。对后一种负面报道，则应以严正的态度，用最有说服力的证据如专家鉴定、权威部门评议、各类证明等，通过舆论告诉公众，进行公开驳斥，并利用包括新闻发布会、公开声明等手段进行正当的商誉防卫，抑制谣言误导，还企业及相关产品以清白。

5. 竞争对手或个别敌对公众的故意破坏而引起的危机

如"泰莱诺尔"事件，此类危机由于是人为恶意破坏，往往会对公众造成某种严重恶果，如某地一小学发生个别职工因对学校领导不满而故意在饭菜中投毒，使大批学生中毒这种恶性事件，作为当事的企业，第一反应不是为自己如何辩护，而应迅速采取举措，抢救受害公众，最大限度地降低人身危害程度，同时完善、强化企业内部管理和相关产品的安全保护措施，争取以真诚的态度求得公众的谅解与支持。

三、危机的内部成因分析

除自然环境因素、社会环境因素之外，许多危机的产生根源在企业内部，即往往是因为内部的管理体制或人员素质导致问题演化成危机，具体有以下几个方面。

1. 管理者公关理念淡薄，缺乏危机管理意识

在现代企业中，还有相当一部分管理者没有正确的公共关系理念，对社会利益、社会责任的认识仍停留在口头上，在企业利益与社会利益相矛盾时，首先想到的是如何维护企业自身利益，忘却了"皮之不存、毛将焉附"的道理，以致危机发生之前，不知道"患忧"，发生之后，想方设法要"置身事外"，使问题演变成一场危机。

案例 9-7

1998年2月21日,济南市七大商场(省华联、市华联、百货大楼、银座、人民商场、大观园、中兴)以"售后服务质量不好"为由发出倡议,联合拒售"长虹"电视,此事一经传媒报道、转载,在全国范围内引起议论,上交所"长虹"股价当天就下跌10%以上。"长虹"这个中国彩电业的龙头老大形象严重受损(到2000年下半年"长虹"的老大地位已被"康佳"所取代),其彩电的质量及服务投诉,不能得到厂家及时解决,按服务承诺制要求只能由商家自行承担,在多次要求、督促无效后仍不得解决,无奈之下,七大商场发起了该次拒售行动,从而引发了人们对"长虹"产品质量的疑惑。

2. 企业自身决策违背公关基本原则要求

在现代社会,企业的决策与行为应自觉考虑到社会的利益,"与公众共同发展"。如决策背离公众和社会环境的利益与要求,就有可能使企业利益目标与社会利益目标相对立,从而引发公众对企业的抵触、排斥和对抗,使企业陷入危机之中。

3. 企业人员素质低下,行为严重违背企业宗旨

企业人员包括管理人员和一线员工两类,就管理者而言,现阶段我国的企业管理者已逐步向职业化过渡,但仍有不少企业内部管理者,纯粹靠经验、习惯甚至关系行使其管理职能。对内缺乏感召力和凝聚力,不能激发员工的工作潜能;对外缺乏企业形象意识与公众权益意识,对公众的正当权益要求置若罔闻,甚至粗暴对待公众,以致引发企业形象危机。就员工而言,员工的工作特性已决定了他(她)们是企业形象的直接代言人,许多公众也是通过与一线员工的直接"对话"才对企业有了总体印象。其中员工服务素质优劣、服务能力强弱就直接关系到公众对企业的认同程度,往往个别员工的粗暴行为就会给企业形象带来恶劣后果。如北京国贸中心惠康超市的员工强行对两名顾客搜身;沈阳商业城店员手持电风扇殴打顾客;宁波南大连锁超市公司保安殴打孕妇等一系列恶性事件的发生,轻则使企业陷入民众谴责、舆论曝光的困境;重则直接影响企业的生存。

4. 没有建立正常有序的传播沟通渠道

许多企业在传播沟通意识上还存在两大"盲目点":其一,无限制扩大企业机密范围,不是奉行事无不可对人言,而是追求事事保密、层层设卡,唯恐公众知晓企业决策内容。更有一些企业,甚至不让员工知晓内部有关信息,这种视公众为敌人,视员工为愚民的行为又怎么能使员工对企业忠诚、公众对企业理解?其二,只知道信息的单向发布,不知道信息的及时反馈,如在广告投入上,有多少企业对广告效果做过科学测评呢?闲时图轻松,急时乱投医,一旦危机发生,谁都不知道发生的程度如何,公众的知晓状况如何,行动程度如何,媒体的态度又是如何。第一手信息资料缺乏,危机又怎么能得以有效控制呢?

四、形象危机的矫正步骤

第一步:要及时处理。形象危机的发生如同发生火灾,矫正形象就如同救火,时间性是非常重要的,直接关系到形象挽救的成败。

第二步：查明原因。要充分、细致地调查原因，以分清责任，制定处理方案。

第三步：澄清事实。要把事情的真相、发生的原因告知公众，疏通信息沟通的渠道，使公众得到真实、准确的信息。

第四步：知错就改。发现企业自身错误就要马上、彻底地改正，对已造成的损失尽一切可能弥补。即使付出巨大代价也要在所不惜。

第五步：重建形象。危机过后形象受到重创，我们要采取一系列的方法进行形象的重建，重新恢复公众对企业的信任，恢复企业原有的美好形象。

五、形象矫正的关键

形象矫正的关键是充分运用公共关系传播与沟通技术达到对舆论的有效管理。

（一）传播与沟通的任务

（1）制造舆论，告知公众。公共关系的传播功能首先在于"告知公众"，即向公众宣传、说明和解释企业的有关观念、政策和行为等，争取公众的了解、理解和信任，促使公众的认同和接受。这是一种为企业制造和形成社会舆论的工作，也是公共关系传播与沟通的最基本的任务。

（2）强化舆论，扩大影响。公共关系就是要运用各种现代传播媒介加强公众对企业的印象，深化公众对企业的了解，提高企业的社会知名度和美誉度，获得公众的理解、信任和认同，为企业及其产品树立形象，扩大影响，为企业的生存和发展壮大创造条件，这也是公共关系传播与沟通的主要任务。

（3）引导舆论，控制形象。公共关系传播与沟通的任务还在于调节企业的信息输出量，引导公众舆论向积极有利的方向发展，为企业创造一个与其目标相适应的、和谐的外界环境。并且根据公众的舆论反馈，调整和修正企业行为，纠正舆论误解，扭转被动局面，控制并重新树立企业的良好形象。

（二）传播与沟通的技巧

（1）信息传播内容要正确。信息是客观事物所固有的反应特性，是客观事物相互联系、相互作用的一种形式。信息的内容总是客观的，这种客观的信息是企业借助传播与沟通实现其目的的前提条件，信息的客观性是传播和沟通的最基本的要求。因此，在传播和沟通过程中，信息内容要尊重客观事实，如实反映事物的本来面目。切忌人为地添加、拼凑或歪曲篡改，从而造成传播和沟通信息的失真和变异，使公众产生认知上的障碍，从而损害企业形象。另外，在传播和沟通的过程中，要根据公众的不同特点，有针对性地传播和沟通信息。换句话说，就是在传播和沟通时，要准确了解公众，为不同的公众准确地提供其所需要的信息，提高信息的保真度。这样，传播和沟通才能达到预期的目的，才能长久地为企业宣传形象服务。

（2）信息传播时间要及时。信息是运动的，它是事物实现普遍联系的运动中介，它广泛地存在着。要使这些运动着的信息为企业服务，传播和沟通信息就必须及时。否则，过时的信息就没有其利用价值了。一方面，现代社会处于知识更新、周期缩短、信息瞬变、节奏飞快的时代，每时每刻都有许多重大信息出现，这需要企业及时向公众进行传播，让公众及时知晓，引起其心理和行为的反应。另一方面，企业为了在公众中树立其良好形象，特别是当遇到企业形象不佳的时候，公共关系的传播和沟通就应根据具体的原因，或者及时诚恳地向公众解释道歉，争取公众的谅解；或者及时澄清事实真相，改变舆论宣传，以重新求得公众的理解和信任，及时恢复企业的声誉。总之，及时地进行传播和沟通，才能保证信息的利用价值，才能保证传播和沟通的实际效果。

（3）信息沟通要有效。信息总是与特定的事物对象相关联的，它总是依附于一定的实体，而且信息与信息之间也总是相互联系的。因此，我们要善于进行相关性分析，找出相关事物之间的变化规律和本质联系，有针对性地开展传播与沟通活动。只有有效的信息沟通才能提高公共关系的效率，这是使公司取得成功的重要保证。所以，企业向公众传播和沟通信息时，要具体分析企业所面对的千变万化的公众，根据不同公众所需的信息内容和侧重点，对信息进行加工和整理，有选择、有针对地进行传播和沟通，提高信息的有效度。

（4）信息沟通方式要新颖。所谓新颖，就是信息要有新内容，传播和沟通要有新方式，要在灵活运用的基础上举一反三，由一种传播和沟通方式创造出更新的、更有效的传播和沟通方式。因为在高度发达的现代社会里，新颖的信息传播沟通方式可以更好地满足公众的需要，增强传播和沟通的实际效果。同时，新颖也体现了企业对公众传播和沟通的信息内容的深刻把握和及时运用，是对传播和沟通适应时代特点的新要求。作为公共关系从业人员，必须把握新颖的传播与沟通技巧和方式，使传播和沟通职能充分为公共关系服务。

案例 9-8

法国"碧绿液"的眼泪

有一天你或许会踏上法国的国土，走进那富丽堂皇的宾馆，你一定会在餐桌上看见这么一个小小的瓶子，圆肚细颈，翠绿色晶莹剔透，独特的装饰相当引人注目，这便是法国享誉盛名的"碧绿液"矿泉水。在法国，矿泉水是其主要生产的饮料，产量在世界排名第一，而碧绿液正是其中的佼佼者，素有"水中香槟"之美誉。"碧绿液"年产10亿瓶，其中有60%销往国外，在美国、日本和西欧其他国家，这种绿色小瓶已经成为法国矿泉水的象征。

可终于有一天碧绿液"哭了"，那是在1990年的2月初。在美国，食品及药品监督管理局在每年例行的检查中发现，在一些"碧绿液"矿泉水中含有超过规定2~3倍的化学成分——苯，这是一种长期饮用会致癌的物质。

这一消息对"碧绿液"无疑是致命的，因为"碧绿液"的美国市场是如此之大，自1976年进入美国，它便首先得到了运动员的喜爱，接着又被热于体育的美国人所认可，第一年销售了300万瓶，第二年就达到了2 100万瓶。到了20世纪80年代初，英国矿泉水市场有85%被"碧绿液"占领了。以后公司根据美国人的口味又创立了"果味矿泉水"，深受美国人的欢迎。1988年，"碧绿液"的销售额超过了5.5亿美元，面对如此庞大的一个市场，法国人怎么甘心轻易地失去呢？

可是如今遭到这突如其来的威胁，产品的信誉一夜之间一落千丈。面对"碧绿液"的困境，公司总裁采取了一个令人咋舌的行动。在报纸宣布"碧绿液"含苯这一消息的第二天，他召开了记者招待会，宣布召回2月9日以前出厂行销世界各地的全部"碧绿液"矿泉水，并当众销毁。在记者招待会上，不少记者对这一看似大动干戈的行为提出了疑问。他们提出：这次在美国发现的不合格矿泉水充其量只有10瓶，而且所谓含苯高，并不至于造成比吸烟更甚的危害，何必如此做呢？公司总裁勒万回答得好："我们要让公众感受到的是超一流的服务，绝对纯净的碧绿液，我们绝不能允许顾客对我们产品的质量和形象抱着丝毫的怀疑，否则我们将信誉扫地。"

商界人士称碧绿液的这一行为是疯狂之举，但这的确是鼓足顾客信心的一支强心剂。公司的这一敬业精神得到了法国政府的赞许，并赢得了美国甚至全世界的关注。第二天，股票交易所内公司的牌价在猛跌16.5%以后又反弹了2.5%。

接着，勒万便根据着手调查的结果，向公众宣布，这是一项人为的技术事故，问题主要是由于净水处理器滤水装置没有定期更换，造成滤水能力下降造成的，同时向公众公布了详细数据。

这就向公众证明这不是由于水源污染造成的，只要在装备上加强管理，"碧绿液"将依然以纯净的面目出现。在记者招待会上，公司便当场宣布了对滤水系统做出新的技术处理的重要措施。

这场风波过后，"碧绿液"重新上市。为了巩固市场，赢得消费者对"碧绿液"的信心，恢复其信誉，当天，巴黎所有报纸杂志都登了整整一个版面篇幅的广告，画面上画着一只巨大的绿色玻璃瓶，在瓶口下端的商标上印着"新产品"的鲜明字样。在广告的左边是几行清晰的小字，上面写道："出于对产品质量的追求和对消费者的尊重，我们加强了技术管理以保证其纯度，'新产品'这个标记就是这种纯洁度的象征。从今天起，顾客就可以买到它。"

同一天，运往世界各地的"碧绿液"也上了货架，由于几天的消失，霎时造成了一场抢购风。在美国纽约，法国驻纽约的总领事馆内举行了"碧绿液"重新投放市场的招待会。那些被公司异乎寻常的行为弄得吊足胃口的报纸、电台、电视台的记者蜂拥而至。招待会上，重新公布了对"碧绿液"新产品进行抽样调查的结果，美国分公司的总经理当场仰首痛饮"碧绿液"，这张巨幅照片第二天便出现在各大报纸上。

同时，"碧绿液"还展开了新的广告攻势。电视屏幕上，观众可以看到一个白色的背景，一只绿色的小玻璃瓶，一滴水从瓶口沿着瓶身流下了，犹如眼泪一般，"碧绿液"好似一个受了很大委屈的女孩在呜咽低泣。画外音一个父亲般的声音娓娓地劝慰她不要哭，"我们仍旧喜欢你。"女孩的声音答道，"我不是在哭，我是高兴啊！"这则广告清新自然，充满人情味，更耐人寻味。

事实证明，碧绿液公司采取的这一系列公关活动效果很好。在美国，大约有84%的消费者仍热衷于"碧绿液"。

案例分析： 当一个公司的经营遭受打击时，维护其信誉往往是其倾全力犹不及的大事。"碧绿液"公司在面临形象危机时通过及时、有效、准确、新颖的公共关系矫正，度过了形象危机，所作所为令人惊叹，成为形象矫正的一个范例。

综合案例

事件名称：新媒体让百年老铺焕发青春，新技术将同仁堂带到消费者身边
执行时间：2014年5月至10月
企业名称：同仁堂健康集团有限公司
品牌名称：同仁堂健康
代理公司：恩普勒斯
参评方向：数字营销

一、项目背景

拥有300多年品牌历史的同仁堂，在全国拥有40多家医馆，2 000多家直营门店，并拥有上百万会员。同仁堂在医疗方面的专业形象拥有极高的知名度和美誉度，而作为现代健康产业综合运营服务商的形象则极少有人知晓。健康养生产品目前占据"同仁堂健康"营收的绝大部分，若不能在其品牌方面有良好的提升，势必在未来限制其业务的发展速度。

作为百年老字号品牌，同仁堂品牌形象与普通客户之间有一定的距离感，目前核心消费群体年龄偏大，随着消费群体的年轻化，如何拉近客户与品牌之间的距离，重新焕发品牌活力，赢得更多年轻客户群体也是同仁堂面临的一个挑战和机遇。

同仁堂的品牌传播和客户服务方式都较为传统，同时在互联网快速发展的几年里也并未尝试过品牌传播和营销模式的创新，然而随着移动互联网的发展及用户消费习惯的转型升级，同仁堂开始进一步思考如何通过新媒体与新技术拓展品牌外延及服务外延，从战略层面思考如何推动企业数字化升级，充分整合同仁堂自身资源，实现自身品牌传播和营销模式的创新，进一步推动企业数字商业战略。

二、项目调研

（1）营销模式较为传统。过去"同仁堂健康"营销均以传统广告和门店促销形式实现自身的品牌宣传和口碑传播，以季节性促销为主，品牌宣传渠道也相对单一，亟须创新自身营销模式并开阔品牌传播思路。

（2）自身资源丰富却较为松散。同仁堂拥有众多门店、医馆和医生资源，还有上万名员工，但并没有实现有效的整合，进而实现更多有价值的客户服务和价值挖掘，如果能够通过创新方式方法实现自身渠道资源的有效整合，可以全面提升其自身竞争力。

（3）线上渠道建设刚刚开始起步。在过去几年，同仁堂错过了互联网的发展大潮，而在移动互联网发展趋势下，如何构建更多自媒体及线上渠道拓展是"同仁堂健康"的工作重点，但目前还较为薄弱。

（4）会员服务体系较为传统。同仁堂过去积累了上百万会员，但因其会员服务体系简单，随着客户信息接触习惯和服务需求的升级，传统的服务模式已经不能满足客户需求。过去数百万客户多以手机短信留存为主，而今天随着微博、微信平台的发展，大多数用户变为沉睡客户，并不能实现品牌和客户之间的有效连接和互动，如何依托移动互联网重新构建并打造自身社会化客户关系管理体系，是"同仁堂健康"实现服务创新的突破点。

三、项目策划

1．目标

① 提升"同仁堂健康"品牌知名度及美誉度；②构建自身移动服务平台，拉近品牌与客户之间的距离；③整合全国医馆和门店渠道资源，打造O2O营销体系，推动营销模式转型；④推动企业内部全员营销，打造自身社会化全员营销模式。

2．策略

（1）通过微信服务号和订阅号分别构建自身服务营销与内容营销平台，强化用户黏性。

（2）通过LBS创新技术手段，实现全国门店数据及渠道通路整合，构建O2O营销体系。

（3）通过系列互动营销活动吸引更多潜在客户，并实现对门店的导流销售促进。

（4）打造积分系统，推进企业内部全员社会化营销，同时推进老客户的分层级客户关系管理及口碑营销。

（5）充分利用新媒体与新技术实现内部资源整合及渠道服务和营销模式创新，全面拉近品牌与客户之间的距离，实现品牌价值最大化。

3．目标受众

（1）"同仁堂健康"新老客户。

（2）健康养生爱好者及关注者。

（3）"同仁堂健康"企业内部员工。

4．主要信息

（1）同仁堂健康，服务就在你身边。

（2）用科技诠释传统，用科技续写辉煌。

（3）别人关心你有没有生病，我们更关心你健不健康。

5．传播策略

（1）通过常规服务和内容化营销及会员中心的传达实现老客户的精准告知。

（2）通过系列互动游戏及创意主题活动的方式快速拉动粉丝增长。

（3）通过全国门店海报和门店业务人员的配合实现精准客户线上导流。

（4）借助其他社会化精准垂直媒体进行外延扩散及口碑传播。

（5）依托全员营销线上积分体系，从员工开始对外口碑扩散。

四、项目执行

首先通过微信服务号构建自身客户服务与营销平台，实现"同仁堂健康"品牌展示，以及老会员的服务和沟通；通过一系列营销活动将同仁堂老会员进一步导入官方微信服务号，实现原始粉丝积累和忠实粉丝的培育；逐步推进客户的导入，同时通过微信平台创新服务功能，依托LBS技术将同仁堂全国上千家门店进行数据整合和渠道整合，从5月份开始，分别在端午节、"世界杯"、中秋节期间策划多次线上线下整合营销活动，将线下门店精准客户导入线上微信平台，同时依托线上互动创意活动将客户导入门店，并通过LBS创新功能方便客户便捷地找到身边的同仁堂门店，让客户意识到同仁堂就在身边；上线医馆预约功能，通过服务升级实现营销创新，让客户在体验服务的过程中加强品牌沟通，实现口碑传播，打破传统同仁堂品牌的僵化形象。

在微信服务号拥有一定用户基础的情况下,开通微信订阅号进行健康养生资讯的传播,吸引更多关注健康养生的潜在用户,将"同仁堂健康"领域的专业资讯进行品牌和价值输出,在重大营销活动中整合服务号和订阅号,实现双账号营销配合模式,并在拥有一定内容积累后进一步开发"同仁堂健康"数字杂志,满足同仁堂用户养生资讯获取、购买导流及服务升级的多方位需求。

在整个项目推进过程中,从起初市场中心和会员中心的充分配合,到一系列内部数字营销研讨会的知识分享及跨部门沟通,同仁堂健康企业内部多部门进一步达成了共识,并共同尝试企业内部全员社会化营销,通过微信服务平台,构建员工个人中心,让每一个员工都变成"同仁堂健康"的代言人及营销触手,鼓励员工传播同仁堂健康理念,并将每一次的内容传播和客户导入都进行积分统计,最终变为内部激励措施,有效助力重大营销活动实施过程。

五、项目评估

1. 互动统计

微信服务号粉丝数:46 277人(截至2014年10月24日)

端午节营销活动传播:346 792人次,微信服务号增长粉丝:14 226人

"世界杯"营销活动传播:21 548人次,微信服务号增长粉丝:4 772人

"金九银十"大促营销活动传播:78 756人次,微信服务号增长粉丝:41 944人

通过多次活动先后发放了同仁堂健康礼15 292份,实现门店精准导流,拉动门店销售。

2. 效果评述

随着营销平台系统的建设和完善,通过一系列营销活动的实施,"同仁堂健康"初步建立了线上线下整合营销模式,加之内部全员社会化营销体系的推进,让"同仁堂健康"能够更加便捷和有效地与客户进行连接和互动,极大提升了品牌关注度及口碑。"同仁堂健康"品牌传播人数和关注人数逐步增加,品牌认知度和传播范围不断增大。

3. 媒体统计

外部媒体联动,借助生活、健康、养生、母婴、体育类微博大号、微信红人等,为项目推广分类策划传播内容:选择网络媒体76家,发帖3次,共102篇,点击总数达112 979次,平均每篇点击量为127次;微博转发1 275次,评论338条;微信阅读量15 630人次,单篇每天传播772次。

本章小结

企业形象在定位和设计后,应随着企业的发展而不断进行传播、巩固、更新和矫正。企业形象的传播分为向内部传播和向外部传播两部分。企业形象的更新体现了企业形象与时俱进的特征,我们主要从企业理念、领导者观念、员工素质、产品质量、产品包装等方面进行更新。企业在遇到危机时形象必然受损,形象危机具有突发性、难以预料性、危害性、舆论关注性等特征,我们应采取矫正的方法和策略,要及时处理、查明原因、澄清事实、知错就改、重建形象。

复习思考题

概念题

企业形象传播策略　　企业形象危机

简答题

1. 简述企业形象传播的意义。
2. 如何巩固企业形象？
3. 企业形象更新的方法和策略有哪些？
4. 简述企业形象危机的原因及处理方法。

案例分析题

试分析同仁堂百年老店如何在新时代、新形势下巩固、更新、提升自身形象。

第十章
企业形象 CI 导入效果的评估

> **学习目标**
>
> 通过本章的学习，了解企业 CI 投资一定会得到市场的认同与回报；明确企业 CI 投资所产生的效益有别于其他项目的投资，明确企业形象策划的评估也应从历史的角度来进行；掌握比较系统且可行的企业形象策划的评估体系的建立方法。

任何一个企业进行企业形象策划的投资，无非是期望得到良好的经营业绩。然而，企业形象策划的导入与运作是一个长期的过程，因此，企业形象策划的评估也要从历史的角度来进行。为使企业形象策划的导入与运作效果让企业感知，从理论与实践的结合上，有必要建立一套比较系统且可行的企业形象策划的评估体系。这样，不仅有利于企划成功案例经验的推广，促进我国 CI 的进一步发展，而且有利于企业主管及企业 CI 的工作人员发现企业的成效和不足，使优点继续发扬，也使得问题及时得到解决或处理，对下一步的工作推广和实践进行策略性的调整，以期取得良好的效果与效益。

第一节 企业形象策划效果的评估

一、企业形象策划效果的评估程序

企业形象策划效果的评估是企业形象策划全过程中不可或缺的最后一环。为了保证评估的客观性、公正性和权威性，需要建立一套严密的组织系统和工作程序。具体分为以下 6 个步骤进行。

（一）成立评估小组

评估小组由 5~11 名专家组成，在 CI 委员会的直接领导下开展工作。其职责是领导、组织、协调 CI 策划效果的评估工作，包括制订计划、设定指标体系、人员培训、收集反馈信息、做出经费预算等。

（二）评定评估指标体系

评估小组根据 CI 策划评估指标的通用性和本企业所在行业的特殊性，设定客观、科学而又易于操作的评估指标体系。

（三）收集有关资讯

资讯是客观评估的事实基础。收集资讯必须全面、系统、准确，收集方式可以不拘泥某一种方式。既要注重有形的资料，也不要忽略无形的、流于人们宣传的材料，以便使收集的资料更为翔实。

（四）资讯整理筛选

将所收集的资料进行分类和统计，应用科学的分类方法与统计方法，进行初步去伪存真、去粗取精的筛选，留下有用的资讯。

（五）根据评估指标进行计算分析

对上述统计结果，按事前设定的评估指标进行计算、分析、比较，从而得出 CI 策划效果。然后根据评估的效果进行分析并拟订鉴定意见。

（六）结论公布

将评估的结论反馈给 CI 策划委员会，并予以公布。对评估结果较差的策划部分，评估小组根据评估中的情况提出改进、调整意见。

二、企业形象策划导入的经济效益评估

企业是一种营利性的组织，企业的任何活动，尤其是经济活动都是以获取经济利益为最终目的的，所以，企业的任何一项投资都必须考虑到其成本和收益之间的关系，以确保在相对稳定的历史时期内，其收益大于支出。经济效益评估的具体步骤如下。

（一）CI 导入与运作成本的计算

在这里，将 CI 工作分为导入期和运作期，导入期是提出 CI 导入，进行导入实施（含调研、创意、设计、策划等），直至导入结束的时期。这通常需要一年左右的时间；运作期为 CI 导入以后的实施过程，包括传播工作、广告活动、公关活动和产品促销活动等，这一时期持续的时间通常较长，但一般成本投入均以一个经营年度为计算周期。

我们将年度支出的 CI 总成本确定为 C（Cost）。其具体成本内容包括：

1）企业实态调研费、咨询策划费、创意设计费，记作 C_1。

2）相应的员工投入价值，含教育培训（企业培训、国内培训、国外培训）、实施工时费用等，记作 C_2。

3）企业 CI 的实物投入和损耗，含统一行为识别物的制作、视觉识别系统的制作、各种手册的印刷费等，记作 C_3。

4）导入后的各项推广工作，含广告、公关、媒介传播、促销等支出，记作 C_4。

其中第一项支出 C1 为企业 CI 导入费用，该部分费用具有可控性，且容易核算，它在投资形态中由于表现为一次性投入，所以在 CI 导入期，CI 投资额度会很大。

第二项支出中，教育培训费是单独的投资，比较明确。而实施工时由于很容易和非 CI

的工时混淆，所以我们暂且将超过一般工时的费用记入 CI 成本之中。

第三项支出以实物形式实现，只需计算原始的制作成本，很容易核算。

第四项中的第一项支出，企业都可以单独预测、分项支出，所以也是容易控制且容易核算的。

通过上述分析，我们知道 CI 的总成本为

$$C=C_1+C_2+C_3+C_4 \quad ①$$

（二）企业 CI 的运作收益计算

1. 直接经济收益与间接经济收益

企业实施 CI 战略的主要收益来自两个方面：一方面是企业直接经济效益的提高，表现为销售额中利润率的上升。这是 CI 导入与运作后，直接信息传递所带来的市场的扩大、消费者对产品接受度的提高、企业竞争优势的加强而带来的结果。另一方面是企业社会效益的提高。这是因为，企业知名度、信誉度、美誉度的扩大，企业形象的提升等效应产生的社会公众对企业信任程度的加强，形成了更多的公众对企业、对企业名牌、对企业产品的认同与接纳。

在这里，我们把企业的经济效益记作 P（Profit）。这里的经济效益是指企业实际收益的增加部分，表现为企业所获得的利润，它通过销售额中利润所占的比例进行计算，也可以通过销售收入减销售成本获得。我们在计算 CI 的运作收益时，以销售额作为计算依据，这是因为，企业 CI 导入前和导入后同类产品的价格可能会因为品牌知名度的扩大而有所上升，所以其利润率会发生一定程度的变化。为保证计算的准确度，我们统一以销售额作为计算的依据。

2. 实施 CI 导入的年度收益与未实施 CI 导入的年度收益

有些企业实施 CI 导入时间短，仅用一年的时间；有些企业实施 CI 导入时间长，比如两年以上。这样，销售额增量或利润额增量肯定有着相当大的差异性。另外，企业的直接效益，短期性比较强，而企业的间接效益，延期性比较强，实施 CI 导入多年的企业，其效益增量自然要大于实施 CI 导入一年的企业。那么，如何进行计算，我们做如下的分析。

（1）本经营年度开始实施 CI 导入的企业，其实施 CI 战略所带来的直接收益增量和间接收益增量我们统一记作 P，则 P 为直接收益与间接收益的总和。二者不必分开计算，因为在实际操作中，我们很难将这两部分分开，间接收益最后总要转化为企业的实际收益而融入企业的总收益之中。

由于实施 CI 导入经营年度的销售额与未实施 CI 导入经营年度的销售额可以通过企业的统计资料和历史资料获得，所以以销售额作为企业收益计算的指标简便易行。我们将以销售额增量计算的收益记作 P_1。其计算公式为

$$P_1=实施 CI 经营年度的销售额-未实施 CI 经营年度的销售额 \quad ②$$

（2）通过进一步分析，我们不难发现 P_1 实质上是由两个因素的变动决定的。一个因素为价格，即由于企业 CI 的导入，使企业产品品牌的影响力增强，导致企业产品价格上升，高于

市场平均价格而给企业带来了收益;另一个因素是由于销售量的扩大而给企业带来的收益。下面从这两个因素出发来进行分析。

其一,从价格变动的角度来分析。由于企业实施了 CI 战略,企业拥有了良好的形象,进而企业在形象内涵上下功夫,培育出了自己企业的名牌产品,使品牌价值高于同类产品品牌的价值,使其产品的价格高于同类产品的平均价格。

市场上的时装从一二百元至五六千元的不等价格,突出表现了名牌产品的品牌价值与普通产品价值的差异。名牌产品自然有名牌产品的设计、名牌产品的质量、名牌产品的功效与性能等表现形态,但如果不对名牌产品进行培育,其品牌的价值基础再牢固,也很难实现名牌产品的品牌价值向超额价格的转换。企业要想成功地实现这种转换,必须要依赖于 CI 的整体运作。这说明,将企业品牌价值的超值部分转化为市场的超额价格,归因于企业实施 CI 战略所带来的收益,应记入企业 CI 收益范畴之内。我们将这部分收益记作 P_{11},其公式为

$$P_{11}=(企业实施 CI 后产品价格-同类产品的平均价格)\times 企业实施 CI 后的产品销量 \qquad ③$$

式③中反映的是产品价格变动的情况,其中企业实施 CI 后的产品价格以及实施 CI 后的销售量可由统计资料获得,同类产品的平均价格可通过调查、咨询获得。

其二,从销售量变动的角度来分析。由于企业实施 CI 战略,企业的媒介传播活动、广告活动和促销活动的开展,势必带来市场的扩大与产品销售量的上升。由于销售量的增加而带来的收益是企业 CI 战略导入后的直接收益,也应该记入 CI 战略的收益之中。将这部分收益记作 P_{12},其计算公式为

$$P_{12}=(企业实施 CI 战略后产品销售量-企业未实施 CI 战略时的产品销售量)\times 同类产品的平均价格 \qquad ④$$

式中反映的是产品价格不变的情况下,产品销售量的变化所引起的销售额的变化。这里假定企业在 CI 战略导入之前,其产品价格为同类产品的平均价格。

因此,企业 CI 战略导入以后,其收益状况为

$$P_1=P_{11}+P_{12} \qquad ⑤$$

这里 P_1 表现为 CI 战略导入后实际销售额的增量,含价格变动增量和销售量变动增量。要使其转化为企业的经济收益,必须按企业 CI 战略导入的实际利润水平计算。

3. 企业 CI 战略运作后形象资产的增值

企业形象是企业的一种无形资产,是企业整体素质的外在反映,是企业的一种精神价值。如前所述,企业形象提升的巨大市场影响力,可以对企业收益的扩大产生延续效应,这种延续效应会影响 CI 战略导入之后的若干年,无法从其销售额中单独分割出企业形象的价值。因此,有必要对企业形象资产价值的增值进行专门性的分析。

一般来说,不是任何企业都要进行无形资产的评估,只有那些已经拥有了相当多的无形资产,企业形象、品牌价值都相对稳定的企业,才能或才肯进行无形资产的评估。但不管企业是否进行无形资产的评估,由于企业进行 CI 战略的导入与实施,必然带来企业形象的提升,企业品牌价值的增大,从而导致企业收益的加强。当尚不知道企业的无形资产价值究竟有多

大时，也可以计算出企业无形资产带来的收益。可采取超额资本利润指标来对企业形象资产做出简单的评估。

超额资本利润的获取途径主要有：第一，企业劳动生产率高于社会平均劳动生产率水平。企业有较高素质的员工，有现代化的机器，有科学的管理方法，都可以形成这种较高的水平。第二，企业的市场运行状况好。这表现为企业有着优良的产品和细致的服务，系统的营销手段和有效的广告、公关、媒体传播手段的配合。第三，企业的社会影响力大，品牌知名度、信誉度、美誉度高，社会公众愿意接受企业高价值的产品与服务。在以上途径中，前两种途径是提升企业形象的基础，后一种途径是企业形象提升的表现。三种途径共同构成了企业形象乃至企业无形资产形成的价值途径。

通过以上分析可以看出，资本利润率的高低是企业综合实力的反映。企业技术的先进与否，员工素质的高低，产品质量的优劣，管理水平的高低，生产组织协调均衡与否，营销方式的优化程度，广告公关的配合等方面，无一不对其增减变化产生巨大的影响。而超额资本利润率恰恰反映了以上诸多方面的综合作用，是企业综合实力的超值反映。因而，从理论上讲，利用超额资本利润率来估算企业形象价值的增值是科学而可行的，设定企业超资本收益为 P_2，其计算公式为

$$P_2=（企业实施CI战略实际资本利润率-同行业平均资本利润率）× 企业实施CI战略后经营年度的产品销售额 \qquad ⑥$$

式⑥中，企业实际资本利润率为CI导入后年度实际发生的资本利润率水平，销售额指标根据实际发生的数字计算，这两项指标通过统计资料或计算可以获得；行业平均资本利润率通过行业统计资料可以获得。

通过以上计算，得出了CI运行一年后的收益计算公式为

$$P=P_1+P_2 \qquad ⑦$$

4. 企业实施CI战略以及持续多年的年度收益

企业实施CI战略以后，其延续效应仍然会发生作用。因为一方面企业在实际运作中，仍然会按照CI战略导入的要求继续开展各种传播推广工作，导致其直接收益增加；另一方面，企业无形资产通过多年积累其价值总量会更高，如果企业的品牌价值与企业形象已深入人心，由此所带来的企业市场的扩大和收益的提高，会使企业持续运作的时间变长，且效果也会更好。所以说，企业CI战略导入的投资是一种延续性投资，它所带来的收益是长期的。CI战略运作时间越长，其累加的无形资产价值会越大，其效益会越好。

（1）企业实施CI战略以后任何一个年度的销售额增加所带来的收益记作 P_1（年份），如计算2019年的销售收益，可记作 P_1（2019），P_1 的数值可以由本年度与上一年度销售额的差值得出，即

$$P_1=本经营年度销售额-上一经营年度销售额 \qquad ⑧$$

（2）如前所述，企业形象资本随着CI战略运作时间的延长，其累加值越高，把企业无形资产价值的增值记作 P_2，延续以上思路，P_2（2019）为2019年度无形资产价值的增值。则

$$P_2=（企业本年度实际资本利润率-同行业本年度平均资本利润率）× 本年度产品的销售额 \qquad ⑨$$

(3) 依据公式⑦，企业实施 CI 战略的收益为

$$P=P_1（年度）+P_2（年度） \qquad ⑩$$

5．企业实施 CI 战略后的经济效益

将企业实施 CI 战略后的经济效益设定为 B（Benefit）。

前面对企业 CI 战略导入与运作的成本与收益进行了分析，从而可以计算出企业 CI 战略导入后任何一个经营年度的效益。

$$B=P-C（其中 B 和 C 的数值由①～⑩确定） \qquad ⑪$$

从式⑪中可以看出，如果 $B=P-C>0$，就说明企业 CI 战略导入与运作的成效显著，CI 战略的投入与产出达到了一种经济、有益的状态，并且成本全部收回；若 $B=P-C<0$，这可能由两种情况造成：第一，企业 CI 战略的导入与推广的投资大于企业 CI 战略推广后给企业带来的经济效益，则企业运作处于投资大于收益的状态，企业经济效益 B 为负值；第二，企业有时为 CI 战略导入的成本不能在一年内全部收回，企业实施 CI 战略导入是一种战略投资，它会使企业在以后的一个很长的历史时期收益，所以不会产生立竿见影的效果，因此，在 CI 战略导入后的一年或短期内，企业实施 CI 战略推广的经济效益值 B 不一定大于零，有时还会出现负数。

针对上述两种 B 值出现负数的情况，企业要认真分析原因，如果是由于企业主观方面出现问题，而非 CI 战略方案有问题，企业就应该加强执行的力度；如果各方面工作做得都很好，但是 B 值长时间不能大于零，企业就要审视 CI 方案是否存在问题，或是否不适合本企业，及早做出修改。

第二节　企业 CI 导入效果的量化评估

企业 CI 导入效果的量化评估，就是对企业 CI 的 3 个子系统，即理念识别系统（MI）、行为识别系统（BI）、视觉识别系统（VI）的具体构成要素进行分析与测定。而量化的评估体系就是据此建立的。

对于这个评估系统，可采取加权计算法，根据各要素指标的分量，赋予不同的权值。设定总分为 100 分，其中，理念识别系统在 CI 中是最核心的部分，指导另外两个系统，确定所占比例为 40%，行为识别系统和视觉识别系统各占 30%。

一、理念识别系统要素的测定

理念识别系统测定的基本工作步骤为：

第一步，对理念识别系统进行要素确定。在实际运行中，要根据企业导入 CI 实际创意、策划的理念分要素进行考虑，这里可将理念识别系统的内容从理念口号、经营方针、价值观、企业使命、企业精神、企业风格、企业宗旨、座右铭八个方面进行表述与分析。

第二步，对理念系统和要素进行分值确定。这里，我们将以上的八个方面进行平均分配，每个小的内容确定为 5 分，共计 40 分。如表 10-1 所示。

表 10-1　MI 导入效果评价量化分值表

评价依据＼评价内容（得分）	理念口号（满分5分）	经营方针（满分5分）	价值观（满分5分）	企业使命（满分5分）	企业精神（满分5分）	企业风格（满分5分）	经营宗旨（满分5分）	座右铭（满分5分）	小计
表述是否正确									
表述是否朗朗上口									
是否有现代感									
是否易于记忆									
是否能表现企业风格									
合　计									

第三步，确定各要素项目得分评价依据。这里，我们将理念系统的得分评价依据确定为五个方面，依次为表述是否正确、表述是否朗朗上口、是否有现代感、是否易于记忆、是否能表现企业风格。以上这五个方面的依据，如果能做到肯定回答，就在相应项目的表格中记 1 分，不能做肯定回答的记 0 分。

第四步，将表格发给企业所选择的理念系统评价者进行打分，评价者可以是企业内部工作人员，也可以是外聘的评价专家。

第五步，回收表格进行汇总。

二、行为识别系统要素的测定

由于行为识别系统分为对内活动和对外活动两个方面，所以要对其分别进行测定。前面，我们已经将行为识别系统的测定比例确定为 30%，将其进行分配，确定对内活动为 15 分，对外活动为 15 分，并分别进行分析。

（一）对内活动的测定

企业对内识别系统测定的基本工作步骤为：

第一步，将企业对内活动的内容进行分要素测定。在实际运行中，要根据企业导入 CI 的创意、策划内容进行考虑，这里仍按理论研究的内容进行测定。通常将企业对内开展的活动分为：教育培训、研究开发、作业合理化、福利制度、礼仪规则、环境规划、公害对策等几个方面。

第二步，对以上各要素项目进行分值确定。将上述 7 个方面比值进行分配。由于这一部分总分值为 15 分，而其中"教育培训"在企业 CI 运作中属于最重要的工作内容，它自身又包含对管理人员进行培训和对员工进行教育培训两个方面，所以，我们将其分值确定为 3 分，其他每项确定为 2 分，共计 15 分。

第三步，绘制表格（如表 10-2 所示），将各项目分值列于表中。

表 10-2　BI（对内活动）导入效果评价量化分值表

评价依据＼评价内容（得分）	教育培训（满分3分）	研究开发（满分2分）	作业合理化（满分2分）	福利制度（满分2分）	礼仪规则（满分2分）	环境规划（满分2分）	公害对策（满分2分）	小计
内容规定是否合理								
确定标准是否到位								
是否具有可操作性								
合　计								

第四步，确定各项得分的评价依据。将各项目确定的得分依据划分为 3 个方面，即：内容规定是否合理、确定标准是否到位、是否具有可操作性。具体记分方法是：

第一项教育培训满分为 3 分，在这一项目中，对以上 3 个方面能做出肯定回答的记 1 分；不能做出肯定回答的记 0 分。

其他 6 项内容满分各为 2 分。由于"内容规定是否合理"这一项在 3 个方面中属于最重要的问题，因此，这里规定对此做肯定回答的记 1 分，不能肯定回答的记 0 分；其他两方面的内容各为 0.5 分，即能做肯定回答的记 0.5 分，不能肯定回答记 0 分。

第五步，将表格发给所选择的相关评价者进行评价、打分。

第六步，将表格收回，进行汇总。

（二）对外活动的测定

企业对外活动行为识别系统测定的基本工作步骤为：

第一步，将企业对外活动的内容进行分要素测定。通常将企业对外活动的内容分为：市场调查、传播推广、广告活动、公共关系、销售促进、服务活动、社会公益等几个方面。

第二步，对以上各要素项目进行分值确定。将上述 7 个方面比值进行分配。由于某种原因这一部分的总值为 15 分，而其中最重要的工作内容应该是"公共关系活动"。因为，"公共关系"的目的在于扩大企业的信誉度和美誉度，塑造良好的企业形象，它本身是企业的一项长期工作。因此，将公共关系活动项目的分值确定为 3 分，其余各项分值为 2 分，共计 15 分。

第三步，绘制表格（如表 10-3 所示），将各项目分值列于表中。

表 10-3　BI（对外活动）导入效果评价量化分值表

评价内容 得分 评价依据	市场调查 （满分 3 分）	传播推广 （满分 2 分）	广告活动 （满分 2 分）	公共关系 （满分 2 分）	销售促进 （满分 2 分）	服务活动 （满分 2 分）	社会公益 （满分 2 分）	小计
策划创意是否有新意								
实施过程是否合理科学								
活动结果是否达到了理想的目标								
合　　计								

第四步，确定各项得分的评价依据。将各项目确定的得分依据划分为 3 个方面，即：策划创意是否有新意、实施过程是否合理科学、活动结果是否达到了理想的目标。具体记分方法是：

公共关系活动项目确定为 3 分，而在公共关系活动项目下，对以上 3 个方面的内容能做出肯定回答的记 1 分，不能肯定回答的记 0 分。其他 6 项的内容各为 2 分。

由于"策划创意是否有新意"是一种创新性要求，好的活动内容的出台，可以保证活动效果更加完美，所以，对这一内容权数的规定要大一些，做肯定回答的记 1 分，不能肯定回答的记 0 分；其他两个方面的内容规定各为 0.5 分，即能做出肯定回答的记 0.5 分，不能做肯定回答记 0 分。

第五步，将表格发给所选择的相关评价者进行评价、打分。

第六步，将表格收回，进行汇总。

三、视觉识别系统要素的测定

由于视觉识别系统分为基础要素部分和应用要素部分,故对此分别进行测定。前面,将视觉识别系统的测定比例确定为30%。在百分制中占30分。这里,将基础要素部分定为15分,应用要素部分定为15分,并分别进行分析。

(一)基础要素的测定

企业视觉识别系统的基础要素部分是企业对外传达信息、诉求公众形象的核心部分,亦是建立企业识别系统的基本元素。对此,进行测定的基本工作步骤为:

第一步,对企业视觉识别系统基础要素的内容进行分要素测定。基础要素部分无论是在理论研究中,还是在实际设计、使用中,其各要素内容是一致的。其内容包括:企业名称、企业标志、企业品牌和商标、企业标准字及标准色、企业造型及徽记图案、企业宣传标语或口号等。

第二步,对以上各要素项目进行分配。这部分总分值为15分,上述6个项目每个项目分值均为2.5分。

第三步,绘制表格(如表10-4所示),将各项目分值列于表中。

第四步,确定各项目得分、评分依据。这里,将各项目确定的得分依据分为五个方面,即表现形式是否具有现代感,表现形式是否具有审美情趣、内涵是否有依据,是否具有独特风格、形状,形态是否易识别、易记忆。以上五个方面的问题,能做肯定回答的,在相应项目的表格中记0.5分,不能做肯定回答的记0分。

第五步,将表格发给所选择的相关评价者进行评价、打分。

第六步,将表格收回,进行汇总。

表10-4 VI(基础要素部分)导入效果评价量化分值表

评价内容 得分 评价依据	企业名称 (满分2.5分)	企业标志 (满分2.5分)	企业品牌和 商标 (满分2.5分)	企业标准字及 标准色 (满分2.5分)	企业造型及 徽记图案 (满分2.5分)	企业宣传标语 或口号 (满分2.5分)	小计
表现形式是否具有现代感							
表现形式是否具有审美情趣							
内涵是否有依据							
是否具有独特风格、形状							
形态是否易识别、易记忆							
合计							

(二)应用要素的测定

应用要素测定的工作步骤如下:

第一步,对企业视觉识别系统的基本要素内容进行分要素测定。与基础要素部分内容的要求一样,对应用要素部分,无论是在理论研究中,还是在实际设计、使用中,其各个要素内容都是一致的。其内容包括:办公事务用品,办公器具设备,广告、宣传设计,员工衣着服饰,交通工具、建筑外观,陈列样品规则等。

第二步，对以上各要素项目进行分配。这部分总分值为 15 分，上述 6 个项目每个项目分值均为 2.5 分。

第三步，绘制表格（如表 10-5 所示），将各项目分值列于表中。

表 10-5　VI（应用要素部分）导入效果评价量化分值表

评价依据 \ 评价内容 得分	办公事务用品（满分 2.5 分）	办公器具设备（满分 2.5 分）	广告、宣传设计（满分 2.5 分）	员工衣着服饰（满分 2.5 分）	交通工具、建筑外观（满分 2.5 分）	陈列样品规则（满分 2.5 分）	小计
表现形式是否有现代感							
表现形式是否简单、明了							
内涵是否有独特风格							
是否能吸引人的注意力							
是否易识别、易记忆							
合　　计							

第四步，确定各项目得分评分依据。将各项目确定的得分依据分为五个方面，即表现形式是否有现代感；表现形式是否简单明了；内涵是否有独特风格；是否能吸引人的注意力；是否易识别、易记忆。以上五个方面的问题，能做出肯定回答的，在相应项目的表格中记 0.5 分，不能做出肯定回答的记 0 分。

第五步，将表格发给所选择的相关评价者进行评价、打分。

第六步，将表格收回，进行汇总。

四、企业 CI 导入效果总评

以上我们分别对企业 CI 导入的三大部分依据其基本内容进行了效果评估。在此基础上，我们对总体评估结果进行测定和分析。

首先，将以上各项得分情况列于表中（如表 10-6 所示）。

表 10-6　企业 CI 导入效果评价总得分表

评价依据 \ 评价内容 得分	MI	BI（内部）	BI（外部）	VI（基本要素）	VI（应用要素）	小　计
1						
2						
3						
4						
合　　计						

这里需要说明的是，评价者排序是按评价者人数来确定的，将评价者进行编号，针对其评价结果（各项目得分情况）列于项目得分相应的表格内。有多少人参加评价，则排序就为多少。

其次，对分值进行评价，找出问题所在，以利于企业对 CIS 导入各项目的修正与改革。

以上这套量化系统，照顾到了 MI、BI、VI 各项指标的细节，各个要素的量化分值比较细，同时给出了不同要素的评价依据。评价的项目也较客观、全面、系统。其不足之处是对评价者的要求比较高，要求评价者必须具备较强的 CIS 理论知识和相关专业的知识，如管理、营销、公关、广告、美术设计等，同时要求评价者对具体企业的 CIS 导入进行较详细的了解。

为使得出的评价结果更加公正、客观和准确，操作此评价系统的最好办法是采用专家调查法（德尔菲法），要求专家独立做出评价，这样效果会更好一些。

五、企业内外部效果评估体系

前面对企业界 CIS 导入的经济效益和要素设计进行了测试和评估，但这两种评价并不全面。为了更科学、准确地评估 CI 效果，可以设定一套完整的指标体系，该体系由企业内部效果评估指标子系统和企业外部效果评估子系统构成。

（一）企业内部效果评估指标子系统

企业内部效果评估系统是用以衡量企业凝聚力强弱的指标系统，如表10-7所示，企业内部效果指标由劳动效率、信息沟通、人气指标、认同指标和参与程度这五个体系构成。对此，我们进行测定的基本工作步骤如下：

第一步，对五个指标体系的基本要素进行分要素测定。其中，"劳动效率"一般用人均产值、人均利润等指标衡量；"信息沟通"由对外的信息沟通和对内的信息沟通效率来衡量；人气状况由员工出勤率及员工关系融洽程度来衡量；认同度以员工对企业的历史与现状的认同程度来衡量；参与程度一般用员工对企业的关系与活动参与状况来衡量。

第二步，确定权重和各要素分值。这一步通常由评估小组完成，在实际工作中，这五个方面以及10个小要素相互影响，地位相当，很难分出轻重，这时我们将上述五个方面的分值进行平均分配，假定总分为100分，则每个小要素为10分。

第三步，绘制表格。将各项所占分值列于表中（如表10-7所示），把表格分发给企业所选择的评分者，对其打分。

表10-7 企业内部效果评估指标表

各要素及分值	劳动效率		信息沟通		人气指标		认同指标		参与程度		小计
	人均产值（满分5分）	人均利润（满分5分）	对外沟通（满分5分）	对内沟通（满分5分）	员工出勤（满分5分）	员工关系（满分5分）	历史认同（满分5分）	现状认同（满分5分）	关心企业（满分5分）	参与活动（满分5分）	

第四步，将表格收回，将评分者打分情况进行汇总，把所有评分者的"小计"分数加到一起，得到总分数，再根据评分者人数得到企业内部效果总分值。

（二）企业外部效果评估指标子系统

企业外部效果评估指标子系统是用以衡量企业导入 CI 后，在社会公众中的形象状况的指标体系。操作类似内部效果评估指标的计算方法，由评估小组确定各项指标的权重，逐一计算分值，然后累加。

企业外部效果总分值=技术形象分值+市场形象分值+企业风气形象分值+经营者形象分值+社会责任形象分值

其中，技术形象包括技术水平、研究开发能力、新产品开发力度。

市场形象包括广告宣传力度、服务周到程度、顾客满意度、销售网点完善程度和国际竞争力强度。

企业风气形象包括企业的现代感、办事责任感、亲切感等。

经营者形象包括经营者的素质、观念的新颖和经营力度的强度等。

社会责任形象包括对社会的贡献、对环保的重视、对公害的防治等。

第三节　影响企业形象策划效果的因素

如果经过评价，发现 CI 导入前后的形象基本没有变化，或没有达到所要求的期望收效，则有必要对 CI 运作的全过程进行原因分析。以下因素通常会影响企业形象策划效果。

一、策划人员对企业实态的了解程度

策划人员对企业实态的了解是进行策划的基础，只有策划者对企业在公众心目中的形象、企业在社会公众心目中的地位、内外公众对企业形象的期待和要求、企业最迫切要解决的问题等有一定的认识，才能设计和建立深受公众喜爱的企业形象。具体用到的调查方法见本书第二章的内容。

二、策划人员自身的素质

策划人员自身素质如何，会对企业形象策划效果带来直接的影响。这包括策划人员的价值观、知识面、创造力、敬业精神等一系列因素。

策划人员的价值观要正确。人们对事物的对错、美丑、优劣的评判是不同的，策划者只有拥有正确的价值观才能做出正确合理的判断。

策划人员的知识面要广。企业形象策划是一门新兴的交叉学科，涉及经济学、管理学、社会学、工艺美术学、语言学、传播学、市场营销学等学科领域，从事企业形象策划的人员只有拥有这些学科的相关知识，才能胜任形象策划工作。

策划人员的创造力要强。企业形象策划是一种企业的差别化战略行为，企业形象策划的真谛是通过对企业的个性化设计与表达，来传达企业的独特个性和别具一格的风格，以赢得受众的广泛注意，因而策划人员必须具备发散思维，富有创造力和想象力。

策划人员要有高度敬业精神。CI 策划的成败事关企业的生存与发展，切不可掉以轻心，策划人员应有较高的敬业精神，对工作要认真负责，精益求精，创造出高水平的企业形象策划方案。

三、企业领导者

企业领导者素质如观念、价值观、意志力等因素是决定策划效果的重要方面。所以企业领导者要通过各种途径不断地开阔自己的眼界，更新自己的观念。如有些企业的最高管理层对企业形象识别系统的意义不甚了解，因而不予以重视，把企业形象识别系统简单地看作是视觉识别系统，认为由企业的广告部门负责一下就可以了，没有必要在企业兴师动众。有些甚至认为企业识别系统会冲击企业正常的生产经营活动，而加以种种限制。显然，这些企业的形象效果是不大的。

企业领导者还要建立正确的价值观,因为企业形象的核心因素如企业哲学价值观、企业精神,以及企业的最高目标、企业作风、传统习惯、行为规范和规章制度,从某种意义上来说都是企业领导价值观的反映。

此外,当一个新的企业形象策划方案导入企业时,会受到来自很多方面的阻力。如员工或部门对方案不关心、不配合,方案在理论上是正确的,但在实践中却与领导者的传统观念发生冲突,或在实施中遇到经济、人力等方面的挑战,这些都需要领导者用坚强的意志力坚持下去,便于工作完满地进行。

四、企业员工

企业形象策划的效果也受到员工心理素质、文化素质、技术素质等方面的影响。在CI刚刚导入的时候,必然会引起某些制度、规则的改变,如果员工的心理素质不是很好,就会不适应这种变化,使人心不稳,影响方案的正常导入及运行。此外,如果员工的文化素质和科技素质较低,就很难正确理解和执行方案,因此,企业应通过各种途径,如建立职工大学,开展知识、技术、文体竞赛,以提高员工的文化与技术素质。

五、文化背景和国际环境

人们从小就生活在一种特定的文化氛围中,文化是一定的物质、社会、历史传统基础上的价值观念、信仰、思维方式、习俗的综合体,它渗透在人们的观念、行为和思维方式中,进而影响到人们的消费内容、消费观念和消费倾向。因此,企业策划人员应了解所面对顾客的文化及他们的消费行为在多大程度、哪些方面受到其文化的影响,为不同文化背景的市场制定有差异的产品和促销策略,并在此基础上制定企业的CIS战略,否则,策划的效果必然大打折扣。

随着世界市场的融合和全球经济一体化的进程,各国关系日益密切,不同国家之间在文化上、技术上的交流和渗透日益频繁,互相促进着彼此的发展。企业策划的形象如果跟不上世界和时代的脚步,不能吸引消费者的眼球,这必然会影响策划的预期效果。另外,企业形象策划也不是一劳永逸的,如果企业形象策划不能按照国际环境的审美标准、设计理念、技术含量标准的变化做出相应的改变,也会影响到企业形象策划的长期效果。

综合案例

企业导入CI效果不佳的真正原因

CI战略在不同企业里实行,其效果迥然各异。一些企业导入CI效果显著,品牌升值迅速,企业美誉度上升,市场效益与社会效益均有明显回报;而另一些企业则效果不佳,或是发展不正常,从直线上升的高峰猛然跌至深谷,出现有如"秦池"这样的失败案例。

那么,企业导入CI效果不佳的原因有哪些呢?

一、组织不健全,专业人才缺乏

许多中小企业属于这种情况。虽然请设计公司为自己设了一套CI或VI,但是无人推行。没有设置CI部门,并确定专职人员负责此项工作,CI手册只好束之高阁,或简单地在视觉传播上应用一些而已，因此收效甚微。

二、领导观念滞后，CI 意念模糊

绝大多数私营企业的老总，由于文化水平低下、观念守旧等原因，对 CI 这一新生事物接受缓慢，或根本无法理解。虽然人云亦云，知道 CI 战略是一件有用的市场法宝，企业应该加以运用，但是对于如何运用、怎样运用就一概不知了。倘若手下的部门经理对 CI 也知之不多，那么这个企业导入 CI 的效果就可想而知了。

一位私营企业老总谈到 CI 时，曾如是说："我只知道把我的品牌标志设计得漂亮一点就对了！"像这样的私企老总比比皆是。他们缺乏文化基础，很少有人接受 CI 专业教育，确实需要坐下来接受专业的 CI 培训，否则将成为企业发展的一大障碍。

三、经费问题的背后是观念问题

好多企业导入 CI 效果不佳，原因在于缺少应有的投资预算。经费得不到保障，广告、宣传、形象传播就成了无源之水。经费问题的背后是观念问题。绝大多数企业经营者将实行 CI 战略的花销当成"开支""费用"，而很少有经营者将之看成是"投资"。这种观念上的差异是造成导入 CI 无实际效果的根本原因。

CI 投入的回报是需要一定时间的。企业经营者大多急功近利，希望像卖产品一样马上有所回报。他们很少有战略家的长远眼光、气度和胸怀，甚至肤浅地认为，形象效益同经济效益一样，是可量化的。事实上，形象效益向经济效益的转化是呈几何级数增长的。据统计，CI 的投入产出比是 1:277。

四、CI 营养不良，个性不突出

好多企业谈及导入 CI 的第一反应就是要求报价。当企业尚不明白自己要做什么，设计公司尚不了解自己需要做什么，具体做哪些项目时，就急切地要求对方告知要花多少钱，这实质上还是一个"费用观"问题。

由于想少花钱，就会单纯比价，找小公司设计，结果得到的是平庸而无个性化的作品，业界称之为"营养不良的 CI"。这种营养不良的 CI 由于缺乏个性而没有形象张力，不仅起不到突显产品、品牌与公司形象的作用，反而与优良的公司形象相形见绌，用不了多久便只好放弃。这样钱又多花了一次，来回折腾，也使公司形象受损严重！

五、方法不当，理念欠缺

一些企业导入 CI 缺少循序渐进的程序和统筹全局、分步实施的要领；抑或只注重表面，而忽略理念识别（MI）系统的作用。这样，传递出去的 CI 只有一个标志，而缺少理念内涵。企业的素质、文化、精神、理念不能表现出来，公司形象有"形"而无"神"。这样的效果当然是十分表面，或者是局部的、零散的。

实行 CI 战略需要在统一的形象定位、战略目标的指引下，有计划、有步骤、有策略地进行，并且要有全局性和长期性，将之当作一门现代经营战略潜心实践、学习、领会、掌握，否则很难达到理想的效果。

六、少数人推行，多数人不关心

这是大多数企业导入 CI 的现状。这种状况也同只注重视觉识别系统（VI）的导入相关，因而无法调动全体员工的积极性、主动性。理念识别系统和行为识别系统（BI）几乎处于空白状态。他们不懂得塑造优良企业形象是全体成员的事，或者不愿意在这方面下功夫。只将 CI 这件事交给一两个人去办，实际上也就是将标识系统、广告等传播出去就行了。

像这样的"表象化CI"效果当然是非常有限的,实际上并未深入CI的精髓,只能接触到CI的表层。

(资料来源:吉海策划公司官方博客,有改动。)

本章小结

企业形象的优劣与企业经营业绩相关,提升企业形象旨在提高企业经营业绩。为使企业形象策划的导入与运作效果让企业感知到,我们从理论与实践的结合上,有必要建立一套比较系统且可行的企业形象策划的评估体系。企业是一种营利性的组织,企业的任何活动,尤其是经济活动都是以获取经济利益为最终目的的,所以,企业任何一项投资都必须考虑到其成本和收益之间的关系,以确保在相对稳定的历史时期内,收益大于支出。企业CI导入效果的量化评估,就是对企业CI的三个子系统即理念识别系统(MI)、行为识别系统(BI)、视觉识别系统(VI)的具体构成要素进行分析与测定。而量化的评估体系就是据此建立。评估中要准确地分析影响企业形象效果的各种因素。

复习思考题

概念题

CI总成本

简答题

1. 企业形象策划效果的评估程序是怎样的?
2. 评估企业形象策划效果可采取哪些方案?

参 考 文 献

[1] 白玉,王基健. 企业形象策划[M]. 武汉:武汉理工大学出版社,2003.
[2] 张德,吴剑平. 企业文化与 CI 策划[M]. 2 版. 北京:清华大学出版社,2003.
[3] 朱健强. 企业 CI 战略[M]. 厦门:厦门大学出版社,1999.
[4] 吴柏林. 公司文化管理[M]. 广州:广东经济出版社,2004.
[5] 万力. 名牌 CI 策划[M]. 北京:中国人民大学出版社,1997.
[6] 黎群. 企业文化建设 100 问[M]. 北京:经济科学出版社,2004.
[7] 徐震宇. 如何进行企业文化建设[M]. 北京:北京大学出版社,2004.
[8] 申望. 企业文化实务与成功案例[M]. 北京:民主与建设出版社,2003.
[9] 孙健. 海尔的企业文化[M]. 北京:企业管理出版社,2002.
[10] 林平凡,詹向明. 企业文化创新[M]. 广州:中山大学出版社,2002.
[11] 张德. 企业文化建设[M]. 北京:清华大学出版社,2008.
[12] 林国建,王天臣. 现代企业形象策划学[M]. 哈尔滨:哈尔滨工程大学出版社,2003.
[13] 汪秀英. 企业形象新战略[M]. 北京:中国商业出版社,2002.
[14] 冯云廷,李怀. 企业形象:战略、设计与传播[M]. 大连:东北财经大学出版社,2003.
[15] 陶勤海,等. 企业形象设计[M]. 上海:立信会计出版社,2001.
[16] 饶德江. CI 原理与实务[M]. 武汉:武汉大学出版社,2002.
[17] 罗长海. 企业形象原理[M]. 北京:清华大学出版社,2003.
[18] 方向新. CI 战略:企业形象设计与推广[M]. 北京:知识出版社,1994.
[19] 崔迅,等. 顾客价值链与顾客满意[M]. 北京:经济管理出版社,2004.
[20] 叶万春,万后芬,蔡嘉清. 企业形象策划——CIS 导入[M]. 大连:东北财经大学出版社,2001.
[21] 张百章,何伟祥. 公共关系原理与实务[M]. 大连:东北财经大学出版社,2002.
[22] 黄希庭,秦启文. 公共关系心理学[M]. 上海:华东师范大学出版社,2002.
[23] 严世华. CS 经营法——商战新王牌[M]. 北京:经济管理出版社,2002.
[24] 李道平,等. 公共关系学[M]. 北京:经济科学出版社,2002.
[25] 彭彦琴,江波. 公关心理与实务[M]. 广州:暨南大学出版社,2002.
[26] 孙黎. 企业形象策划[M]. 北京:中国商业出版社,2001.
[27] 蒋楠. 公共关系四步工作法[M]. 北京:中国商业出版社,2004.
[28] 汪秀英. 公共关系学[M]. 北京:中国商业出版社,1994.
[29] 周安华,苗晋平. 公共关系——理论、实务与技巧[M]. 北京:中国人民大学出版社,2004.
[30] 罗长海. 企业形象原理[M]. 北京:清华大学出版社,2003.
[31] 刘光明. 企业形象导入[M]. 2 版. 北京:经济管理出版社,2003.
[32] 严辉武. CI 策划[M]. 长沙:中南大学出版社,2002.
[33] 史有春. 公共关系学——形象设计、信息传播和社会交往[M]. 南京:南京大学出版社. 2002.
[34] 王维平. 公共关系原理与应用[M]. 兰州:兰州大学出版社. 2007.
[35] 张茂林. 企业形象策划与管理[M]. 北京:中国建筑工业出版社,2008.

[36] 曾凡海.企业形象策划与设计[M].北京：清华大学出版社，2016.

[37] 杨魁，李惠民，董雅丽.第五代管理——现代企业形象管理：战略与策划[M].兰州：兰州大学出版社，2007.

[38] 叶万春，叶敏，万后芬，等.企业形象策划：CIS 导入[M]. 5 版.大连：东北财经大学出版社，2018.

[39] 李怀斌，李响.企业形象策划——CIS 设计的理论与实务[M]. 3 版.大连：东北财经大学出版社，2018.

[40] 李森.企业形象策划[M]. 2 版.北京：北京交通大学出版社，2013.

[41] 杜海玲，李玉萍.企业形象策划[M].大连：大连理工大学出版社，2014.

[42] 吕浩，企业形象策划[M]. 3 版.武汉：武汉理工大学出版社，2018.